成交
没你想的那么难
——给销售新手的建议和忠告

吕 宁/编著

北京工业大学出版社

图书在版编目(CIP)数据

成交没你想的那么难：给销售新手的建议和忠告 / 吕宁编著. —北京：北京工业大学出版社，2013.5
(2014.1 重印)

ISBN 978-7-5639-3491-1

Ⅰ. ①成… Ⅱ. ①吕… Ⅲ. ①销售—方法 Ⅳ. ①F713.3

中国版本图书馆 CIP 数据核字（2013）第 076079 号

成交没你想的那么难——给销售新手的建议和忠告

编　　著：	吕　宁
责任编辑：	刘　畅
封面设计：	翼之扬设计
出版发行：	北京工业大学出版社
	（北京市朝阳区平乐园 100 号　100124）
	010-67391722（传真）　bgdcbs@sina.com
出 版 人：	郝　勇
经销单位：	全国各地新华书店
承印单位：	北京建泰印刷有限公司
开　　本：	787 mm × 1092 mm　1/16
印　　张：	17.25
字　　数：	254 千字
版　　次：	2013 年 5 月第 1 版
印　　次：	2014 年 1 月第 2 次印刷
标准书号：	ISBN 978-7-5639-3491-1
定　　价：	30.00 元

版权所有　翻印必究
（如发现印装质量问题，请寄本社发行部调换　010-67391106）

前　言

　　销售是一项充满挑战的工作，需要一定的天赋和能力。即使在同样的环境下从事同样产品的销售，不同的销售人员所做出的业绩也会有天壤之别。而成为行业中的精英，拿到丰厚的奖金是每位销售人员都强烈追求的终极目标。

　　有人说："我就是卖不出去产品，每个月只能一次又一次受打击！"其实不然，没有销售不出去的产品，只有不会营销的销售人员。

　　没有人是天生的成功者，任何一位顶尖销售都是通过不断的努力和付出换来成功的，他们从不害怕困难和挫折，他们能够在充满艰辛的销售之路上坚持下去。

　　据调查，超过八成的顶尖销售把自己的成功归功于不懈的努力和对工作的执着。没错，困难永远打不倒执着者，只会吓跑胆小鬼。

　　因此，别把"销售"视为畏途，更不要把"推销"当作困难的字眼。这难易的转换其实只在你的"一心"之间，有心者如原一平，可以从一个其貌不扬的小小业务员做到万人艳羡的"推销之神"；无心者如万千平庸的销售人员，在垂头丧气与被拒绝之中堕入销售的"死循环"。所以说，顶尖销售与平庸销售的分别，全在你的一颗心。

　　本书将从心理、礼仪、技巧等多个方面深入浅出地为销售人员讲解销售技巧，其间辅以生动有趣的案例，从日本的"推销之神"原一平到世界顶尖的汽车销售大王乔·吉拉德，你会在书中看到一位又一位前辈大师的经验。

成交没你想的那么难
——给销售新手的建议和忠告

在借鉴这些世界销售大师经验、技巧和智慧的基础上，你还会学到一些销售人员的必备知识，例如，如何交换名片，如何探索客户的需求，如何给客户发送电子邮件和电话留言，如何利用客户的各种心理需求来进行销售，如何赢得客户的忠诚等。这些知识不仅适用于一些初入销售之门的新人，对那些长年奋斗于销售第一线的行家里手也有很大的益处。这不仅是一本销售教材，更是一本销售秘诀。

目　录

第一章　没有信心和好心态做不好销售

　　有位著名的成功学家曾经说过："最可怕的敌人，就是没有坚强的信念。"有志者，事竟成，破釜沉舟，百二秦关终属楚。

　　作为一名销售人员，也要拥有这种自信，只有自信才能让你走得更远。当然，在靠着自信心追求成功的道路上，肯定会有着各种各样的挫折和失败在等着我们，但是只要我们拥有强者的心理素质，善于面对挫折，承受失败，可以在失败之后重拾自信。

相信天生我材必有用 …………………………………… 003
自信使你充满活力 ……………………………………… 005
不断改造自己，提升自己 ……………………………… 008
表演得精彩，客户才会为你喝彩 ……………………… 012
销售工作中没有完不成的任务 ………………………… 014
逃避困难不如想办法解决困难 ………………………… 018
毫无目标比有坏的目标更坏 …………………………… 021
把目标拆分成一个又一个详细的计划 ………………… 023

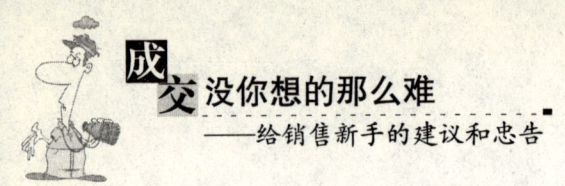

第二章 不懂客户心理学做不好销售

想要让客户购买你的产品,首先要做的就是让客户对你的产品感兴趣。因为只要客户有了兴趣就会和你交流,在交流的过程中,你就可以把产品的优点向客户介绍,而此时客户心动的概率就大大增加了。那么,如何引起客户的兴趣呢?本章会告诉你答案。

了解客户,才能满足客户的需求 …………………………………… 031
客户最关心的是自己的利益 ……………………………………… 036
花最少的钱买到最好的东西 ……………………………………… 038
知道客户心里在想什么 …………………………………………… 041
客户乐于成为你的"上帝" ……………………………………… 045
客户希望得到关怀与实惠 ………………………………………… 048
很多人喜欢"跟风"去购买 ……………………………………… 050
顾虑是心与心间的一道鸿沟 ……………………………………… 053
客户都有逆反心理 ………………………………………………… 056
客户购买产品就是为了内心的满足感 …………………………… 058
客户希望享受更好的服务 ………………………………………… 060

第三章 做销售如何给客户留下好印象?

在销售的过程中,懂得包装自己的形象,给人留下好印象的销售人员将会是永远的赢家。一般情况下,销售人员与客户首次接触时交流的时间不会太长,想要在有限的时间内让客户对自己和自己所推销的产品有一个

目录

深入的了解,并非一件简单的事。而如果销售人员能够在第一次接触中就给客户留下一个良好的印象,那么客户在日后与你接触时也会对你热情款待。

姿态礼仪决定你的形象 ………………………………… 065
初次见面先从寒暄入手 ………………………………… 068
第一次见面的直观感觉就是你的形象 ………………… 071
10 秒内抓住客户的心 …………………………………… 073
不准时赴约代表不把客户当回事 ……………………… 076
牢记客户姓名赢得客户的好感 ………………………… 078
交换名片是"换",而不是"要" …………………… 081

第四章 做销售如何激发客户对产品的兴趣?

在销售的过程中,销售人员不可能占用潜在客户很多的时间。所以此时,你就要在最初的几分钟吸引客户,通过一些令客户好奇的话语或者问题来吸引住客户。而后你就可以展开你的推销了,要记住,你能够在多大程度上激起客户的兴趣,将会决定你的销售过程是就此打住还是继续进行。

销售首先是激发客户兴趣 ……………………………… 087
激发客户兴趣只需一分钟 ……………………………… 088
怎样引起潜在客户的兴趣 ……………………………… 089
通过邮件激发客户好奇心 ……………………………… 093
夸张的吹嘘只会让客户反感 …………………………… 095
强行推销只会赶跑客户 ………………………………… 096

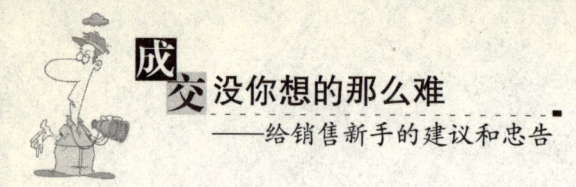

第五章 做销售如何先与客户交心再谈生意？

对于一位销售人员来说，在试图说服客户购买你的产品时，一定要避免心浮气躁或卑下怯懦，应该以平常心待之。当客户理解你的真心时，销售自然可以顺利往下进行。如果客户不理解或者不接受你的推销，那么你不妨换个角度做工作，直到获得客户的认可。也就是说，在推销产品时应以攻心为上策，先和客户交心，在获得客户好感之后再与客户谈生意。

先交心，后交易 ································· 103
真诚是说服客户的最好武器 ····················· 105
把自己当作客户 ································· 107
像专家一样介绍产品 ····························· 111
掌握客户知识最重要 ····························· 113
成交离不开适宜的说话方式和丰富的想象力 ······· 116

第六章 做销售如何让客户感到满意？

销售其实就是销售人员与客户之间打的一场心理战，要想在这场战争中取胜，不仅要有大智大勇，还要善于从心理上找到客户的弱点，让对方心悦诚服，而互惠就是一种攻破他人心理防线的很好办法，你帮对方一个小忙，对方接受了你的帮助，自然也会在他们力所能及的范围内给你一定的回报，有时这些回报甚至是你意想不到的。

善用"情感营销" ································· 121

目 录

付出才会有回报 …………………………………………… 124
摸清客户能够承受的价格底线 …………………………… 126
产品的价格一定要恰当 …………………………………… 128
主动让步，让客户满意 …………………………………… 130
让客户了解产品物有所值 ………………………………… 133
在变通中捕捉机遇 ………………………………………… 136
别太在意眼前的利益 ……………………………………… 139

第七章 做销售如何应对不同类型的客户？

每个客户都是一个单独的个体，他们都有自己独特的性格、心理特点和气质。因此，销售人员在销售的过程中也不能用同样的方式去对待所有客户。应该针对不同客户的特点使用不同的技巧，随机应变，对症下药，让交易顺利达成。

大气型客户最关心的是业绩和效率 ……………………… 145
千万不要对有主见的客户过于热情 ……………………… 148
精挑细选型客户最需要你的诚恳 ………………………… 151
独特的产品最能吸引标新立异型客户 …………………… 154
对理智型客户，承诺的一定要做到 ……………………… 156
对贪婪型客户，不可完全满足对方 ……………………… 159
对吝啬的客户，要着重强调一分钱一分货 ……………… 160
对刁蛮的客户，要把所有条款先谈清楚 ………………… 162

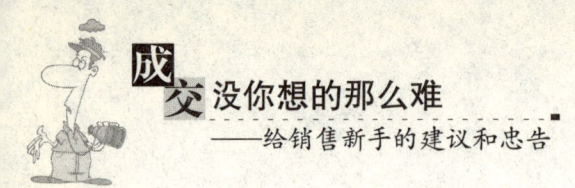

第八章 做销售如何巧用推销策略?

推销学既是一门研究现代推销活动及其规律的科学,又是一门艺术;既是一项具有悠远历史的活动,又是一门年轻的学问。这首先是因为推销活动要遵循一定的规律和程序,有其特定的研究对象、内容和方法;还因为推销活动是推销人员对推销基本原理的具体运用,它包含着大量的技术、技巧和技能。

与成功者搭建桥梁 …………………………………… 167
庞大的群体效应影响潜在客户 ……………………… 168
独木难成舟,团结有力量 …………………………… 169
随机应变促成交易 …………………………………… 173
巧妙利用"爆米花效应" …………………………… 176
用价格吸引客户 ……………………………………… 178
及时捕捉客户的购买意愿 …………………………… 180

第九章 做销售如何面对客户的拒绝?

雷德曼被公认为"全球第一金牌销售员",他曾经说过这样一句话:"推销,从被拒绝时开始。"他之所以能够获得成功,所凭借的正是迎难而上的精神,即使遭遇了客户的无数次拒绝,他也从来没有滋生过逃避和抱怨的情绪,他所做的就是对客户表示理解,并寻找新的突破口。作为一个销售人员,每天都有可能面临客户的拒绝,尤其是当客户对相关产品并没有深入了解或没有及时需求的时候,他们似乎更愿意远离销售人员而保全自己的资金。

谁都不是"常胜将军" ……………………………………… 187
抱怨的原因就是拒绝的原因 ……………………………… 190
通过诱导让对方跟着你的思路前行 ……………………… 191
谁都不会拒绝"自己人" …………………………………… 193
应对客户拒绝有妙招 ……………………………………… 195
幽默让客户的警惕心放松 ………………………………… 197

第十章 做销售如何做好电话销售?

电话销售作为常见的推销形式之一,在销售的方式中占据了相当重要的地位。不可否认,电话销售同现场销售具有一定的差别,至少在电话销售中的初次交流很难将具体的销售策略铺展开来,销售人员更加需要耐心和随机应变的能力。"无约电话"虽是挑战,但实际上任何人都能够拨打,只不过销售功力的区别就在于优秀的销售员能够将"无约电话"变成"有温度"的电话,让它成为一种为自己拓宽销售道路的工具,掌握更多的潜在客户信息。这一章主要介绍电话销售的重要性、主要形式以及注意事项。

出色的销售都是从电话开始的 …………………………… 203
让电话由冷变热 …………………………………………… 204
起关键作用的无约电话 …………………………………… 206
成功电话销售五步走 ……………………………………… 208
电话销售过程五忌 ………………………………………… 211
电话销售的注意事项 ……………………………………… 214
毫无新意的电话留言是销售最大的敌人 ………………… 217

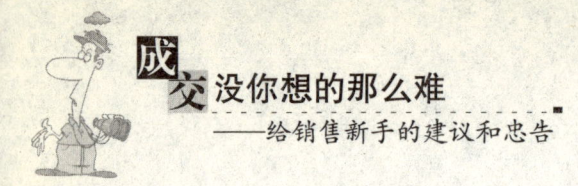

第十一章 做销售如何运用促销方式?

与其说店铺促销属于一种非战略性的营销工具,倒不如说它是一种战术性的营销方式。任何一个销售人员想要将促销活动做到精致,仅仅依靠适销对路的商品和有吸引力的价格还不够,他必须着手塑造自身店铺在市场中的良好形象,通俗来说也就是对店铺进行立体的包装。将自己店铺和产品的外观、特点、购物条件以及独特优势和客户利益等关键信息进行巧妙设计并传播开来,宣传工作格外重要,它是客户对店铺和商品有所了解的重要途径。

促销打折的优势与形式 ……………………………………… 223
火越烧越旺,人越"吵"越红 …………………………… 225
促销活动主题设计要新颖、有趣 ………………………… 226
促销也要顺时顺势 ………………………………………… 228
站在客户的角度上选择促销方案 ………………………… 232
让打折促销产生的效应延伸 ……………………………… 235
精心布置促销现场 ………………………………………… 237
处理换季产品坚持"快、狠、准"的原则 ……………… 239

第十二章 做销售如何运用网络平台?

现在互联网上网站如林,但是很多人在观看网站时仅仅停留在浏览的层面上,并不会深度地挖掘,这些人当中其实存在着相当多的潜在客户,如果销售人员能够将这些浏览者变成实际的购买者,那么自己的客户资源

目录

便得到了充实。倘若销售人员能够想办法获得客户的认同，他们便会对你产生信任，求得继续合作的机会便有希望成交。

网店营销，企业营销的第二渠道 ………………………… 247
巧用网络营销以小钱赚大钱 …………………………… 252
利用搜索引擎做好营销 ………………………………… 253
微博营销的力量格外强大 ……………………………… 256

第一章
没有信心和好心态做不好销售

有位著名的成功学家曾经说过:"最可怕的敌人,就是没有坚强的信念。"有志者,事竟成,破釜沉舟,百二秦关终属楚。

作为一名销售人员,也要拥有这种自信,只有自信才能让你走得更远。当然,在靠着自信心追求成功的道路上,肯定会有着各种各样的挫折和失败在等着我们,但是只要我们拥有强者的心理素质,善于面对挫折,承受失败,还是可以在失败之后重拾自信。

第一章 没有信心和好心态做不好销售

相信天生我材必有用

正确地认识和评估自己才能找到自己正确的位置，做好自己应该做的事，不要因为贪慕别人而妄自菲薄。

在生活中，人们总是会不自觉地与他人进行比较。通过比较，人们总是会发现周围有一群人比自己更优秀。而在发现这一情况之后，有些人会努力地追赶，激发自己的上进心，向榜样学习，不断提升自己，这是一个比较积极的作用。而除此之外，在比较的过程中，有的人还会出现一种情况，那就是觉得自己处处不如人，开始对生活失去信心，一蹶不振，甚至觉得生活毫无希望，这就是一种十分消极的表现。

因此在现实生活当中，人们在与他人比较的时候应该进行合适、理智的比较，而不是胡乱比较，以免给自己造成巨大的压力和打击。正确地认识和评估自己才能找到自己正确的位置，做好自己应该做的事，不要因为贪慕别人而妄自菲薄。

在销售工作中，通过业绩进行对比是销售人员进行自我评价的一种常见方式。领先的人会继续努力，而落后的人则会努力追赶，大家都为了做出更好的业绩而不懈努力。但是有些销售人员面对自己平常的成绩就会失去信心，甚至妄自菲薄："我怎么可能超过人家"，"我实在是太笨了，我根本不适合做这份工作"。这样的销售人员首先在内心就否定了自己，觉得自己没有办法和身边的成功人士做比较，总觉得自己低人一等，认为自己永远不会有什么出息，而有了这样的心理，在工作中就会变得十分消极，最终被公司所淘汰。

妄自菲薄是一种十分消极的心理反应。在很多时候，销售人员还会因为自己的家庭状况不好、经济收入不多、文化水平不高、社会地位低下等

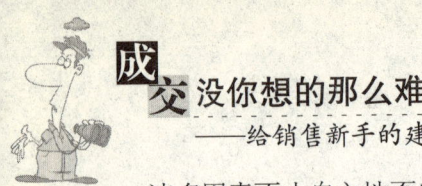
成交没你想的那么难
——给销售新手的建议和忠告

诸多因素不由自主地否定自己,因此在销售时就不由自主地矮人一头,缺乏自信,变得懦弱和自卑。"我只是农村出身,普通话都说不好,怎么能比得过人家大城市的人","我只有高中毕业,人家可是名牌大学的本科生,他一定看不起我","我只不过一个普通的销售员,人家是个大老总,他肯定不会接受我的推销的,还是不要自取其辱了,交给别人来做吧"……种种这样的消极心理完全磨灭了销售人员的自信和激情,使销售人员不断地埋怨自己、责怪自己、贬低自己,偏偏不去主动地改变自己和提高自己。

隋阳是一个大专毕业生,他在毕业后就进入一家保险公司担任推销员。初出茅庐的他想要在这个公司好好发挥一番,于是他干劲十足地投入到工作中,并且也取得了一定的成绩。随着他在公司的时间变长,他渐渐地发现公司里的业务员大都是名牌大学的博士生和硕士生,最次的也是重点大学的本科生,这让隋阳觉得压力很大,他觉得自己一个专科生挤在一群比自己学历高很多的人中,多少有些不相配,就如同凤凰窝中的野鸡,是一个异类。

公司每个月都有一次业绩大评比,如果隋阳排名靠前,他就对自己说:"你这是瞎猫碰上死耗子,侥幸而已。"而每当自己落后,他又会对自己说:"你学历不如人家,落后是肯定的。"而且每次约见大客户时,隋阳也总会把机会让给身边的同事,因为他觉得自己不配和那些大老板谈生意。即使去了人家也不会瞧得起自己,所以就别去自取其辱了。这种消极的心态使隋阳越来越不自信,最终发展到只敢天天在公司打电话,而不敢约见客户的程度,因此他后来一直成绩平平,毫无进步。

妄自菲薄既是对自己心灵的严重打击,更是对自己的不尊重和不负责任。试想一下,如果一个人连自己都看不起自己,那么还有什么资格去要求别人看得起你?人生不过短短数十年,不管身处什么环境,不管你的身份多么卑微,你都要看得起自己,努力争取自己应有的权利,并不断地改变和提高自己,以此赢得别人的尊重和敬佩。自暴自弃是懦夫的行为,用自己的可怜来换取别人同情的人只配做乞丐。

要想让别人看得起,首先就要自己看得起自己。工作中存在差距是十分正常的事情,而造成自己落后的原因也有许多方面,或许是自己的方法不对,或许是自己的努力还不够。不能把别人的优秀归结为别人聪明而自己愚蠢,这是一种逃避。人和人的智商没有太大差别,每个人都是两只胳膊一双手,关键就在于你是否努力。正是因为你妄自菲薄不够积极、不够努力,所以你才不如别人。文化水平不高可以自学弥补,能力不足可以锻炼提高,经济收入低微可以慢慢提升,只要你认真做,没有什么是不可能的。销售人员不要轻易地给自己下结论,认为自己笨、自己能力差、自己处处不如人。其实只要你付出比别人更多的努力,那么你得到的回报也会比别人多很多,这是一个不争的事实。因此销售人员在面对失败的时候,需要的不是自责和抱怨,而是打起精神,面对事实,客观地分析失败的原因,找出自己的缺点或差距,并努力弥补,这才是一个强者、一个优秀的销售人员该做的事情。

销售人员在面对与他人的差距时千万不要妄自菲薄,更不要自暴自弃,而是应该正确地认识自己和评价自己,在对自己的情况彻底清楚之后再着手进行改变,奋起直追,直到超越自己的目标。记住一句话:"成功者从不为自己找借口。"那些面对挫折自怨自艾,宁可花费大量的时间来抱怨命运不公,抱怨自己的能力低下的人,只能一辈子当一名失败者。真正的勇士敢于直面挑战,敢于流更多的汗水和泪水不停进步,他们从不临阵脱逃,他们从不承认自己是懦弱和无能的,他们只会不断寻找自己的缺点,不断努力,不断追赶,不断挑战一个又一个高峰,最终获得惊人的辉煌!

自信使你充满活力

自信的人不仅对自己充满信心,而且对自身能力有一个很好的把握,还可以看到自己的缺点,并且面对困难有信心克服,他们成功的概率也因

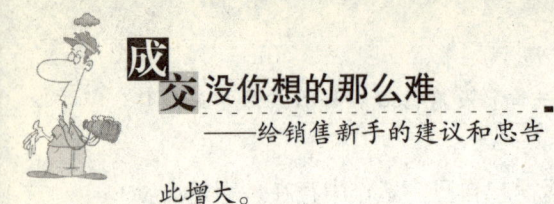

此增大。

狼不但敢于袭击体型大于自己数倍的牛、野马等动物,而且当狼成群结队之时,它们甚至还会同时围捕数量巨大的马群、羊群。由此可见,狼的自信非同一般。

自信的狼身上充满攻击力,而自信的销售人员身上则是充满了活力。自信的人不仅对自己充满信心,而且对自身能力有一个很好的把握,还可以看到自己的缺点,并且面对困难有信心克服。成功的概率也因此增大。

有位著名的成功学家曾经说过:"最可怕的敌人,就是没有坚定的信念。"有志者,事竟成;破釜沉舟,百二秦关终属楚。现如今,我们耳边似乎还在回荡着项羽"力拔山兮气盖世"的豪言壮语。

少年得志的项羽在不到20岁之时看到秦始皇出游的马车便发出"彼可取而代也"的豪言,23岁就随着自己的叔父项梁起义,25岁与秦军战于巨鹿,九战九捷,大破秦军30万众,成为统帅。

当秦军围困赵军46天,各路诸侯皆屯兵数十里外不敢向前时,是项羽怀着必胜的信念,毅然杀掉宋义,带着他的军队破釜沉舟地冲向秦军。最终,项羽胜了,经此一役,不仅改变了秦末战争的力量对比,也使项羽达到了人生最辉煌的顶点。成就项羽的就是他那强者的心理素质,他的自信、不屈、威武、霸气才造就了一代西楚霸王。

项羽就像是一只狼王,带领着自己的手下疯狂地捕猎,在中原大地这片草原上称王称霸,正是自信才造就了他的所向披靡。

狼生活的世界里,在每一只头狼的成长经历中,它始终对自己有信心,它始终相信自己有一天会成为头狼,并且会率领着自己的狼群在茫茫的森林以及辽阔的大地上纵横驰骋。

我们都知道,在头狼的成长经历当中,所面临的困难与挑战重重,如果没有一种强者的心理素质,是很难战胜那些困难和挑战的。

狼的这种自信的心理素质的确值得我们去学习,正如美国现代心理学

第一章 没有信心和好心态做不好销售

之父威廉·詹姆斯所说的一样:"我们坚定不移的信心,常常是取得胜利的唯一法宝。"也就是说,人的自信作为一种愿望和自我确定,能产生让人超越自我的力量。

只要你相信自己可以成功,那么你终究有一天会赢得成功。有方向感的信心,会令你每一个意念都充满力量。当你有强大的自信心去推动你的人生,那么你就可以平步青云,攀上成功之巅。

作为一名销售人员,也要拥有这种自信,只有自信才能让你走得更远。当然,在靠着自信心追求成功的道路上,肯定会有着各种各样的挫折和失败在等着你,但是只要你拥有强者的心理素质,善于面对挫折,承受失败,而且可以在失败之后重拾自信。那么,在通往成功的道路上,就没有什么可以阻挡你的了。

有这么一个故事,有一个渔夫在出海捕鱼时,一旦捕获了鱼总要看看这条鱼的个头大小,在看过之后他就会将大鱼放回海中,只留下小鱼。有人好奇地问渔夫为什么这样做。渔夫答道:"我真的不愿意这么做,但是我只有一口小锅,煮不了太大的鱼。"

没错,很多时候,销售人员也会遇到"锅小鱼大"的情况。在你面临一个大客户的时候,你会不会说:"天啊,怎么会给我一个如此重量级的客户,我可没能力办好这件事情。"或者说:"那个大客户脾气古怪,最厉害的销售人员都没有成功,更何况是我这个没有销售经验的新人,所以,我肯定没有办法做好这单生意,还是不要去碰钉子了……"

这种例子每天都在上演。如果一个销售人员连自己都不看好自己的能力,把目标设定得很低,或者根本就没有目标,那么,谁又能尊重你,谁又能把生意交给你来做呢?许多销售新人之所以没有好业绩,就是因为一旦遇到稍有难度的工作就害怕做不到,因此限制了自己的能力和潜力的发挥。

当你判定自己的能力没有办法做好一件事之前,当你说出"我恐怕不行"这种话之前,请你仔细考虑一下这句话对你的职业生涯和销售业绩有

多大的影响,或许一个几百万的订单就因为你的一句话而灰飞烟灭,或许一次锻炼自己、挑战自己的机会就因为这句话而丧失。因此,销售人员一定要敢于挑战、敢于设定宏伟的目标,敢于一次又一次地突破极限、超越自我!

要超越极限、挑战自我,就不要一味想着自己的能力有多小,而要想着自己的潜力有多大,然后立刻行动,只要你这么想了、这么做了,你就会发现自己的能力原来远远超出自己的预期。

如果你坚信自己是一个最棒的销售员,坚信自己总能够把产品成功地推销给客户,那么你的精神状态也一定是乐观的,你的生活也一定是快乐的,你的言谈举止、思想行动也一定是积极向上的。而在这样的前提下,你的销售业绩怎么会不提升呢?

不断改造自己,提升自己

要当一名一流的销售人员,仅学习推销技巧是不够的,必须永远留着一只眼睛注视着自己,不断地反省,不断地改造。

美国许多大公司在招聘销售人员的时候总会问应聘者这样一个问题:"你为什么要应聘销售人员?"对于这个简单的问题,大多数应聘者都会给出这样的答案:"我喜欢这份有挑战性的工作","为了实现我自己的梦想","这份工作很酷啊!",等等。而做出这种回答的应聘者一般不会被录取;相反,如果应聘者直截了当地说:"为了赚钱","为了薪水",那么面试官反而会露出满意的笑容并祝贺他被录用。

虽然说"为了赚钱"这个回答十分直白,但是面试官却喜欢这样直白的人。因为面试官从这个回答中可以看到应聘者真实的心。拿破仑曾说过:"不想当将军的士兵不是好士兵。"而这句话套到销售人员身上,就

第一章　没有信心和好心态做不好销售

可以这样说："不想赚钱的销售不是好销售。"事实也的确如此，一个不想赚钱的销售人员一般也不能创造良好的业绩。因为相对于那些"实现梦想"、"锻炼自己"等理由，赚钱无疑更可以促使销售人员激发内在渴望，因为这是人最真实、最原始的欲望，人只有认清自己，才能改造自己，如果被一些其他目标蒙蔽，又谈何改造呢？

让我们来看看日本保险业销售泰斗原一平的故事吧。

原一平在27岁时就进入了日本明治保险公司开始了他的推销生涯。在工作之初，他穷得连午饭都吃不起，只能露宿街头。但是一个极为偶然的机会，原一平遇到了一位老和尚，这位老和尚的一席话改变了他的一生。

有一天，他向一位老和尚推销自己的产品，经过详细的介绍后，老和尚平静地看着他说："听完你的介绍，我丝毫没有想投保的意愿。"

原一平听后沮丧地低下了头，老和尚注视了他很久，接着说："与人交谈的时候，一定要具备一种强烈吸引他人的魅力，如果你做不到这点，那么我劝你还是不要做销售这份工作了。"

原一平听后哑口无言，冷汗直流。

老和尚又说："年轻人，先从改变你自己做起吧！"

"改变自己？"原一平疑惑地看着老和尚。

"没错，就是改变自己，不过改变自己首先要认识自己，你知不知道你是一个什么样的人呢？"

原一平还没张口，老和尚又说："你在替别人考虑应该买哪种保险之前，不妨先考虑一下你自己，认识你自己。"

"考虑？认识？"

"没错，赤裸裸地注视自己，毫无保留地剖析自己，彻底地反省自己，然后才能认识自己。"

老和尚的一席话如醍醐灌顶般让原一平瞬间醒悟，他终于明白自己失败的原因所在，从此他开始努力地认识自己、锤炼自己，终于成为一代推销大师。

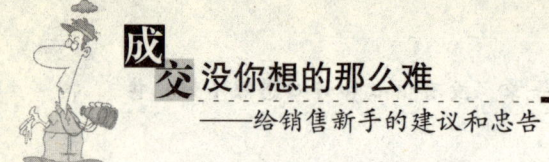

成交没你想的那么难
—— 给销售新手的建议和忠告

认识自己，说起来简单，但是做起来却十分困难。首先必须经过深刻的自我剖析和接受别人的批评之后，人才能够逐步地认识自己。大多数人对自己都没有信心，但是经过自我剖析后会发觉自己的长处和优点，知道自己的短处和弱点，进而确定自己努力的方向，从工作中找到自己的位置，最终获得成功。那么，我们又该如何进行自我剖析呢？最简单的办法就是时刻留一只眼睛给自己，随时反省。

在古龙的笔下有一位著名剑客叫作叶孤城，在他的书中，记载着一个引人深思的故事。

叶孤城从小就立志当一名剑客，在他青年时期，他拜在一名隐士高人门下学艺，有一次，他问隐士："师父，根据我的资质，要练多久才能成一名顶尖剑客？"

隐士回答说："至少也要15年的时间。"

叶孤城说："哇，15年也太久了，那如果我加倍努力苦练，多久才能成为顶尖剑客呢？"

隐士回答："那就需要30年的时间了。"

叶孤城一脸狐疑地说："那如果我不眠不休，夜以继日地苦练，能否在10年内成为顶尖剑客？"

隐士回答："如果你不眠不休地练剑，那么10年之内你必死无疑，更不要说成为一名顶尖的剑客了。"

叶孤城颇为不以为然地说："师父，你的话太矛盾了，为什么我越努力地练剑，成为一名顶尖剑客的时间就越长呢？"

隐士回答说："要成为一名顶尖剑客，先决条件就是必须要保留一只眼睛注视着自己，不断地反省，而现在你的两只眼睛都只看着顶尖剑客的招牌，哪里还有眼睛注视自己呢？"

叶孤城听完满头大汗，当场顿悟。

要想当一名一流的剑客，只会苦练剑术是远远不够的，必须要时刻留一只眼镜注视着自己，不断地反省，不断地改变。而要当一名一流的销售

人员，仅学习推销技巧也是不够的，也必须永远留着一只眼睛注视着自己，不断地反省，不断地改造。

要认识自己，除了自省，还要有别人的帮助。自省就是我们在上面讲的自我剖析，而别人的帮助就是他人对我们的批评。仅仅自我剖析会很容易让我们陷入当局者迷的情况，此时，我们就需要来自他人的批评来帮助我们清醒了。

对于大多数人来说，向自己坦白短处或者向别人承认过错都是十分难堪的事。因此，很多人都会纵容自己，一旦发生错误就会寻找各种各样的借口来原谅自己，得过且过。只有少数人能够学会自我剖析和请求他人批评，彻底认清自己，针对自己的缺点进行改进，最终获得了成功。

只有认清自己的长处和短处，才能发挥自己的长处，改进自己的短处。这样一来你才能够获得他人的尊重，而你也会因为了解了自己的长处从而提升自己的自信心，进而肯定自己。心理学家的调查表明，人类所使用的能力大约仅占其全部能力的20%。换言之，你还有80%的能力处于待开发状态，因此，合理地开发自己的长处是销售人员提升自己的第一步。而自我剖析和请求他人批评正是开发自己长处的最好途径。

销售人员是一个十分特殊的群体，他们可以说是商场中的特种部队，是集大智大勇于一身的特种人才。他们在推销商品的同时其实也是在推销自己，包括自己的业务水平、谈判技巧、为人品德等综合素质，这些都可以形成一种特殊的影响力，它决定着客户对他们是否信服，是否能够接受他们。而做好真实的自己，相信真实的自我，就会使销售人员充满力量，全面提升自己的各个方面，对客户产生一种吸引力，最终凭借着吸引力谈成生意。

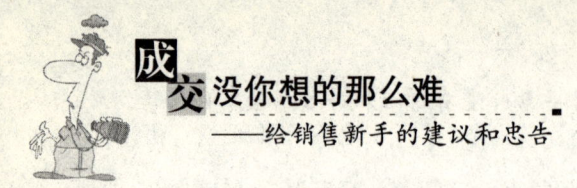

表演得精彩,客户才会为你喝彩

  销售人员推销产品,就像是在舞台上为客户进行一场表演,要想打动客户,说服客户,就要表演得精彩一些,把自己的才华和魅力全部展现出来。

  能够吸引他人的素质有很多,在销售过程中,那些有能力、有才华、风趣幽默的销售人员总是拥有令人羡慕的业务量。而那些只会死板地说教、呆头呆脑的销售人员,很难赢得客户的好感,更别说做出优秀的业绩了。

  王喜是一名销售语言教材的销售员。有一次,他在电话中向一位客户推销一本名为《三十天让你掌握流利英语》的书籍,尽管他把自己的产品夸得天花乱坠,而且接连用了很多推销技巧,但是说了半天,客户还是无动于衷。王喜不死心,于是继续夸赞自己的产品,此时客户已经有些不耐烦了。他对王喜说:"如果你能用英文把你刚才说的话再重复一遍,我就买你们的书。"此时王喜一下子傻了,因为他本身英语就十分差劲,连正常的交流都很困难,怎么可能把刚才的话用英语表达出来呢!他愣了一会儿,客户见他没有回答便"咔嚓"一声把电话挂了。

  这件事对王喜有了很大的触动,是啊,一个推销让人三十天说一口流利英语书籍的人自己却说不出流利的英语,又怎么能说服客户购买自己的产品呢?

  从那以后,王喜开始认真地进行自我反思。他认识到,想要成为一名优秀的销售人员,想要顺利地说服客户,就必须让自己看起来很棒,要对自己的业务有着充分的理解和掌握,也就是说,要想说服客户购买自己的

第一章 没有信心和好心态做不好销售

学英语的书,那么首先自己就要会说一口流利的英语,这样才能让客户信服。于是王喜自己先买了一本英语教材,并下苦功认真地学习,很快,他就能与外国人进行交谈了,此外,他还积极地了解行业的最新消息,以便在工作中能充分发挥自己产品的优势,充满自信地进行推销。

一次偶然的机会,王喜又遇到了之前拒绝他的那位客户,而这次王喜的表现却令那位客户大吃一惊,看着王喜镇定自若地说出一句又一句流利的英文,这位客户由衷地赞叹道:"你可真是太棒了,我很佩服你。"后来,他们建立起了长久的合作关系,而那位客户甚至帮助他进行推销。

王喜过硬的素质受到了很多客户的钦佩,与他接触过的客户都会对他竖起大拇指。很快,王喜因为销售业绩突出被提为销售主管,但是他一直牢记那次的教训,总是会时刻提醒自己:"要让自己看起来很棒。"

销售人员推销产品,就像是在舞台上为客户进行一场表演,要想打动客户,说服客户,就要表演得精彩一些,把自己的才华和魅力全部展现出来,因为只有你表演得精彩,客户才会为你喝彩。

因此,销售人员要不断提升自身的学识以及修养,而熟练掌握自己的业务是首先要做到的,因为只有这样才会在客户面前显得专业。如果你知识渊博,才华横溢,对任何话题都可以说得头头是道,那么你不仅可以很容易地与客户找到共同语言,还能用你的才华来征服客户,让客户对你心悦诚服,那么你的产品自然也会销售顺利。如果一个销售人员连自己推销的产品或者业务都不了解和不熟悉,那么你又如何让客户对你信服?因此,销售人员在客户面前一定要表现得十分优秀,这样才能赢得客户的好感和信赖。

当然,表现优秀说的绝非是对任何事都夸夸其谈,而是有真才实学,这样才能做到"真金不怕火炼",表面上说得富丽堂皇,而自己根本没有真才实学,那么一旦被客户切中要害,就会无言以对。因此,销售人员绝对不能眼高手低,掩耳盗铃。对于销售人员来说,拥有过硬的业务知识和高超的职业技能是很重要的。没有哪位客户喜欢一位眼高手低,嘴上侃侃而谈,说到具体情况就哑巴了的销售人员。没有才学,也就没有了吸引客

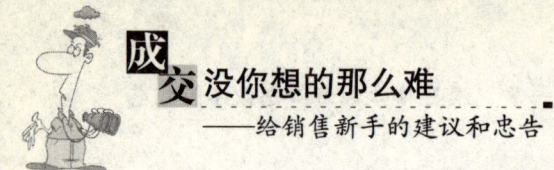

户的资本，永远只能做一名普通的销售人员，无法获得客户的认同。

才华是一种资源，能够增加销售人员的个人魅力。一个才华洋溢、能力出众的销售人员必然会受到客户们的欢迎和爱戴。那么，我们该如何丰富自己的才华，又应该着重提升哪些方面呢？

1. 对自己的公司和业务充分了解

销售人员应该对自己的公司、自己推销的产品和业务有一个充分的了解和掌握，要注重平时的磨炼与积累，通过各种不同的途径来进行学习和提高，充分掌握关于自己公司及产品的所有知识，以一个专家的身份，向客户介绍自己的产品，回答客户的问题。

2. 多注重本行业的发展动态

销售人员应该及时掌握最新的行业信息，找准业务或产品的优点和卖点，重拳出击，强力推销。

销售人员只有不断地提高自己的业务水平，增加自己的内涵和才华，并把自己的才华表现出来，才能赢得客户的青睐。

销售工作中没有完不成的任务

当林林总总的难题出现时，优秀的销售人员总能够独立、勇敢、充满智慧地去面对，他们不会寄希望于幻想，也不会将心思放在对别人的依赖上。

古人云："天行健，君子以自强不息。"意在告诉我们生活中的困难都只是暂时的障碍，只要保持一个良好的心态，就一定能够找到合适的解决方法。更多的时候，挫折之所以显得强大，是因为我们的主观意识向它投降了。

有一句话说得好："方法总比问题多。"销售工作中没有完不成的任

第一章 没有信心和好心态做不好销售

务,只有不会创造条件的销售人员。在竞争日趋激烈的销售市场中,如果还有谁希望在轻松简单、毫无压力的环境中成为顶尖销售,那几乎等同于痴人说梦。当林林总总的难题出现时,优秀的销售人员总能够独立、勇敢、充满智慧地去面对,他们不会寄希望于幻想,也不会将心思放在对别人的依赖上。

善于寻找方法去解决工作中的问题和困难,是提升自身工作能力的重要途径。这样的销售人员不但能在竞争中拥有较强的竞争优势,还能受到机遇之神的垂爱。当今的销售市场不再是单靠老实出力就能够将工作做到完美无缺了,它对于销售人员思维的灵敏度、工作效率和创造性的处事方法提出了更高的要求。因此,只有能够积极主动思考的销售人员,才能够凭借其准确的判断力为企业带来最多的效益。

1988年4月,海尔集团掀起向魏小娥学习"认真解决每一个问题"的活动。

魏小娥是海尔集团卫浴分厂厂长,曾被派往日本学习先进的生产技术。期间她了解到日本的卫浴产品的合格率最高为98%,她便询问对方为何不是100%合格率。"这不可能。任何人不能保证避免这2%的误差,你觉得你能吗?"日本技术人员回答道。

然而,这一句"不可能"却没有得到魏小娥的认同,她觉得一切皆有可能。在回国后,她便想尽所有办法打造100%合格率的产品。在她面前有很多棘手的问题,比如板材被压出后都有毛边需要清理,而这些细小的毛边便会落在工作现场或原料上,造成板材的黑点问题。在很多人看来这几乎是不可能避免的一种状况。

魏小娥为了获得这个问题的解决办法,在生活和工作中处处留心,"功夫不负有心人",她终于找到了应对的策略,而这要归功于女儿给她的一个启发。

有一天魏小娥加班很晚才回家,看到女儿正在用卷笔刀削铅笔。卷笔刀的构造零件中除了有一个小刀片之外还有一个小盒子,用来盛放削下来的铅笔的碎屑。当看到这个情景的时候,魏小娥心中豁然开朗,长期以来

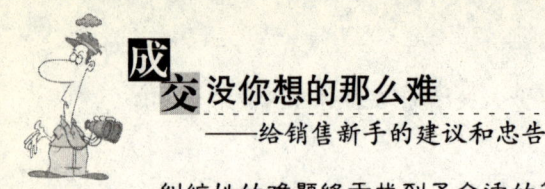

成交没你想的那么难
——给销售新手的建议和忠告

纠缠她的难题终于找到了合适的答案,她带着满心欣喜废寝忘食地在灯下画了一夜图纸。

第二天,这个专门用于收集毛边的"废料盒"被带到公司。它的诞生,让清理下来的毛边落入盒中,于是板材黑点的问题就此解决。

为了保证原料的纯净度,魏小娥给每一位操作工人都定制了"特殊工作服",白衣、白帽、短发等要求,有效地避免了有可能给原料的纯净度带来的危害。

日本模具专家宫川先生来华访问时,已经晋升为卫浴分厂厂长的魏小娥会见了他,除此之外,与他会面的还有操作娴熟的员工、100%合格的产品和一尘不染的生产现场。眼前的这一切很显然已出乎宫川先生的预料,惊喜之余他便向魏小娥询问那2%不可能被避免的问题她是如何解决的。

"用心,就没有解决不了的问题。"魏小娥回答道。

俗话说:"找借口不如找方法。"当问题出现时,首先考虑的不能是自身的缺陷或者别人的优势,任何理由都是为责任心的缺失拟定的借口。只有主动承担责任,才能具备迎难而上的勇气和毅力。然而,在工作中逃避问题、缺乏创新思维的销售人员大有人在,这些人总是在工作中怨天尤人,任何一件事情都有可能成为他们用来搪塞过失的借口:"客户太挑剔了,我从没有见过这样不通情理的人"、"经理如果能够将工作布置得清楚些就好了"、"这是不可能完成的,我还是不要白费力气了"。

美国企业家洛克菲勒曾经说过:"遇到困难和问题,我们应该学会改变思路。思路一转变,原来那些难以解决的困难和问题,就会迎刃而解。"倘若销售人员在问题面前能够打开思维,主动创造一些有利的条件,那么任务的完成是指日可待的,关键在于能不能用冷静的心态去斟酌问题的突破点。

甲、乙、丙三人都来应聘一份销售工作,但是岗位有限,老板于是给他们出了一道测试题,题目就是:在一定的时间内将梳子卖给和尚,卖出最多的人就会被录用。

第一章 没有信心和好心态做不好销售

甲认为这是一个几乎不可能完成的任务,和尚没有头发,怎么会买梳子呢?他一连奔波于好几座寺院,不但遭到了和尚的训斥,而且还被众人轰出。他虽然备受打击,但却不屈不挠,一再拜访。有一天他遇到寺中的一位小和尚,便对他讲述了这次任务对自己的重要性,小和尚听完心生怜悯,于是购买了一把梳子。

乙在接到这个任务之后,去了一座名山古寺,由于古寺所处的位置在山顶,此处山高风大,前来烧香拜佛的人们头发容易被风吹乱。乙对住持说:"蓬头乱发表示对佛祖不敬,为了让这些善男信女能更好地表示虔诚之心,不如在每座香案前摆一把木梳供众人梳头。"住持感觉乙言之有理,于是买下十把梳子。

丙经过一番思考,来到了一座深山宝刹之中,他找到方丈说道:"前来烧香的人心中都有佛祖、有善念,宝刹何不备些回赠品施福于众人?方丈书法精湛,在赠品之上撰写'积善'字样,一则保佑他们平安吉祥,二则鼓励他们多行善事。我有一批梳子,正可作为赠品。"方丈大悦,立刻买下千把梳子。

三人带着自己的业绩回到公司,老板在听完他们的讲述之后说道:"甲的执着令人感动,乙的智慧让人钦佩,丙的思维令我耳目一新。一件任务想要出色完成,只是依靠锲而不舍的意志是不够的,只有善于思考才能收获完美的成果。"

原通用电气总裁杰克·韦尔奇曾说:"在工作中,每个人都应该发挥自己最大的潜能,努力地工作而不是浪费时间寻找借口。要知道,公司安排给你这个职位,是为了解决问题,而不是听你关于困难的长篇累牍的分析。"实际上,每一个销售人员都有着自己独特的优势,这些优势如果能够得到最大限度的发挥,再加上足够的责任心、敬业心和团队精神,那么所遇到的问题和困难往往都能够迎刃而解。

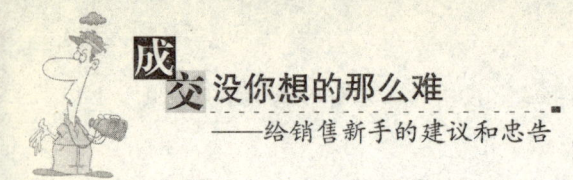

逃避困难不如想办法解决困难

一流的销售人员只找方法不找借口,三流的销售人员只找借口不找方法。正如波兰科学家居里夫人所说:"失败者总是找借口,成功者永远找方法。"

心态不好的人总是在逃避困难,而心态良好的人总能找到解决问题的方法,这就是成功者和失败者的区别。

卫城和温良是同一家公司的两名销售人员,同样做着每天外出推销产品、谈判业务的工作,两个人之间难免会发生工作上的碰撞。有一次,卫城约好了一位客户第二天见面,却被温良提前拿下。由于卫城比温良提前进入公司,作为公司里的老员工,他经常获得老板的夸奖,所以,这一次的业务撞车让卫城很郁闷:"居然让一个刚进入公司的年轻人抢了业务,这要传出去还怎么见人,以后还怎么获得老板的器重?"

于是,在每周一次的业务报告会上,卫城想了一个自认为合情合理的理由为自己作了一番解释:"对于这笔业务,我并不是没有能力拿下,而是因为第一天晚上没有睡好,精神欠佳,而且小温刚到公司,需要不断进行实践积累经验,所以我是有意让小温去谈这笔业务的。"

但是,卫城并没有从此加倍努力工作,而是在以后的工作中不断地以这样的"解释"将比较难处理的业务推到新员工身上。长此以往,公司的整体业绩开始不断下滑,老板找到卫城谈话:"你是怎么搞的?有些非常重要的业务你居然交给新员工去办,他们能谈下来吗?"当卫城还想为自己辩解时,老板紧接着说了一句话:"既然这样,那我只需要新员工就够了,你留在这里也没有什么用了,那就请你离开吧。"

第一章 没有信心和好心态做不好销售

事实上,卫城自认为合情合理的解释正是为自己寻找到的推脱重要工作的借口,他忘记了一个非常重要的道理——找借口的人必然失败,只有找方法的人才会成功。日本的零售业巨头大荣公司中曾流传着的一个故事也恰恰对这一观点进行了最好的诠释。

两个很优秀的年轻人毕业后一起进入大荣公司,不久被同时派遣到一家大型连锁店做一线销售员。一天,这家店在清核账目的时候发现所交纳的营业税比以前出奇地多了许多,仔细检查后发现,原来是两个年轻人负责的店面将营业额多打了一个零!

于是,经理把他们叫进了办公室,当经理问到他们具体情况时,两人面面相觑,但账单就在眼前。一阵沉默后,两个年轻人分别开口了,其中一个解释说自己刚上岗,所以还有些紧张,再加上对公司的财务制度还不是很熟,所以犯了错。

另一个年轻人却没有多说什么,他只是对经理说,这的确是他们的过失,他愿意用两个月的奖金来补偿,同时他保证以后再也不会犯同样的错误。

走出经理室,开始说话的那个员工对后者说:"你也太傻了吧,两个月的奖金,那岂不是白干了?这种事情咱们新手随便找个借口就推脱过去了。"后者却仅仅是笑了笑,什么都没说。但从这以后,公司里出现了好几次培训学习的机会,然而每次都是那个勇于承担的年轻人能够获得这样的机会。

一流的销售人员只找方法不找借口,三流销售人员只找借口不找方法。正如波兰科学家居里夫人所说:"失败者总是找借口,成功者永远找方法。"

那么,我们也就很容易理解为什么很多人会平庸一生,原因就在于他们没有完全发挥自己最大的潜能,没有努力去寻找更有效的方法,而是浪费时间去寻找更多借口——当学习不如其他同学好时,以父母遗传的基因不够优秀为借口;当高考落榜时,以自己未能正常发挥为借口;当找不到

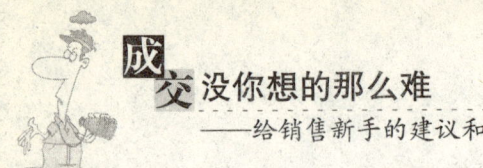

好工作时,以自己没有关系路子为借口;当得不到老板的重用时,以别人会溜须拍马为借口……

拿破仑·希尔曾说:"找借口掩饰失败和懒惰的习惯一样古老,而且是成功的致命伤!那为什么人们还乐此不疲?答案很明显:这些借口是他们自己创造的!"习惯找借口的人沉沦在往复循环地寻找借口的过程当中,本以为可以得到解脱,殊不知再完美的借口对于事物本身也是没有任何用处的,最终只能让自己处于阿Q式的精神乐园中。

找借口不找方法是通向失败的前奏。因为选择借口就是在为自己的失败开脱,借口已经吞噬掉了你所有的理想,像毒品一样毒化着你的内心世界,使你只能在原地踏步,甚至后退,继而丧失斗志,极大地阻碍着你发挥潜能。

找借口不找方法是一种让人走进无底深渊的恶习。当你面对问题不是积极、主动地想办法加以解决,而是千方百计地找借口时,这种借口为你带来的暂时性的快感,已经让你迷失了方向,心甘情愿地踏着通向绝境的台阶一步一步走下去。

找借口不找方法是因循守旧、甘愿走向失败的人的选择。不断寻找借口的人在工作中拖沓、没有效率,在生活中没有方向、缺乏激情。他们只会以原有的经验进行判断,以原有的规矩制定标准,以旧有的思维考虑问题。当他们因为找借口没有获得成就时,再去找另一个借口解释这次的过失,而因为再次找借口没有见到成效时,便又去找下一个借口解释……所以找借口变成了这些人唯一的选择和出路。

在实际生活与工作中,人们最常用到的一些寻找借口的说法莫过于:"我本来可以"、"我本来能够"、"我本来应该"、"这件事与我无关"、"我怎么知道"……无论是什么样的人,无论他在何时何地,只要他寻找借口,通常会选择这类语句作为开场白。

以培养人才为核心的美国西点军校无疑是值得广大销售人员学习的典范。美国西点军校有一条严格的校规,即当士兵被军官问话时,只能回答:"报告长官,是"、"报告长官,不是"、"报告长官,不知道"、"报告长官,没有任何借口"。

成功的销售人员总在找方法,失败的销售人员总在找借口。找方法可以让一个人的前途无量,这样的人面对困难往往会不推脱,迎难而上、主动破解;这样的人对工作始终充满热情,脚踏实地地做好每一项任务;这样的人无论对生活还是对工作都会尽心尽力,尽心尽职,做好每一件哪怕是毫不起眼的小事情。

翻开古今中外成功人物的历史,我们不难发现,所有获得成就的、具有影响力的人物,身上都存在着一个共同的特征——只为成功找方法,不为失败找借口。那么,我们也应该坚信,当我们不再寻找借口的时候,同样是我们走向成功的开始。

毫无目标比有坏的目标更坏

当你为自己树立一个远大的目标,并承诺会为实现这个目标而奋斗的时候,你就会感觉到涌动在你心底巨大的潜能,会感觉浑身有使不完的力量。

从古至今无数的事实证明了,要想成功就必须要有一个明确的人生目标。没有人生目标也就没有具体的行动计划,而没有行动计划,做事就会敷衍了事,也就会丧失责任感,更谈不上什么意志坚强、斗志昂扬了。没有目标,即使有再多的才华都是白费。

有无数销售新人因为没有目标而最终毫无建树,不得不另谋高就。事实一再表明,一个人只有树立积极、符合自身情况的目标才能改变工作中、事业上的不理想现状。当你为自己树立一个远大的目标,并承诺会为实现这个目标而奋斗的时候,你就会感觉到涌动在你心底巨大的潜能,会感觉浑身有使不完的力量。

最顶尖的销售人员都有这样一股鞭策自己的神奇力量:当一些销售人员因为胆怯而徘徊不前时,他们却能够凭借着自己高度的乐观、自信、上

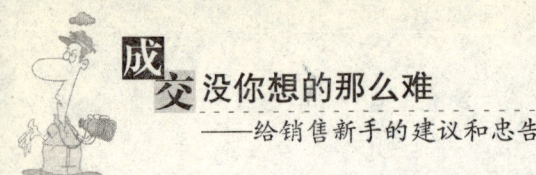
成交没你想的那么难
——给销售新手的建议和忠告

进心,以及内心的自发力量,把内心的恐惧和外界的挫折统统击退。他们坚信自己一定可以实现自己的目标,他们总是这样激励自己。

美国著名的销售人员斯通在20岁的时候搬到芝加哥,创办了一家名为"联合登记保险公司"的保险经纪社。尽管当时公司中只有他一个人,但是他仍然有决心办好这一企业。

在开业的第一天,斯通便在热闹的北克拉街推销出了54份保险。不过,即使他一开业就取得了一个开门红,但是人们还是对他的公司议论纷纷,认为这个只有一个人的公司肯定坚持不了几天。然而斯通却坚信自己每天能够完成更好更高的目标,那就是多卖几份保险。在这一目标的指引之下,斯通创造了平均每天成交70份保险的骄人业绩,他的最高纪录是一天出售122份保险。在他不懈的努力之下,他的公司也一天天兴旺起来,不仅在芝加哥站稳了脚跟,还在美国其他州开辟了保险业务。

斯通正是通过设立目标、自我肯定才获得的成功。他在经过不断的提升、成长之后,完成了在别人看来几乎不可能完成的任务。从本质上来说,自我提升来源于自信,而目标是我们激发自信的源泉。当人们有了某种需求,自信心就会激励人们用行动去满足自己的这种需求,而把这种需求明朗化、公开化的就是目标。

作为一名缺乏销售经验的新人,当你在遇到困难、挫折、失败时,一定要告诉自己:"我不怕失败。我也不会被轻易打倒,我要达成我的目标,我要实现我的梦想!只要我努力,一定会成功!"

现实生活中有很多这样的人:他们害怕困难,恐惧挫折,一旦遇到困难和挫折,他们就会败下阵来,即使是一个小小的挫折,他们也不敢去面对,甚至在困难消失时他们也不敢再次尝试,而改变这一状况的方法就是设立目标。

古人云:"凡事预则立,不预则废。"虽然在实际工作中,没有预先设定目标的销售人员偶尔也会成功,但是那并非是真正的成功。制定目标可以帮助你获得真正的成功,而且由于你的成功是通过你努力工作获

第一章 没有信心和好心态做不好销售

得的,因此它便具备了真正的价值和意义。你会极力保护你的劳动成果并努力使它茁壮成长,这样一来你非但不会挥霍浪费,反而会把它建立在一个更为坚实的基础上。而不制定目标,就不能充分发挥你的潜能,没有了目标,你在工作中就会变得无精打采、烦躁不安,从而失去工作的重心。

把目标拆分成一个又一个详细的计划

拥有一个目标是成功的前提,而在拥有目标之后该如何做,却是让很多销售人员十分困惑的问题。答案其实非常简单,就是把目标拆分,变成一个又一个详细的计划。

一个优秀的销售人员一定是一个善于规划的人,只有学会规划出实现目标的具体步骤,才能达到自己的目标,到达成功的彼岸。

1945年山姆·沃尔玛创立了第一个廉价商店,当时他就定下了一个目标,"在5年内,使纽波特的小店成为阿肯色州最好、获利能力最高的杂货店"。山姆·沃尔玛清楚地知道,如果想要实现这个目标,这家小店的销售额必须达到现在的三倍以上,从现在的年销售7.2万美元,增长到25万美元。最终山姆达到了自己的目标,非但让它成为阿肯色州获利能力最高的商店,还成为周围五个州的最佳获利商店。

之后,山姆继续替他的公司设定惊人而具体的目标,他每过10年就会定出一个新的目标。到了1977年时,他的目标是:"让自己的公司在10年内成为年销售额1亿美元的公司。"

毫无悬念,这个目标又实现了,他依然在为自己的公司制定下一个目标。1990年,他定下了一个新的目标:"在公元2000年前,使公司拥有

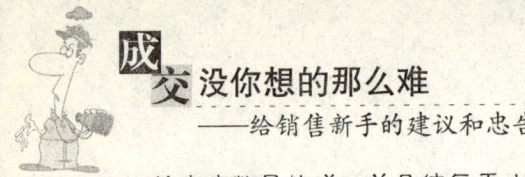

成交没你想的那么难
——给销售新手的建议和忠告

的商店数目倍增,并且使每平方英尺(1平方英尺约合0.09平方米)的销售额增加60%。"

沃尔玛公司的一名董事罗伯特·康恩曾经在给友人的信中说过这样一段话:"……沃尔玛清楚表明一个目标,要在公元2000年前把商店的数目增加一倍,并且把每平方英尺的销售额提高60%。更重要的一点(也是大家没有注意到的)是,他确实定出了1250亿美元的明确目标……"

山姆·沃尔玛之所以可以成功,是因为他有着清晰具体的目标实施方案,而这一特点在其他优秀管理者的身上也总能发现。比如原通用电气公司总裁杰克·韦尔奇,他在最初成为通用CEO(首席执行官)的时候就制定了这样一个目标:"在我们服务的每一个市场中,我们要成为数一数二的公司,并且改革公司,使其拥有小团队般的速度和活力。"比起现在很多公司难以理解、不容易记住的"愿景宣言",通用电气的目标显得更清晰、更具体、更能促使大家行动。

不同的工作方式也会造成不同的结果,有的销售人员在设定目标之后便埋头苦干,而有的销售人员却会认真思考,寻找出一条最方便的道路。

总公司派给了两个销售团队经理一样的任务——增长35%的销售额,如果完成了,整个销售团队都会有丰厚的奖金。

其中一个销售经理是这样对手下分派任务的——"小A、小B、小C你们三个今年必须要达到35%的销售额增长,只要达到指标,年底公司发奖金。"下面的销售代表一听,怨声载道,觉得任务繁重,互相讨论,这个说:"35%的销售额太难了,市场已经接近饱和,要想增长这么多需要费多大的劲啊。"那个说:"就算有年终奖金,但是35%可不是个小数字,不是人人都可以达到的。"最后讨论结果是,人人都觉得是个不可能完成的任务,都没有热情去做。到年终的时候,这个销售团队达不到目标,甚至业绩有些下滑,那个销售经理遭到了解雇。

而另一个销售经理想要达到同样是35%销售额的增长,却是这样分派任务的:"小A你明天负责多跑一个客户,多签一份合同就算完成任务

第一章 没有信心和好心态做不好销售

了"; "小B你这个月只要多做出两份市场调查,就可以休息了,年底给你发奖金"; "小C你这个季度争取把王总这个大客户拉过来,这一段时间你不用做别的事情,只要搞定王总,就算立了头功"。

等这个销售经理一分派完任务,下面的小A、小B、小C等都觉得这些任务并不难,只要努努力就可以完成,而且还有奖金拿,何乐而不为呢?最终到年底,这个销售团队完美地完成了35%的销售额增长,销售经理也因此获得了升迁。

两位销售经理,一样的任务,一样的奖励,但是为什么一个可以完美完成任务并且获得升迁,而另一个却没有完成任务反而遭到了解雇呢?

原因就是因为两人用的方式方法不同,一个只会机械性地把上面派下来的任务传达给自己的手下,而另一个却会分解任务。如果只有一个远大的目标,而没有具体步骤,那么销售人员看到那个艰难远大的目标会望而生畏,本来能完成的任务也完成不了了。

五个平民被一个财主抓了起来当作奴隶,财主每天逼他们工作,晚上把他们关在一个大笼子里。这个大笼子是精钢制作,十分结实,如果想要逃脱,只有从地下挖出一条隧道。于是五个人商量想挖出一条隧道,但是当他们开始实施之时,发现没有铲子等挖掘工具,能用的只有几根木棍,而且他们做了一天的活都已经累到瘫痪,谁也不愿意动一动。

挖一条隧道逃跑确实是一件非常辛苦的事情,于是他们的这个计划就这么搁浅了下来。

就这样过了半年,又有一个人被抓进了笼子,当知道大家在为不愿做奴隶想逃跑而苦恼的时候,这人拿起树枝在地上写写画画开来,没一会儿,他把大家召集了起来,对大家说: "我已经调查并估算过了,我们逃跑大概需要挖一条3米深10米长的隧道,而挖1米需要1个人挖2天,那么就要20天,我们有6个人,每个人只要挖3天半就可以跑出去了。那时候我们就获得自由了。"

听到这里,大家都非常兴奋。这个人接着说: "大家的劳动付出是一

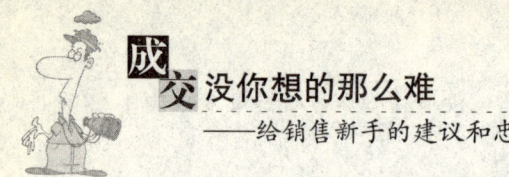

样的，不计先后，每个人只要完成自己挖的天数就可以休息。但是，有一点必须要做到，就是每个人都必须全力以赴，因为只要有一个人偷懒一天，那么就会导致任务时间延期，会打破这个劳动分工的平衡。如果两个人偷懒，我们很可能就会无法完成隧道的挖掘，只能白白给人做奴隶。所以就算为了自己，大家也要全力以赴！"

他说完后，大家都由衷地点头表示赞同，于是他接着说："好，既然是我的提议，那么我就第一个去挖隧道。"说罢这个人就拿起棍子开始挖掘隧道，因为有了明确的分工，所以大家也都不再互相推诿，都抢着去挖掘，同时都很卖力气，丝毫不偷懒，因为谁也不希望这个计划失败。

果然，20 天之后，这些人挖通了隧道，重获了自由。

这就是把团队目标逐层分解，化整为零，因为后来这个人的到来，所以大家才获得了自由，如果没有这个人明确分配工作、制定计划，那么，这群人或许会当一辈子奴隶。这就是一个很好的分解目标任务的例子，销售人员也必须掌握这种本领。销售人员如果想要实现一个目标，第一步就是去规划出实现目标的具体步骤，那么，如何去规划具体的步骤呢？

首先，要把目标用白纸黑字写下来，只有将目标写下来你才能将目标的详细内容规划出来。同时，在你写出这个目标之时，这个目标已经具体地呈现在了你的眼前，你的潜意识就会更加认真对待这个目标，而不是只在脑袋里想想。你不能逃避自己的承诺，所以必须将目标写在纸上，明确具体地呈现在你面前，不用太多，一句话就可以："我一定要实现……的目标"。这是你的总目标。

其次，设定一个时间，根据你所写的目标，以及你希望达成目标的时间，设定一个时间限制，有时间限制才叫目标，没有时间限制那叫梦想。

再其次，列出要达到这个目标的充分理由，建议你简明扼要地写下你为什么要达到这个目标，告诉你自己达到目标能获得的收获，把握它们对你的重要性。如果你做事能找出充分的理由，你将无所不能，因为追求目标的动机比目标本身更能激励自己。

第一章　没有信心和好心态做不好销售

最后，你要学会奖励自己，在达成每一阶段的目标之后，给自己设定一个奖励，比如一周的放松假期；或者买一个心仪已久的东西；再或者去旅行；等等，给予自己阶段性的奖励，促使自己更有干劲去实现这个目标。

第二章

不懂客户心理学做不好销售

想要让客户购买你的产品,首先要做的就是让客户对你的产品感兴趣。因为只要客户有了兴趣就会和你交流,在交流的过程中,你就可以把产品的优点向客户介绍,而此时客户心动的概率就大大增加了。那么,如何引起客户的兴趣呢?本章会告诉你答案。

第二章 不懂客户心理学做不好销售

了解客户，才能满足客户的需求

好的服务是懂得消费者的需求并满足消费者的需求，懂得为消费者负责，而不只是单纯的售后服务。

现阶段的国家经济已经由卖方市场逐渐转型为买方市场。而一个销售人员能否创造良好的业绩，关键在于是否能赢得客户的忠诚度和满意度，能否满足客户的需求。而了解客户，才会了解客户的需求。让我们先来看看以下九条销售人员应谨记的原则：

①客户是销售人员重要的相关方。
②客户不一定需要某位销售人员，但是销售人员一定需要客户。
③客户影响着销售人员的成败和企业的兴衰。
④客户不是业绩报表中的数字，而是富有感情和感受的人。
⑤销售人员的最终目的便是满足客户。
⑥客户是上帝。
⑦销售人员最终的服务对象是客户。
⑧客户可以随意更换销售人员。只有给予最好的招待才有可能使他成为回头客。
⑨销售人员的销售策略要有弹性，因为每个人的需求是不同的。

从上述可以看出，客户是销售人员提升价值的根本，而摸清客户的心理则是销售人员使客户满意的前提。下面是销售人员应该明白的客户的三个需要。

1. 客户需要质量

客户的消费观自古讲究"物美价廉"，由此可见获得客户满意的一个重要因素便是产品的质量经得起检验，因此，质量是销售成功与否的先决

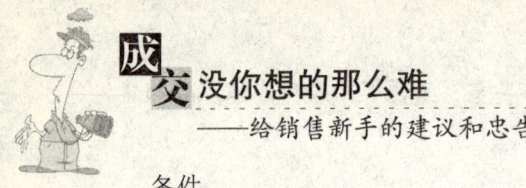

条件。

对于客户来说,质量是产品的特殊品质,是区别产品优劣的依据。好的产品质量好,不仅可靠、精密、耐用,而且能给客户带来舒适感。海尔就是一个十分注重客户需求的企业,从海尔的故事中,销售人员可以学习到一些满足客户需要的知识。

在改革开放初期,产品严重缺乏,为赢得消费者的信赖,为保证海尔冰箱的质量,海尔董事长不计本钱,抡起大锤砸掉质量不合格的冰箱,满足了消费者对于质量的需求,因而海尔才能在如此困难的年代得以存活。

到了20世纪90年代,产品供给基本充足,客户更多追求更高层次的享受,为满足消费者的需求,海尔再次进行创新,产品向多元化、个性化、智能化发展,最终再一次赢得消费者的信任和忠心。

进入互联网时代,客户的需求再一次发生转变,而海尔也从单一产品的制造商转型为满足客户美好居住愿望的服务商,这样的转变再次跟上了时代的脚步,海尔再一次赢得客户的追捧和热爱。

海尔并不是一门心思关起门来搞研究,而是能因客户的需求而转变,满足客户需求是其能长久的原因。海尔之所以能够洞察客户的心理,原因在于有专业的客户调研团队,洞察客户的心理和需求变化。另外,海尔的营销网、服务网、物流网等都可以实现与客户的零距离沟通交流,能挖掘出客户对于质量的潜在需求,并及时转变,进行产品升级,质量升级。

比如,通过调查发现年轻顾客对甲醛的问题很敏感,于是海尔便采取先进技术,推出了除甲醛空调,这种空调一上市,便受到了消费者的好评。

如海尔一般的大企业都要靠探明客户需求来维持企业的发展壮大,作为个体的销售人员就更要明确客户的需求,才能提升销售业绩。

2. 客户需要服务

杰克·韦尔奇曾说:"服务就是一切。"销售人员服务的好坏直接影响着客户对于企业产品的第一印象,如果第一印象不好,即便产品质量再

好，消费者也会毫不犹豫抬脚而去。客户购买东西时，注意的不仅仅是产品的质量，还有优质的服务。

海尔的另一秘籍就是服务。说起服务很多人的印象或许只停留在"热情的接待"、"积极维修"或者是"售后服务优良"上，热情的接待，积极进行维修和售后服务优良是理所当然的，这是企业的门面，如果这些做不好，就谈不上吸引客户了。

但是服务仅仅只是这些吗？海尔人却不这么想，海尔人认为：服务就是发现需求并满足它。"送冰箱"事件便是对这句话最好的解释。海尔总是在众人的需求无法被满足时脱颖而出，满足众多消费者的需求。

海尔卡萨帝意式冰箱在中国上海率先上市，这款专门针对欧洲消费者设计的抽屉式冰箱，在上市前便荣获德国"红点至尊大奖"，上市后又获得欧洲权威——欧洲工艺技术、体育运动和生活时尚等行业创新产品的大赛PLUS X大奖，同时赢得了欧洲经销商和消费者的认可。这款冰箱在美国上市后，同样引起一系列的轰动，《商业周刊》与美国工业设计师协会共同授予它"最佳产品设计奖"。

海尔这款卡萨帝意式冰箱是专门为满足顾客需求而设计的，而其研发的过程就是对服务最好的演绎。在这款冰箱上市以前，欧洲冰箱都是拉门设计，但是海尔的研究团队在经过一系列的市场调查之后，却发现当地消费者更倾向于抽屉式的设计，因为欧洲的厨房设计大多是抽屉式，这也是这款抽屉式冰箱在欧洲受到热烈追捧的原因，这款冰箱凭借节能减排的优势，获得了英国政府的节能补贴20~70英镑（260~930元人民币），更有利于消费者的购买。

对于海尔来说，服务是从产品企划到研发、生产、售前、售后等一系列流程都围绕如何满足客户需求而开展工作。简单来说，服务就是贯彻始终为客户负责的行为，对消费者的潜在需求努力挖掘，并为其提供解决方案，力求做到最好。犹如卡萨帝冰箱的研发，如果没有对欧洲生活方式的调查和尊重，就不会有该冰箱的研发和热卖。

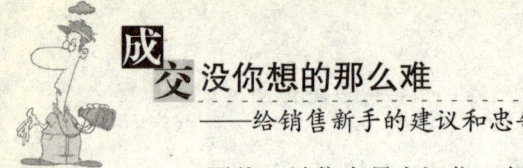

因此,销售人员应记住:好的服务是懂得消费者的需求并满足消费者的需求,懂得为消费者负责,而不只是单纯的售后服务。

3. 客户需要环境

环境会在无形之中影响着人们的心情,比如天气,天气晴朗的时候人的心情会不由自主地愉悦,一旦天气潮湿闷热,人便会烦躁不安。当然这些影响有时只是细微的,不易被察觉,但是环境影响人的心情,这是千真万确的。

消费者往往都有这样的心理:就算是多花些钱,也愿意去那些让他们感觉舒适的地方享受更好的服务,而不愿意在人声嘈杂环境恶劣的地方停留。因为好的环境会让人感觉舒适,神清气爽,内心的满足会让他们不计较金钱上的付出。

而让客户感觉温馨、舒适的环境,也会拉近客户与销售人员之间的距离,增加客户的归属感,使其放松心理戒备,说出自己的真实想法和需求,有利于交易的顺利达成。

环境包括大环境和小环境,大环境是指进行交易的场所,比如商场、店铺、餐馆甚至是办公室、会议室等,小环境是指销售人员与客户之间营造的一种氛围,如销售人员得体的举止、适体的衣着、热情的言谈等。小的环境可以根据说话人的态度自行控制,可以自行建立舒适、和谐的环境,这些都可以对产品的销售起到促进作用。比如餐厅是供人吃饭的地方,如果太过邋遢和脏乱自然不会有人光顾,如果餐厅十分优雅、舒适并且配有轻柔的音乐来舒缓人的神经,服务生干净、利落,态度热情、礼貌,并且招待周到,自然客户吃得舒心放心,流连忘返。海底捞就是一个很好的例子。

即使在盛夏,依然有客人在海底捞排队等待吃饭,很重要的一个原因便是其环境好,服务周到。不管干什么工作最让人不能忍受的便是等待,但是在海底捞,你丝毫不会觉得等待乏味,相反还有一丝的惬意。

大多餐馆的等位区只是方便客人等待的临时休息场所,而海底捞的等位区实际上相当于一个服务区,在这里你可以美甲、上网,甚至还有擦鞋

第二章 不懂客户心理学做不好销售

服务,也可以享受免费的茶水、零食、饮料,海底捞等位区的环境丝毫不亚于正式就餐区。这是海底捞如此红火的一个很重要的原因。

作为一名销售人员,只考虑自己赚钱,生意是不会长久的,要想生存,就要想方设法在环境上下工夫,营造一个贴心、舒适的环境,让客户享受宾至如归的感觉,并让其想再次享受,只有这样才能拥有长期的客流,将生意做大做好。

除了明确客户需要什么,销售人员还应清楚顾客不需要什么。

美国纽约唐人街有一家酒店,刚开张时生意还算红火,但是没过多久便门庭冷落,老板思考再三就是不知其原因。酒店的硬件软件设施都是一流的,那么是什么问题导致现在这种情况呢?

有一次,一位富商宴请伙伴在此聚餐,老板顿时受宠若惊,频频向客人敬酒,使出浑身解数拉近与客人之间的关系,想要将这位客人变成自己的常客。但是一旁的服务生相比之下显得冷淡很多。当富商走后,服务生忍不住叫住老板说:"这样下去,我们迟早会倒闭的。我敢打赌,刚才走掉的那伙人以后不会再来了!"

"你这么肯定,那你有什么办法?"老板问。

"让我做一个月的主管,在此期间不要干涉我管理的事情。"小伙子说。

"如果一个月内,他们真的没来我便答应你的提议。"

一个月过去了,小伙子如愿当上了主管。时间一天天过去,老板暗中观察,发现小伙子对任何客人都只是微笑,从不和客人过多地攀谈,更不会去敬酒,老板看着着急,但是却不能干涉,奇怪的是酒店的生意竟然一天天好了起来。

一个月的期限已到,老板询问小伙子有什么秘诀,小伙子说:"我们以往只看到顾客需要什么,尽量满足顾客的需要,却不知过多的给予是一种负担。在观察顾客需要什么的同时,也要知道顾客不需要什么。在我们酒店吃饭的顾客有相当一部分人是为了工作当中的应酬,也就是说他们之间有正事要谈,如果一直敬酒,频繁出现在他们聚会的场合中,便会打断

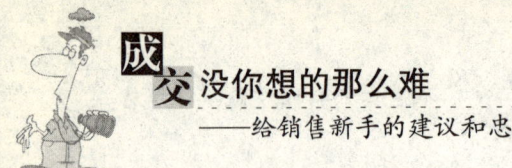

他们的聚会，自然会引来顾客的厌烦。另外，同一宴会有主次之分，如果顾此失彼，只会得不偿失。"

老板听后如醍醐灌顶，此后，他在猜测客人需要什么的同时，会细心观察客人不需要什么。20年后，他的酒店遍布全美，而当年的那个小伙子，也成了著名的营销专家。

每个人都需要有自己独立思考的能力和独立的空间，在任何时间任何场所都是如此，即便是吃饭也不例外。如果酒店的销售人员一步不停地跟在客户身后，只会让他们产生被监视和被逼迫的感觉，让人产生心理压力，没人喜欢自己被胁迫，当然他们以后便不会再来此家酒店。销售人员要做的是给客户提供轻松舒适的环境，而非"零距离"贴身服务。

客户最关心的是自己的利益

销售人员在推销的过程中一定要记住，最重要的是客户而不是自己。"客户至上"才是销售人员应该遵循的基本原则。

在一次大型日用品展销会上，一家生产洗发膏的公司的展位十分偏僻，参观者寥寥无几。后来，该公司的经理急中生智，在第二天就在展会的门口散发一些小卡片，这些卡片上写着："凭此卡片可以在本公司展位上领取洗发水一袋。"结果，该公司的展位被包围得水泄不通，而且这种情况接连持续了五天，直到展会结束，而高涨的人气也为这家公司招揽了许多生意。

这家洗发水公司之所以能够获得成功，原因就在于他们抓住了客户只关心自己利益的心理，以对客户小的恩惠换来巨大的人气和回报。

其实这种关心自己利益的心理也是一种重视自我的心理，它有两层含义，第一层就是对自己的关心和保护，第二层是希望得到别人的关心和重视。因此在消费的过程中，客户也会存在这样的心理，首先他会特别重视产品本身的价值和作用，同时也希望能够得到推销人员的关心和重视，如果产品十分优秀，而且销售人员对自己又表现出了足够的关心，那么客户就会很高兴购买这一产品。

而事实上，很多销售人员只关心自己的产品是否能够卖得多、卖得好，只会一味地夸赞自己的产品是多么优秀，品质是多么好、价格是多么低廉，他们从不考虑这件产品是否真的适合客户，客户究竟喜不喜欢。这样一来给客户造成的感觉就是你只关心自己的产品，只注重自己能够获得多少利益，对他和他的利益丝毫不关心，客户的心理需求没有得到满足，因此毫不犹豫地拒绝了你的推销。

有位金牌销售说过一句话："推销是一种压抑自己的情感来满足他人欲望的工作。因为推销人员不是卖自己喜欢的产品，而客户却是买自己喜欢的产品，换句话说，销售人员是在为客户服务，帮助他们满意，并从中获得利益。"因此，销售人员在推销的过程中一定要记住，最重要的是客户而不是自己。"客户至上"才是销售人员应该遵循的基本原则。能否站在客户的立场上为他着想是决定销售成败的重要因素。

小王和小李两个人来到同一个客户家里推销自己公司的产品。小王先进入了客户的家中，他一进来便开始滔滔不绝地介绍自己公司产品有多么好，多么畅销，如果不买的话会是多么可惜，但是客户却在他还没说完时就打断了他，说："不好意思，我知道您的产品很好、很畅销，但是我没有兴趣，因为它不适合我。"小王听完只好尴尬地笑了笑，便离开了这位客户家。

当小李进入这位客户家推销时却又是另外一种情况。小李来到了客户家中，一边和客户说话一边观察客户家中的布置，揣度客户的生活品位和档次，并且很有礼貌地和客户家的小孩打招呼，客户的儿子对这位陌生的叔叔十分好奇，于是便一直缠着小李给他讲故事。小李一边逗这位小朋友一边向客户介绍自己的产品，而且在开始介绍前先询问了客户需要什么样

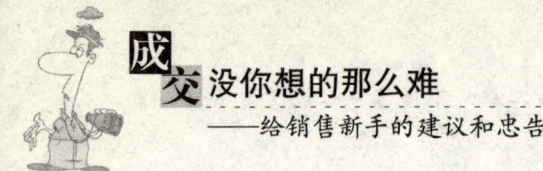

的款式和档次,并且仔细地为客户分析购买产品能够带来什么样的利益,比如会为客户省下多少开销。而到了最后小李也没有把自己的产品推销给客户,而是说公司在近期可能会推出一款新型产品或许会更适合他,因此特别对客户要求,希望客户能等一等,自己过一段时间再来。

小李的一番话让客户十分感动,因为小李切实地从这位客户的立场出发,为客户考虑了很多,对客户表现出了自己真诚的关心和重视,使客户得到了真正的利益,而且赢得了他们全家的信任。

当小李再一次来到客户家中的时候,他还给客户的儿子带来了一件小礼物。小李受到了客户的热情款待,而且两人顺利地签下了订单。此后,小李和这位客户建立了长久的合作关系,这位客户经常会请小李到家中吃饭,同时也从他那里购买了许多产品。

通过上面的例子我们不难发现,客户其实十分需要销售人员的关心和重视,而且他们更希望能够得到适合自己的、能给自己带来利益的产品和服务。如果销售人员能够真心实意地为客户考虑,让客户感受到自己的关心,那么客户肯定会和你达成交易,甚至会与你建立长久的合作关系,实现彼此的"双赢"。

因此,让客户满意的根本就是要让客户感觉到你是在为客户谋利益,而不是为了获得他口袋中的钱,这样才有助于打破彼此之间的隔膜,促进销售的进行。

花最少的钱买到最好的东西

客户会因为用比以往便宜得多的钱而购买到同样的产品而感到愉快和兴奋。销售人员应该懂得客户的这一心理,用价格上的差异来吸引客户。

客户想占便宜的心理给销售人员带来了"可趁之机"。比如一些女士在购买衣服时,常常会用"不降价就不买"来"威胁"销售人员,于是销售人员最终还是妥协了,告诉女士"别告诉别人我这个价卖给你啊,我不赚钱的"或"今天这是刚开张,就给你便宜点儿吧,算我图个吉利吧"。于是这些女士自以为独享到了这种低价而满意离去。这种情况其实并不少见,聪明的销售人员总是能找出借口让客户觉得自己占了便宜。由此我们不难看出,其实大多数客户对产品的实际价格并没有研究,他们只是想买一些更便宜的产品。

那么,销售人员该如何做才能让客户觉得自己占了便宜呢?你不妨去看看商场中那些最畅销的产品,它们通常不是一些知名的大品牌,也远非那些价格最低的产品,而是那些促销"天天有,周周换"的商品。促销的本质就是让客户有一种占便宜的感觉。一旦某些以前很贵的产品开始促销,人们就会争相购买,因为他们觉得自己买了实惠。

虽然所有的客户都有占便宜的心理,但是他们同时还会存在一种"无功不受禄"的心理,因此聪明的销售人员总是能够利用人们的这两种心理,在生意尚未开始或者刚刚开始的时候拉拢一下客户,比如给客户送一些精致的礼物或者请客户吃顿饭,以此来提高双方合作的可能性。

物美价廉永远是大多数客户追求的目标,没有人会说:"我就是喜欢花更多的钱买同样的东西。"人们总是希望用最少的钱来买到最好的东西,这就是人们喜欢占便宜的一种生动表现。

我们也可以把占便宜看作一种心理满足。客户会因为用比以往便宜得多的钱而购买到同样的产品而感到愉快和兴奋。销售人员应该懂得客户的这一心理,用价格上的差异来吸引客户。

有这么一个故事,在古代时有一家卖衣服和绸缎布匹的店铺,在店中有一件十分珍贵的雪貂皮大衣,定价两千两银子,因为价格太高,所以一直没有卖出去。后来这位店中招来了一位小学徒,这位学徒说他能够在一天的时间内把这件雪貂皮大衣卖出去,掌柜不信,因为这件衣服在店里已经挂了一个月了,人们大都是问问价格便走了,他一个新来的学徒怎么可

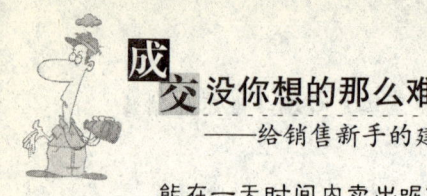
成交没你想的那么难
——给销售新手的建议和忠告

能在一天时间内卖出呢?

但是小学徒要求掌柜的听他的指挥,他对掌柜的说无论谁问这件大衣多少钱,一定要回答三千两银子。掌柜的觉得这个要求十分莫名其妙,因为两千两银子都卖不出去,更何况三千两银子,但是他心中好奇,也就答应了小学徒这个要求。

两人商量好之后,小学徒在前面照看门面,而掌柜的在后台算账,上午基本没有什么客人来,到了下午,店中来了一位姑娘,她在店中转了一圈后看中了那件雪貂皮大衣,她问小学徒:"这件大衣多少钱?"

小学徒假装没有听到,继续自己忙自己的,姑娘又大声地问了一遍,小学徒这才反应过来。他对姑娘说:"不好意思,我还是新来的,耳朵有些背,这件大衣的价格我也不太清楚,我去帮您问问掌柜的。"

说完后他就冲着后堂大喊了一声:"掌柜的,那件雪貂皮大衣卖多少银子啊?"

掌柜的回答说:"纹银三千,一分不少。"

"多少钱?",小学徒又问了一遍。

"纹银三千,一分不少!"掌柜的又大声说了一遍。

此时姑娘已经听到了价格,她觉得太贵,于是不准备买了。而此时小学徒憨厚地对姑娘说:"掌柜的说了,纹银两千,一分不能少。"

姑娘一听顿时心花怒放,她认为肯定是小学徒耳背听错了,这意味着自己能够少花一千两银子买到这件衣服,于是她欣喜异常,又害怕掌柜的出来就不卖给她了,连忙付钱拿了衣服就匆匆地离开了。

就这样,小学徒轻松把这件滞销的雪貂皮大衣按照原价卖了出去。

这位小学徒其实就是利用了这位姑娘的占便宜心理成功把衣服卖了出去。而销售人员在推销自己的产品时也可以利用客户的这一心理,用价格的悬殊对比来促进销售。其实很多成功的销售人员都经常利用客户爱占便宜的心理来促成自己的生意。

优惠促销是推动销售的最佳办法之一,因此优惠政策就是你抓住客户心理的一种推销方式。大多数客户只会看你给出的优惠是多少,然后和你

第二章　不懂客户心理学做不好销售

的竞争对手进行比对，如果你没有让客户觉得满意和实惠，那么客户自然会离你而去。因此你在推销的过程中不仅要注意产品的质量，还要注意满足客户这种想要优惠的心理需求。

但是，优惠也不过是一种推销手段，说到底就是用小利益来换大客户，你还是有利可图的，不然商场中也不会总是出现"买就送"、"节日酬宾"等活动了。当然，在优惠的同时，你还要给客户传达这样一种信息："优惠并非是天天都有的，你十分幸运，得到了这次机会。"这样一来，客户的心理才会得到更多的满足，他们才会更愿意与你合作。

即使你推销的产品在某些方面有些缺陷，你也可以通过某些优惠让利让客户满意而归。如果客户对你的产品提出了意见，你千万不要直接否定你的客户，而是要正视产品的缺点，然后用产品的优点来弥补这个缺点，也就是人们常说的"取长补短"，这样一来客户就会觉得心里平衡。同时也会加快购买的速度。比如客户对你说："你们的产品质量不如你们的竞争对手。"作为销售人员的你可以这样回答客户："我们的产品质量或许比他们差一点儿，但是我们的价格却比他们低一成，而且我们的产品使用起来和他们的产品并没有任何区别，因此我们产品的性价比更高呀。"这样一来，就会让客户产生购买的欲望。

利用价格悬殊的差距来进行推销的确会起到十分好的效果，但是却多少有些欺瞒顾客的感觉，客户在得知真相后或许会十分气愤，因此在使用上一定要掌握一个"度"，既要满足客户的心理，又要让客户得到实实在在的利益，这样才能保持与客户的长久合作，实现互惠互利。

知道客户心里在想什么

由于人们的购买行为是受一定的购买动机或者多种购买动机支配的，因此销售人员只要研究掌握了这些动机，就好比掌握了扩大销售量的钥匙。

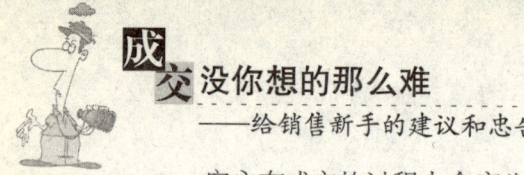

成交没你想的那么难
——给销售新手的建议和忠告

客户在成交的过程中会产生一系列复杂、微妙的心理活动,包括对商品成交的数量、价格等问题的一些想法以及如何与你成交、如何付款、签订什么样的合同等行为。客户的心理活动对生意的成败有着决定性的影响,因此,优秀的销售人员应该重视和懂得揣摩客户的心理活动。

摩根财团在20世纪40年代的时候位列美国八大财团的前列,但是谁又能想到,当老摩根从欧洲漂泊到美国时,却穷得只有一条裤子。后来夫妻俩好不容易开了一家小杂货店。有一次,老摩根发现了一个奇怪的现象,当顾客购买鸡蛋时,如果是他帮顾客挑选,顾客就会少买一些,如果是他老婆帮顾客挑选,顾客就会多买一些,这个现象让老摩根十分困惑。后来经过不断的观察和研究,他发现,原来秘密就藏在他和他妻子的手指上。

当顾客购买鸡蛋时,老摩根由于手指粗大,所以抓起鸡蛋时就会显得鸡蛋十分小,而当他老婆用纤细的小手去抓鸡蛋时就会显得鸡蛋大一些。弄懂这个道理后,老摩根让自己的妻子以后专职负责销售鸡蛋,摩根杂货店的鸡蛋生意也因此兴旺了起来。

老摩根针对购买者追求实惠的购买动机,利用人们的视觉误差巧妙地满足了顾客的心理需求。其后代子承父业后也深谙经营之道,终于逐步发展,成了富甲天下的"金融大家族"。

由于人们的购买行为是受一定的购买动机或者多种购买动机支配的,因此销售人员只要研究掌握了这些动机,就好比掌握了扩大销售量的钥匙。

下面就让我们来了解一下客户常见的11种消费心理:

1. 求实心理

求实是客户最普遍的一种心理动机,客户在购物时,首先会要求商品具有实际的使用价值,讲究实用。有这种动机的客户在选购商品时会特别重视商品的质量效用,会追求朴实大方、经久耐用,而不会过分强调商品的外形新颖、美观等"个性"特点。

2. 求美心理

俗话说得好："爱美之心，人皆有之。"有求美心理的人往往喜爱追求商品的欣赏价值和艺术价值，以中青年妇女和文艺界人士居多，在经济较为发达的国家比较普遍。这些客户在挑选商品时往往会注重商品本身的造型、色彩、工艺等，会注重商品对环境的装饰、对人体的美化，以便达到艺术欣赏和精神享受的目的。

3. 求新心理

有的客户购买商品最注重"时髦"和"新奇"，爱追赶"潮流"，这种客户大都为经济条件较好的男女青年，在西方发达国家的一些客户身上也很常见。

4. 求利心理

拥有这种心理的客户会存在一种"少花钱多办事"的心理动机，其核心就是"追求廉价"。有求利心理的客户在挑选商品时往往会对同类商品之间的价格差异进行仔细的比对，还喜欢选择打折或者处理的商品，具有这种心理动机的人往往是那些经济收入较低者。当然，也有经济收入高却比较节俭的人同样具有这种心理动机。有些希望从购买商品中获得较多利益的客户，对产品的质量、样式都很满意，爱不释手，但是由于价格比较贵，一时下不了购买的决心，便会讨价还价。

5. 求名心理

这是一种以购买商品来彰显自己的地位和威望的购买心理，具有这种购买心理的人多会选购名牌，以此来"炫耀自己"。他们普遍存在于社会各个阶层，尤其是在现代社会当中，由于名牌效应的影响，衣食住行选名牌成了人们统一认可的一个标准，是一个人社会地位的体现。

6. 从众心理

这是一种仿效式的购买动机，其核心是"不落后于人"或者是"胜过他人"，具有这种特点的客户对社会风气和周围的环境十分敏感，总是想跟着潮流走，他们在购买某种物品时有时并非是急切需要，而是为了赶上他人，超过他人，以此获得心理上的满足。

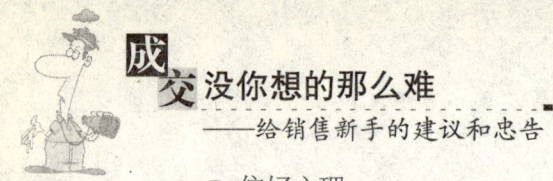

7. 偏好心理

这是一种以满足个人特殊爱好和欲望为目的的购买心理。有偏好心理动机的人喜欢购买某一类型的商品。比如有的人爱养花，有的人爱收藏古玩，有的人爱摄影，有的人爱字画等。这种偏好往往同某种专业、知识、生活情趣相关。因此偏好性购买心理动机也往往比较明智，指向性也很明确，具有经常性和持续性的特点。

8. 自尊心理

有这种购买心理的客户在购物时既追求商品的使用价值，又追求精神方面的高雅。他们在购买之前就希望他们的购买行为能够受到销售人员的热情接待。经常会有这样的情况：有的客户满怀希望地去购物，一见销售人员满脸冰霜就会转身而去，到别家商店去买。

9. 疑虑心理

这是一种瞻前顾后的购物心理动机，它的核心理念是怕"上当吃亏"。拥有这种心理动机的客户在购物的过程中会对商品的质量、性能、功效等持怀疑的态度，怕不好用，怕上当受骗。因此他们会向销售人员询问，仔细地检查商品，并且非常关心售后服务的工作，直到心中的疑虑完全解除才会掏钱购买。

10. 安全心理

拥有这种心理的人在购买商品时最关心的就是产品的安全。尤其是像食品、药品、洗涤用品、电器用品和交通工具等，不能出现任何问题，因此，他们会十分注意食品是否过期、药品是否正规、洗涤用品是否有化学反应、电器用品是否漏电、交通工具是否安全等。在销售人员解说、保证之后他们才会放心地购买。

11. 隐秘心理

拥有这种心理的客户在购物的时候不愿意让其他人知道，通常会采取"秘密行动"。一旦选中某件商品而周围没有人观看时，他们就会迅速成交，年轻人在购买与性有关的商品时经常会出现这种情况，而一些知名度很高的名人在购买奢侈品的时候也会有类似的情况出现。

第二章　不懂客户心理学做不好销售

客户乐于成为你的"上帝"

你要想让客户一掷千金购买你的产品，首先就应该把客户当上帝来看待。而想要伺候好你的上帝，你首先应该明白上帝的想法——不仅你认为客户是上帝，客户自己也会这么认为。

从心理学的角度来说，人们做任何事都是为了满足自己各种各样的心理需求，当心理需求得不到满足的时候，人们的内心就会处于"饥渴"状态，就会下意识地寻找补充途径。

人的欲望是无限的，这些欲望包括物质方面以及精神方面，而且二者是可以并存的。在物质需要得到满足的同时，人们更希望获得心理需求的满足。

人人都渴望被重视，这是一种很普遍的心理需求，作为消费者的客户也不例外。而这种心理需求刚好可以成为销售人员向客户推销自己商品的突破口，以此来攻破客户的心理，促进交易的达成。

渴望获得重视的心理包括两个方面，一方面是希望获得销售人员的尊重和赞美，使自己获得优越感；另一方面是不愿意被别人轻视，希望从销售人员谦逊的态度中获得存在感，不想被忽视。

对于销售人员来说，市场就是由客户组成和创造的，因为一个企业的产品只有被客户认同才能被市场认同，从这个方面来讲，客户就是你的上帝，而客户也乐于成为上帝。销售人员可以利用客户的这一心理，巧妙地促使客户购买你的产品。

张勋和李可两人一同去推销自己公司新上市的一种产品，他们都选择了杨经理为自己的推销目标。张勋是先去的，他在进门之后便开始滔滔不

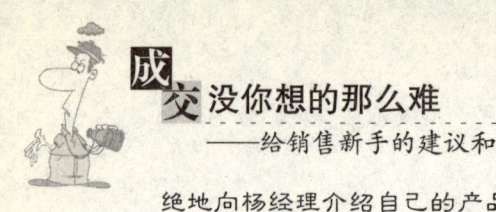

成交没你想的那么难
——给销售新手的建议和忠告

绝地向杨经理介绍自己的产品是多么优秀、多么适合他。他还对杨经理说"如果您不买绝对是您的损失"之类的话。但是张勋讲完后杨经理非但没有产生兴趣，反而觉得这个人十分讨厌，于是他很不客气地让人把张勋赶走了。

等李可又来拜访的时候，杨经理知道他们推销的是同一种产品，本来想打发李可走的，但是他又想看看这两个人的推销说辞是不是一样，于是他把李可请到了办公室中。李可进来之后没有介绍自己的产品，而是很有礼貌地先说了抱歉、打扰之类的话，然后又对杨经理表示感谢，谢谢他在百忙之中还抽出时间来见自己，还说了一些恭维和赞美的话，到最后才对自己的产品简单介绍了一下，但是杨经理始终是一副特别冷淡的样子。李可觉得这笔生意大概是做不成了，虽然心里多少有些难过，但是他还是很诚恳地对杨经理说："谢谢您杨经理，虽然我知道我们的产品对您很有帮助，但是我能力太差，没有办法说服您，所以我想我还是不要打扰您了。不过，在告辞之前，您能指出我的一些不足吗？让我有一个提升和改变的机会好吗？谢谢您了！"

此时，杨经理突然露出了十分和善的笑容。他站起来拍了拍李可的肩膀笑着说："你不要这么着急走嘛，哈哈，我已经决定购买你们公司的产品了。"

为什么张勋前去推销就会被轰出去，而李可却能成交呢？这就是一个能否满足客户心理需求的问题了。张勋只会滔滔不绝地介绍自己的产品而忽略了对客户最基本的尊重和感谢，而李可始终对杨经理十分恭敬和礼貌，特别是在临走的时候还诚恳地请求杨经理指教，这让杨经理感受到了足够的重视，从而在情感上也对李可表示了认同，双方自然也谈成了这笔生意。

因此，作为一名合格的销售人员，你一定搞清楚一点，那就是无论从价值链市场的角度来看还是从企业生存的角度去看，客户都是你的上帝。你要想让客户一掷千金购买你的产品，首先就应该把客户当上帝来看待。而想要伺候好你的上帝，你首先应该明白上帝的想法——不仅你认为客户

是上帝，客户自己也会这么认为。

与渴望重视相对应的就是害怕被人轻视。销售人员也可以通过一些反面刺激来达到"欲擒故纵"的效果。销售人员可以适时、适度地说一些反面的话来刺激客户的自尊心，引发他的自重感，这样他就可能一狠心买下更多更贵的产品，以满足自己渴望被重视的感觉。

聪明的销售人员在面对客户时往往会故意先向他推荐较低端的产品："先生，这是这款商品中最便宜的一种，很实惠，你可以试试。"结果客户一下被激起了渴望被重视的心理需求，结果反而会购买中高档的产品，以此得到销售人员的重视。此时如果销售人员再加上几句"您真有眼光"、"这款产品很适合您"等赞美的话，客户会更高兴付款，而且有很大概率在日后还会来买你的产品。

当客户提出各种各样挑剔的问题时，有时并非是不想购买你的产品，而是为了满足自己的受重视心理。因此你必须要对你所推销的产品有一个全面的认识，要知道任何产品都不可能是十全十美的，因此客户总是会挑出毛病的。一些客户的最大特点就是以自我为中心，或许头脑一热，就会从产品中挑出一个新的问题来大做文章。而此时，他们不会考虑你的难度，只会随着自己的性子来修改合同，在他们看来你应该满足他们的一切要求。如果客户的要求合情合理，那么你自然要按照客户说的去做。但是如果对方的要求有不合理的地方，就需要你使用一些推销技巧来应对了。如果你遇到了此类客户，不妨试试以下技巧：

1. 认真听完客户的要求再做回答

当客户对你提出要求或问题时，你必须要认真地听他说下去，哪怕客户提出的要求再荒唐无理，你也要用心听完。只有这样你才能满足客户渴望受重视的心理，即使你的下一步是婉转地拒绝他，客户也不会觉得你是在敷衍他，而是实在没有转回的余地。

2. 用谦虚的态度否定客户

作为销售人员你要时刻记住尊重你的客户，要用谦虚的态度去让客户觉得你不但是一个推销产品的专家，还是一个有修养的人，这样客户才会产生和你进一步沟通的想法，而此时客户也就能够比较容易接受你的意见了。

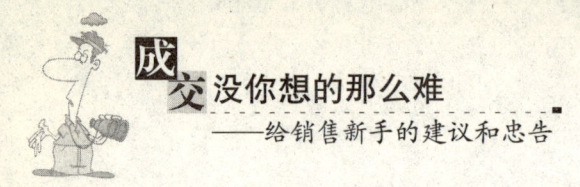

客户希望得到关怀与实惠

不要只把"上帝"挂在嘴边,即使只是表面上的功夫,也不要做得太虚伪,仅仅在需要他们的时候给他们一点儿关怀是远远不行的,你需要适当地给上帝一些实惠才行。

一旦成为某家商场或者某个品牌的VIP(英文Very Important Person的缩写,直译为"非常重要之人",通常指贵宾,高级会员等)之后,人们就可以享受一些特有的优惠或者是折扣,VIP还包括一些返利、提前预约、免费停车等特殊权利。不仅如此,有时候人们办理一张VIP卡并非是想要获得更多的实惠,而是一旦成为某个商家的VIP会员,就会觉得自己特别有面子,可以说VIP已经成为一种身份和地位的象征。

王小姐经常去一家饭店消费,于是,饭店的老板向王小姐推荐该饭店的VIP会员卡业务。王小姐考虑了一下之后觉得十分划算,就马上办理了一张会员卡。

有一次,王小姐请几位大客户在那家饭店吃饭,吃完饭后王小姐叫来服务员结账,她出示了自己的会员卡,服务员接过去一看,发现是老板亲自签名的会员卡,立刻笑容满面,不仅酒水按七折算,连饭菜也打了八折,让她省了不少钱,而且后来老板还亲自送来了一盘水果,说算自己请客,希望他们下次光临,这让王小姐觉得自己在客户面前很有面子。

任何人都有虚荣心,有人说,你有了VIP卡才证明你有消费的能力,你才是贵人。谁不想成为贵人呢?现在越来越多的商家开始为客户办理VIP卡,用打折、返利、积分等优惠活动来吸引客户消费,同时也给予客

第二章 不懂客户心理学做不好销售

户实惠。

到如今,VIP卡的形式已然从商场跨站到了各种各样的小商户中,其种类也是多种多样。据调查,有23%的人办理VIP卡是为了满足自己的虚荣心,26%的人是因为推销员的推销而办理的,还有15%的人是抱着"别人有我也要有"的心理办理的VIP卡。这个调查说明,所有的客户都想要获得VIP待遇,而推销的成功与否就在于你能否抓住客户的这种心理。

有位销售人员是专门负责推销办公用品的。有一次,他去一家私营企业推销自己公司的办公桌椅。该公司的经理是在会议室接待他的,当时在场的还有后勤主管、财务主管、招聘主管等,旁边还有一位打扫卫生的老伯。

他扫了众人一眼后便娴熟地开始介绍自己的产品,从样式说到价格,又从价格说到了质量,在他高超的销售技巧下,该公司的经理很快就有了购买意向,并告诉他,如果他的产品真如他说的一般优秀,那么自己就会预订两万元的货物。眼看即将谈成这笔大生意,销售人员十分高兴,他一边答应第二天就把货物送来让几位经理检验,一边忙从口袋中掏出一包"中华"牌香烟,给在场的几位领导点上,说了一些客气话便告辞了。

然而,当第二天这位销售人员又来到该公司商谈业务时,采购主管却告诉他,公司不打算订货了。销售人员很奇怪地问这是为什么。采购主管直截了当地说:"老总的父亲嫌你们公司的产品价格过高,劝他买别人的。"

"你们老总的父亲怎么会知道我们公司的产品呢?"销售人员奇怪地问。采购主管看了他一眼,说:"我们老总的父亲就是那个扫地的老头,你说的话他都听到了。"

此时这位销售人员还是十分迷茫,采购主管又说:"谁让你小看人,少发了一支烟呢?老总的父亲说你狗眼看人低,不实在。我们老总自然会听他老父亲的话。"

因为少发一支烟就错失了一大笔生意,的确让人遗憾。正所谓顾客就

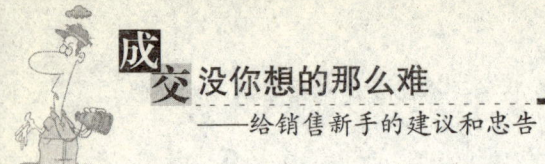

是上帝,作为上帝,客户当然希望你能给他们关怀和实惠。不要只把"上帝"挂在嘴边,即使只是表面上的功夫,也不要做得太虚伪,仅仅在需要他们的时候给他们一点儿关怀是远远不行的,你需要适当地给上帝一些实惠才行,而且,千万不要以貌取人。

很多人喜欢"跟风"去购买

从众心理对销售过程真的有着无与伦比的影响力,销售人员只要运用好这一心理,那么就肯定会大大地提升自己的销售业绩。

"从众"是一种十分常见的社会心理和行为现象,也就是人们常说的"随大流"。大家都这么认为,那我也这么认为;大家都这么做,我也去跟着这么做。在消费中这种从众心理也是十分常见的。因为人们都喜欢凑热闹,当看到别人成群结队购买某件商品时,人们往往也会毫不犹豫地加入这支抢购大军。

美国心理学家詹姆斯·瑟伯曾经写过这样一段话来描写人们的从众心理:

突然,一个人跑了起来,也许是他猛然想起了与情人的约会,现在已经迟到很久了。不管他想些什么吧,反正他在大街上跑了起来,向东跑去。另一个人也跑了起来,这可能是个兴致勃勃的报童。第三个人,一个有急事的胖胖的绅士,也小跑起来……十分钟之内,这条大街上所有的人都跑了起来。嘈杂的声音逐渐清晰了,可以听清"大堤"这个词。"决堤了!"这充满恐怖的声音,可能是电车上一位老妇人喊的,或许是一个交通警察说的,也可能是一个男孩子说的。没有人知道是谁说的,也没有人知道真正发生了什么事。但是两千多人都突然奔逃起来。"向东!"人群

喊叫了起来。"东边远离大河,东边安全,向东击!向东击!"

由此看来,从众心理对人们的影响确实非常之大,那么是什么造成了人们的从众心理呢?原因是多方面的:

1. 不愿标新立异

因为个体都不喜欢自己和别人不同,因为这样会产生孤独感,而当他的意见和行为与别人完全一致的时候,他就会产生一种"没有错"的安全感。

2. 群体的压力

从众的主要原因就是来源于群体对个体的无形压力,如果你不和群体保持一致,大家就会排挤你,就会孤立你,所以就会迫使一些人违心地做一些和自己意愿相悖的行为。

不同的人从众行为程度也不一样,心理学家总结发现:一般来说,女性从众行为多于男性;性格自卑敏感的人从众行为多于外向大方的人;受教育程度低的人从众行为多于受教育程度高的人;年龄小的人从众行为多于年纪大的人;社会阅历少的人从众行为多于社会阅历丰富的人。

那么销售人员是否能够利用这种心理来帮助自己推销产品呢?答案是肯定的。销售人员可以吸引客户的围观,制造热闹的行情,以此来吸引更多的客户参与,从而制造出更多的购买机会。例如,销售人员经常会对客户说:"这款商品卖得挺好的,反响很不错。""很多您这个年纪的人都特意来购买我们的产品的。"类似这样的言辞就是巧妙地运用了客户的从众心理,使客户从心理上得到一种安全感和依靠感。

即使销售人员不说,有些客户也会在销售人员介绍产品时主动询问:"都有谁购买了你们的产品?"这句话的隐藏含义就是说:"如果购买你们产品的人多我就会考虑考虑。"这也是一种从众心理。

利用客户的从众心理又被称为"推销的排队技巧"。比如,某个商场门口排起了很长的一条队伍,那么其他从商场经过的人就会很容易加入排队的队伍中。因为人们看到这种场景时脑海中第一个念头就是:"那么多人围着一件商品,一定是好东西,所以我绝对不能错失机会。"这样一来,

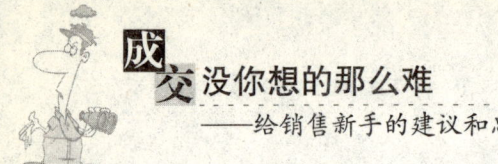

排队的人就会越来越多,但是事实上,这些人中真正有着明确的购买意图的却寥寥无几,人们不过是在相互影响,但是人们认为其他购买者总是比推销员可信的。销售员可以抓住客户这种心理,在销售时刻意营造出一种"火爆"的气氛,利用客户的从众心理来影响人群中的敏感者去接受产品,从而达到整个人群都接受产品的目的。

2011年3月17日这天,大家或许不记得是什么日子,但是,如果一提起"抢盐"两个字,大家都会有印象了吧?这天,中国出现"盐荒"的消息在网络上瞬间铺天盖地,在全国掀起了一场"抢盐"热潮。一包小小的盐,在上海卖到了15块钱,海南卖到了20块钱,全国几百个城市或多或少地都遇到了抢盐危机。各大超市的盐被抢购一空,出现"一盐难求"的情况。

而出现"盐荒"的原因是因为日本的核泄漏危机,网络上说核辐射会让海场晒的盐没有办法食用,所以会很快出现"盐荒"。这则消息一传十,十传百,越传越神,越传越邪,人们都开始疯狂地抢购食盐。但是在盐价疯长的第二天,政府就出面辟谣:中国储存的盐量够国人吃五年,我国盐储备充足。第三天,盐价就恢复到了平时的一元钱一袋,这下,之前那些疯狂高价买盐储存的老百姓突然傻眼了,因为自己之前花了十倍的价格买的盐今天就已经恢复了一元一袋,而他们也只能吃了哑巴亏。事后,网络上出现了很多调侃的语句如"盐王爷"、"找个有盐的男人就嫁了吧"等不计其数的段子,而这一情况就是人们盲目的从众心理造成的。

上面这个例子虽然是个反例,但也充分说明了从众心理的巨大影响力。由此可见,从众心理对销售过程真的有着无与伦比的影响力,销售人员只要运用好这一心理,那么就肯定会大大地提升自己的销售业绩。

当然,利用客户的这种心理的确可以提高销售业绩,但是也要注意职业道德,不要靠拉帮结伙去欺骗顾客,像制造"盐荒"的谣言散布者一样为牟取私利而扰乱市场秩序,否则结果会适得其反。

第二章　不懂客户心理学做不好销售

顾虑是心与心间的一道鸿沟

作为一名推销员，你要打动的不是客户的脑袋，而是他的心。因为心是客户的感情储存地，而脑袋则是顾客的理智，有时候，感情往往会凌驾于理智之上。

很多客户在与销售人员打交道的过程中认为销售人员的话可听可不听，往往不会太在意，甚至会抱着逆反的心理与销售人员进行争辩。

因此，如何在销售中有效地消除客户的顾虑，对销售人员来说是必须要掌握的知识和技能。因为聪明的销售人员都知道，如果不能从根本上消除客户的顾虑，交易就很难成功。

客户之所以会对销售人员产生戒备和顾虑，或许就是因为他们在之前的生活经历中遭遇过销售欺骗，或者是买来的商品让自己大失所望。还有可能是从新闻、网络等媒体中看到一些有关客户利益受到损害的故事。因此，客户往往对销售人员心存防备，尤其是一些主动上门推销的推销员，他们更不愿意与这些人接触。

有一位顶尖的销售员曾经说过："作为一名推销员，你要打动的不是客户的脑袋，而是他的心。因为心是客户的感情储存地，而脑袋则是顾客的理智，有时候，感情往往会凌驾于理智之上。"

没错，当今社会飞速发展，在经济不断飞跃的过程中也滋生了许多骗子，许多人都深受其害，而骗子的骗术很可能会仿效销售人员的销售模式，客户在看到销售人员的时候就容易联想到一些被骗的痛苦经历，因此他们会觉得所有的销售人员都是骗子，于是潜意识中就会排斥销售人员。

客户不会把大把的时间浪费在辨别销售人员的真伪上，因此他们干脆把所有的销售人员都归入"骗子"的行列，遇到销售人员就躲着走，害怕

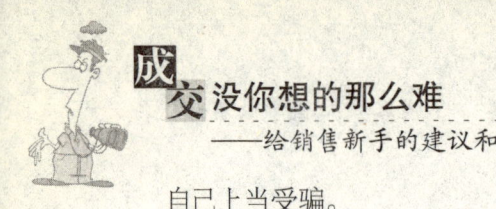

自己上当受骗。

有位在影楼工作的王小姐说:"很多客户来了又走,走了又来,挑挑选选之后放下话:'你给我打折我就在你这里拍!'我们这个行业究竟是怎么了?如果客户去的是一家饭店,恐怕他就不会说'你给我打折我才在你这里吃,否则我就去另一家'这样的话了,如果他真的这样说,别人恐怕也会当他是神经病了,但是在我这里,不讨价还价的人反而像神经病……"

其实究其原因,客户讨价还价还是因为怕上当受骗,因为影楼给客户的印象是一个暴利行业,因此即使你报出底价,客户也仍然会觉得你还有很大的利润可赚。

而客户之所以会产生这样怪异心理的原因就在于一些商家做促销做得有些过分,比如原价一万元的产品没几天就打折优惠,只要两千元就可以买到,或者随便找个理由就开始搞八折优惠。此时客户肯定就会想:"突然降价这么多,这个产品的原价肯定不超过几百块。看来他们平时宰了不少冤大头,我可不能上当。"客户一旦产生了这种心理,就会产生商家给的价格越低他越怀疑的现象。

客户看重的是质量好、价格优的产品。如果客户刚从你的手里买了商品,转身到你的竞争对手那里一看,你卖给他的商品在那里只需要一半的价格就能买到,你从此就会成为反面教材,"奸商"一类的帽子就稳稳地扣在了你的脑袋上。

很多客户都害怕上当受骗,面对销售人员,他们表现得十分小心谨慎,浑身上下都充满了警惕,对销售人员说出的每一句话都进行仔细思考,生怕被销售人员带入"陷阱"。面对这种客户,销售人员一定不要急于求成,因为你说得越多,客户的疑心反而越大,曾经被骗的经历使他们会对眼前的你产生不信任的感觉。你一定要学会找出他们对你保持警惕的原因,想办法消除他们的警惕,让自己成为客户的朋友,这样客户才会与你进行合作。

通常,客户害怕上当被骗的心理会让你们之间产生沟通障碍,但是同时也会给你带来很大的机遇。这种客户往往是想买产品,但是他们却希望

你能把价格一降再降,所以会找到同类产品是如何优惠的话来刺激你。而你在与客户交谈时应该给客户传达这样一种信息:任何产品都不可能在所有方面都做到完美。你要告诉你的客户购买你的产品会得到什么好处,以此来满足客户的需求和打消他们的顾虑。如果有什么优惠打折活动,你也一定要提前通知客户,把利益的重心放在客户身上,让客户觉得自己是"赚到了",而不是"被骗了"。

还有很大一部分客户担心的是产品的质量和功能,对产品本身没有太大的信心,此时,你不妨直接告诉客户你销售产品的缺点,这比客户自己来发现好得多。因为这样一来客户就会对你产生信任感,觉得你是个诚实的人,因为你没有隐瞒产品的缺点,而人们都乐于与诚实的人交流,客户自然也不例外。

而且,直言产品的缺点还会让客户觉得你十分了解他,把他想要问的话提前回答了,这样一来,他的疑虑自然就会减少。销售人员直言产品的缺点还可以避免与客户发生争论,使你与客户的关系由"被动防御"变成"积极进攻",从而促成这次交易。

销售人员在推销产品的过程中应尽自己最大的努力去消除客户心中的顾虑,要让他觉得自己购买这件产品物超所值。因此你首先要做的就是向客户保证,他的购买动机十分正确,而且钱也会花得很值得;而且,购买你的产品是他在价值、利益等方面的最好选择。

在销售过程中,客户心存疑虑是一个很普遍的问题,如果销售人员不能正确地解决这一问题,销售工作就会很难打开局面。因此销售人员一定要努力打破这种被动的局面,巧妙地化解客户心中的疑虑,让客户放心大胆地购买自己想要的产品。顾虑是心与心之间的一道鸿沟,只有填平它,销售人员才能成功地到达交易的彼岸。

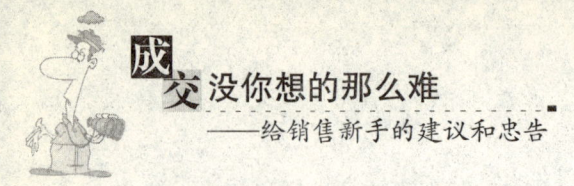

客户都有逆反心理

逆反心理支撑着人们做出一些与常规相反的行动,当销售人员试图打消客户购买某件产品的意图时,客户往往会坚持要购买来用,结果最后客户自己把自己说服了。

是什么原因导致客户产生逆反心理的呢?其实激发客户逆反心理的直接原因就是销售人员的阻止。例如,当一位客户对某件产品十分感兴趣的时候,他想要上前摸一摸产品,但是此时销售人员走过来说:"不好意思,我们的样品是禁止触摸的。"这时候客户的心里就会立刻产生反感,他们会想:有什么好的,不让摸拉倒!于是扭头离开了。这就是客户的好奇行为被销售人员阻止而导致的客户心理逆反。

还有,当客户的心理需要得不到满足的时候,他们反而会更加急迫地想要满足这种需要。因为心理学家发现,越是得不到的东西,人们愈加觉得珍贵。所以想办法提高人的期望值,是促使人们为拥有某种东西而努力的简单办法。

还有一点容易引起客户逆反心理的原因就是对立情绪,因为客户一般会对上门推销的销售人员抱着警戒的态度,会下意识地对其产生不信任感,这样一来销售人员把自己的产品说得越好,客户就越会觉得是假的;而销售人员越热情礼貌,客户就越会觉得其中有阴谋,对方只是为了骗自己的钱而已。

例如在销售的过程中,很多销售人员为了尽快拿到这笔订单而一味地穷追猛打,以为通过不断的口水轰炸就可以搞定客户,但是结果却起到了反作用,使客户产生了逆反心理。因为销售人员在与客户初次接触的时候,客户多半会怀有戒心,如果此时你只会一味地强调自己的产品如何优

秀，如何有利可图，客户反而会更加警惕，他们会因为害怕上当受骗而直接拒绝。

那么，如何避免客户出现逆反心理呢？不妨先了解一下客户在消费过程中出现逆反心理的几种表现形式：

1. 反驳

客户在产生逆反心理后会故意针对销售人员的观点进行反驳，让销售人员知难而退。

2. 沉默

当销售人员滔滔不绝地介绍时客户始终保持沉默，态度也十分冷淡，不提出任何意见也不发表自己的观点。

3. 表现得高人一等

不管销售人员说什么，客户都会以淡淡一句话"我知道"来回答，意思就是，我都知道了，你不用介绍了。

4. 断然拒绝

当销售人员向客户推销时，客户会十分坚决地说："我不需要你们的产品，请不要打扰我了。"

很多销售人员都不懂得照顾客户的逆反心理，在销售的过程中总是自顾自地介绍自己的产品，丝毫没有看到客户在旁边已经大皱眉头，结果只能被客户一次又一次地拒绝。

道尔斯先生的汽车已经使用了很多年，经常发生故障，因此道尔斯先生决定购买一辆新车，这个消息被某家汽车销售公司得知，于是有很多销售人员都来到了道尔斯先生的家里向他推销自己公司的汽车。

每一位销售人员来到道尔斯先生这里都会先介绍自己公司的汽车性能是多么好，多么适合他这样的成功人士，甚至有一位销售人员嘲笑着说："您的那台老爷车可真不配您的身份。"而这样的话无疑让道尔斯先生心生不爽。

销售人员的不断拜访使道尔斯先生感觉到十分不悦，同时也激起了他的防御心理，他心想："哼，这群家伙只是为了从我这里赚到钱，还说一些不堪入耳的话，太讨厌了，我就是不买，让他们见鬼去吧！"

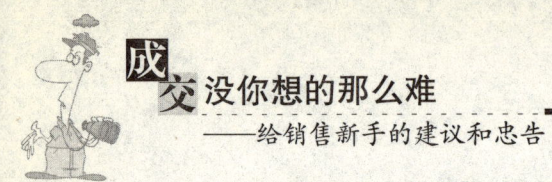
成交没你想的那么难
——给销售新手的建议和忠告

不久之后又有一名销售人员来登门拜访,道尔斯先生心里想:"不管他怎么说我都不会购买他的汽车的,我是坚决不会上当的。"但是这位销售人员拜访后的第一句话却是:"我看您这部老爷车还不错,起码还可以再工作几年,现在换就有些可惜了,我看我还是过一阵子再来吧!"说完给道尔斯先生留下了一张名片便离开了。

这位销售人员的做法和道尔斯先生所想象的完全不同,而道尔斯先生之前给自己建造的心理防线也一下子失去了意义,因此他的逆反心理也渐渐消失了。而后,他还是觉得自己应该换一辆新车,于是在一周后,道尔斯先生拨通了那位销售人员的电话并且向他订购了一辆崭新的汽车。

逆反心理既会让客户拒绝购买你的产品,也会促进客户主动购买你的产品。而例子中的销售人员就是利用了逆反心理积极的一面,消除了客户的警惕,从而使他主动地购买了自己的产品。

逆反心理支撑着人们做出一些与常规相反的行动,当销售人员试图打消客户购买某件商品的意图时,客户往往会坚持要购买来用,结果是客户自己把自己说服了。

因此,你在向客户推销自己的产品时,一方面要避免激发客户的逆反心理,以免其拒绝与自己进行交易;另一方面,你还要学会利用客户的逆反心理,引发客户的好奇心,让客户产生强烈的购买欲,你不卖给他,他却偏要买。从而从正反两面来调动客户的购买积极性,促进自己销售工作的成功。

客户购买产品就是为了内心的满足感

面对客户,销售人员如果想要调动其积极性,就要想方设法引发其内心的满足感,让他觉得购买你的商品获得了实惠和愉悦,从而产生强烈的

第二章 不懂客户心理学做不好销售

购买意向，主动掏钱来购买你的产品。

试想，谁又能够在面对自己从内心都感觉到无聊的事情时获得快乐呢？没有内心的满足就无法激发自身的热情，没有热情自然也无法把一件事情做好。

有一个有 30 年烟龄的人想戒烟，但是无论他使用什么方法，都不能起到很好的效果，总是戒过一段时间之后便开始复吸。很多时候当他烟瘾复发时，他就会给自己找出很多理由来说服自己，结果断断续续戒了一年多，非但没有成功，反而增加了自己的吸烟量。而他周围的朋友亲戚也是对他苦口婆心地劝说，但是都没有起到太大的效果。

后来，在一位心理学家的帮助下，这个有着严重烟瘾的人居然真的戒烟成功了。那么这位心理学家究竟用了什么样的神奇方法呢？其实办法很简单，心理学家只是给他看了两张照片，一张是不吸烟人的肺，而另一张是因为吸烟得了肺癌的人的肺。看着被厚厚的焦油覆盖和损坏的肺，这位有 30 年烟龄的老烟民被彻底震撼了，他什么也没有说便离开了，从此之后，他便再也没有吸过烟了。

到底是什么力量，让这个烟瘾如此严重而且屡屡戒烟不成功的人只用了一分钟便下定决心去戒烟呢？那就是看过图片之后，这位老烟民对吸烟这种不健康的行为开始发自内心地厌恶，而对不吸烟的这种健康行为感觉到渴望，因此就激发了他戒烟的强烈动机。

从这个故事中我们可以知道，人们可以通过改变某种行为的本身意义来达到改变行为方式的目的。从理论上来说，这是完全可以实现的。当某种令人厌恶的行为开始给人带来满足感之后，人们就会接受它并且爱上它。而当某种最初给人带来满足感的行为会对人带来一些伤害时，那么人们就会摒弃它，这就是内心满足感对人们行为动机的激发效果。

对于销售人员来说，如何激发自己的工作热情和如何调动客户的购买热情是销售工作中最重要的两件事。

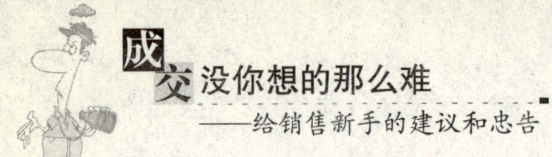

而销售的工作是十分辛苦的，也是富于挑战的，同时也是会经常遭遇挫折的。因此，如果销售人员总是遭受到挫折而无法正视挫折的话，那么就必然会对销售工作失去热情，会感觉到痛苦不堪，因此不愿意全力以赴地进行工作，甚至会生出放弃的念头。而如果销售人员能够从这份工作中感受到刺激、满足和挑战，那么他会在这种愉悦的内心体验下激发出自己强烈的热情，做出更出色的成绩。

同理，面对客户，销售人员如果想要调动其积极性，就要想方设法引发其内心的满足感，让他觉得购买你的商品获得了实惠和愉悦，从而产生强烈的购买意向，主动掏钱来购买你的产品。

总而言之，销售工作并非是你一个人的独角戏，你不仅要激发自己的工作热情，还要善于激发客户的购买热情，否则不管你的产品有多好，只要客户对你的行为产生反感，那么你的产品就肯定无法销售出去。销售人员应该善于发挥自己的心理影响力，以此来调动和改变自己以及客户的行为，促使销售工作顺利进行。

客户希望享受更好的服务

环境和氛围的确能对销售起到很重要的促进作用。销售人员只会为客户提供物美价廉的商品是远远不够的，如果没有价值相等的氛围和环境，销售工作依然是难以展开。

作为一名销售人员，客户是否满意是你最应该注意的地方，而让客户满意有很多方法和因素，其中，环境起着十分重要的作用。一个温馨、舒适的环境会增加客户的归属感，从而会使他们增加内心的满足感并且放松警惕，更容易和销售人员成为朋友，吐露出自己的真实想法和需求，并且对销售人员真诚以待，有利于生意的顺利完成。

第二章 不懂客户心理学做不好销售

客户往往都会有这样一种心理，那就是愿意花更多的钱来享受更好的服务，购买更好的产品。因为好的产品和服务能够更多地满足他们的需求，给他们带来舒适和享受，因此他们才会更乐于掏腰包。而环境也是服务中十分重要的一个环节，这里说的环境包括大环境和小环境，大环境一般是指销售的场所，如在商场、客户的家中、客户的办公室、饭店、咖啡馆等，而小环境则是销售人员与客户之间交流商谈的氛围。比如销售人员是否热情、说话是否得体、待人是否真诚等。其实这些环境中有很多因素都是可以控制的，可以通过一些举措把环境变得更加舒适和温馨，这对销售工作会起到一定的促进作用。

比如有的餐厅会把用餐的环境设计得十分温馨典雅，他们会播放优美的音乐，而每位服务生都是彬彬有礼、态度热情，他们这样做的目的就是为了让客户吃得舒服，吃得满意，以便下次再来。因此，销售人员对销售环境的设置也是十分有必要的。如果你能让客户在谈生意的过程中有一种宾至如归、舒服顺畅的感觉的话，那么客户自然会对你好感倍增，生意也会容易谈成了。

除了吃饭、娱乐等消费的大环境能够让人倍感舒适以外，具体的服务小环境也可以让人感觉到温馨和快乐。比如王先生入住一家酒店之后，当他早上起床出门时，有一位服务生彬彬有礼地端着早餐迎上来对他说："早上好，王先生，这是您的早餐。"不要惊讶，因为这是饭店的规定，每位楼层的服务生都会在头一天晚上记熟每一位客人的姓氏，因此他们知道你的名字并不稀奇。当王先生用完早餐后，服务生又会彬彬有礼地上来帮助他收拾餐盘，如果王先生出去的话服务生还会帮他叫车。而在若干年后，王先生还会在生日时收到一封这家酒店发来的信函："王先生，您已经两年没有来过我们酒店消费了，酒店全体人员恭祝您身体健康，生日快乐。"

这样的环境和服务，怎么能让客户不感动？客户又怎么会感觉不到舒适和快乐？因此，只要来过这家饭店的客户都愿意再次光临。

这家酒店的成功秘诀就在于给客户最大的重视和关心，为客户提供最完美的服务，为客户创造最舒适的环境和氛围，从而紧紧地抓住客户的

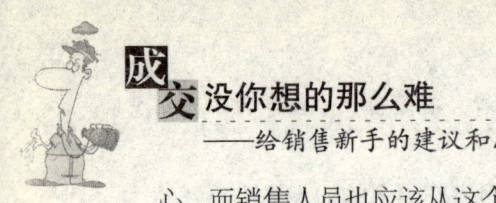

心。而销售人员也应该从这个方面努力，利用环境的因素来对客户产生一些有利的影响，从而促使交易朝着好的方向进发。

环境和氛围的确能对销售起到很重要的促进作用。销售人员只会为客户提供物美价廉的商品是远远不够的，如果没有价值相等的氛围和环境，销售工作依然是难以展开。你不妨设想一下，谁会在一个寒酸的办公室跟你愉快地交谈一下午呢？

在销售的过程中，销售人员不仅仅要注意硬件的销售，还要注重软件的销售。优秀的质量与低廉的价格仅仅是影响销售的硬件，而销售的环境和氛围则属于影响销售的软件，比如：公司前台的布置、接待人员的安排、会议室的装修、宴请客户的地点等，这些都要与公司产品和其价值相对应；甚至连你的衣着打扮、言谈举止都能够对环境起到影响，总而言之，环境对销售过程的影响是很重要的，也是销售过程中的一个重要环节，好的环境和氛围会引导整个销售向有利的方向发展。

第三章

做销售如何给客户留下好印象?

在销售的过程中,懂得包装自己的形象,给人留下好印象的销售人员将会是永远的赢家。一般情况下,销售人员与客户首次接触时交流的时间不会太长,想要在有限的时间内让客户对自己和自己所推销的产品有一个深入的了解,并非一件简单的事。而如果销售人员能够在第一次接触中就给客户留下一个良好的印象,那么客户在日后与你接触时也会对你热情款待。

第三章 做销售如何给客户留下好印象？

姿态礼仪决定你的形象

在初次见面时，如果销售人员能够做到彬彬有礼，仪态大方，那么就能给客户留下一个良好的第一印象，这有助于销售的成功。

中国素有"礼仪之邦"的美称，自古以来就有做人应"站如松，坐如钟，行如风"之说。而日本深深吸取了中国的礼仪文化，在日本的百货商场，甚至连鞠躬弯腰都有具体的标准，比如在欢迎客户时要鞠30度躬，在陪客户挑选商品时要鞠45度躬，对客户离去时要鞠50度躬。

而销售人员要想在销售过程中给对方一个良好的第一印象，那么首先就要重视和对方见面的姿态礼仪，如果你和客户见面时低着头，无精打采，那么对方就会在心里认为你不欢迎他。如果你不正视客户，经常左顾右盼，那么客户也会怀疑你销售的诚意。总之，在初次见面时，如果销售人员能够做到彬彬有礼，仪态大方，那么就能给客户留下一个良好的第一印象，这有助于销售的成功。

下面，我们就来介绍一些在与客户初次见面时身体各部位的姿态姿势，以供销售人员参考：

1.手的动作

在肢体语言中，手的动作十分重要，善于利用手部动作能够有效地增进销售效果。

（1）在为客户带路的时候，要伸出你的手臂，手掌冲外，指向你要介绍的部门或者需要带客户去的方向，同时要说"请这边走"等礼貌用语。

（2）当手指向目录或者说明书时，手掌应朝上，如果指一些小的东西可以用食指指出，而且手掌也要保持向上。

（3）在拜访客户时，如果客户端茶给你喝，你应该轻屈中指和食指在

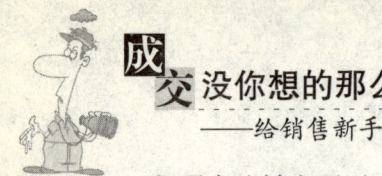

杯子旁边敲击两下，以示感谢，同时也要把谢字说出口。

2. 眼睛的动作

眼睛是心灵的窗户，如果在与客户交谈时眼神东飘西躲将不利于销售，正确的做法应该是：

（1）在与男性客户交流时，视线的焦点可以放在对方鼻子附近；如果对方是已婚女性，则可以注视着对方的嘴巴；如果是未婚的女性，则要看着对方的下巴。

（2）视线的范围可以扩大到对方的耳朵以及领子附近。

（3）在聆听对方说话时可以偶尔直视对方的眼睛。

销售人员要想正确使用自己的目光，首先就要了解这方面的礼节。目光的礼节同语言和其他礼节一样，因民族和文化的不同有着各种各样的区别。

比如，美国人在和别人交谈时习惯用目光去打量对方，这被认为是自信、有礼貌的表现。同时，美国人在和他人正式交谈时还习惯盯着对方的眼睛，如果在交谈的过程中目光看向别处就会被认为是失礼。而日本人则不同，他们在面对面交谈时习惯把目光落在对方的颈部，紧盯着对方的眼睛是非常不礼貌的。南美印第安维图托部族和博罗罗部族的人无论是跟谁讲话，眼睛都要向着不同的方向，而阿拉伯人则刚好相反，他们认为，无论与谁交谈，你的眼睛都应该看着对话者的那一方，否则就是看不起他人。

而在我国，对目光的要求也有所不同，一般来说，双方在交谈的时候不会用眼睛死死地盯住对方，因为古人认为这样互相看是一种非常不雅的行为。那么，应该怎么做呢？正确的做法应该是：用自然、柔和的眼光看着对方从嘴巴到双眼的这部分区域，目光停留在对方身上的时间应该占交谈时间的 30%~60%，也就是说，既不要死死地盯着对方，也不要一眼都不看对方，应该适当地把目光停留在对方身上。

3. 坐相

老人经常教导我们，站有站相、坐有坐相。而在销售的过程中，坐相也有许多十分值得注意的地方：

(1) 当客户请你入座时，你要先表示谢谢，随后坐满整个椅面，背部不要靠着椅背，身体稍微前倾，这样可以表现出你对谈话内容的肯定。

(2) 坐在椅子上的时候，膝盖要张开约一个拳头的距离（女性应双腿并拢）。

(3) 切忌用手撑着头，脑袋要微微上扬，让对方感觉到你的自信，而且被你感染。

4. 站相

在站立时，应该轻松而又不失气度，不要东倒西歪。良好的站姿应该是挺胸、抬头、收腹，身体保持平衡，双臂自然下垂，不要做出歪脖、含胸、抖脚、重心不稳和两手插兜等不礼貌的动作。

男性和女性的站姿不同，女性在站立时，应两脚张开呈小外八字或者V字形；男性在站立时应脚与肩同宽，身体平稳，双肩展开。简而言之，就是站立时应该让人看上去舒适自然，有美感而不做作。

5. 握手

在日常交往的过程中，销售人员与客户见面时总会握手相互致意，分别时也会以握手告别。可以说，握手贯穿着整个销售过程的各个环节，因此，销售人员必须要重视握手的细节：

(1) 在握手时，一般都是主人先伸出手、女士先伸出手、长辈先伸出手、上级先伸出手，而在面对客户时，销售人员应该主动伸出手，让客户感到亲切。

(2) 握手时一般应伸出右手，同时注视着对方，握手的力度要适中，时间不能太长。男性和女性握手时一般只轻握对方手指部分，不能握得太紧和太久。如果关系亲密，场合隆重，双方的手在握住之后应该上下摇摆几下。如果想要表现出自己的热情，可以用双手相握的方式。

(3) 在握手时不要目光游移、心不在焉，也不要戴着手套与对方握手，这些都是很不礼貌的。除此之外长时间地握着对方的手、当别人正与他人握手时冲上去与其握手、握手后用手帕擦手都是一定要避免的。

除了上述细节之外，握手的规矩还有以下几种：

首先，不要掌心下压。

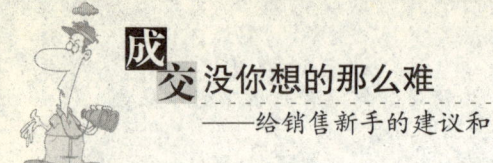

通常情况下,在与人握手时把手自然大方地伸出即可。如果要表示对他人的尊重,伸手与其相握时掌心应该向上。但是切忌掌心向下压,用击剑式握手法去握他人的手,那样会给人一种傲慢和盛气凌人的感觉。

其次,不要随便滥用双手握手。

双手握手一般是在故友重逢或者对不幸的人进行慰问时才会使用,如果滥用双手握手会引发他人的不快和抗拒。

再其次,把握好握手的"度"。

无论做任何事情,都要有个度,握手也是如此。有的人为了表示自己的热情和真挚,在与人握手时会使劲握住对方的手,这种做法是欠妥当的,因为这样不但会弄疼对方,还会显得很粗鲁。反之亦是如此,有的人为了显示自己的清高,只肯伸出自己的手指尖与他人握手,而且一点儿力也不用。这种做法也是很没礼貌的,会让人觉得你冷漠和敷衍。很显然,握手过轻过重都不合适。正确的做法应该是用手掌和手指的全部不轻不重地与他人握手,然后稍稍上下晃一下。

最后,不要过分谦卑。

有的人无论跟谁握手都是一个劲儿地点头哈腰,这样做会让人觉得过分客套。在与人握手时,应该同时致以问候,但是如果条件所限,不允许出声,那么你可以点一下头以示礼貌。在与上级和长辈握手时,为了表示尊重,可以欠一下身,但是点头、欠身和没完没了的点头哈腰是有根本区别的。

初次见面先从寒暄入手

销售人员在第一次与客户见面时应先从寒暄入手,即寻找一个客户感兴趣的话题来共同探讨,从而自然而然地拉近彼此距离,待双方熟悉一些后再适时地把话题切入到正题中。

第三章 做销售如何给客户留下好印象？

俗话说得好："商场如战场。"每位销售人员在进行销售的时候都避免不了进行应酬，而在初次见面时，由于双方互不熟悉，所以会觉得无话可说，最终使气氛变得尴尬，冷场。销售人员在第一次与客户见面时应先从寒暄入手，即寻找一个客户感兴趣的话题来共同探讨，从而自然而然地拉近彼此距离，待双方熟悉一些后再适时地把话题切入到正题中。而以下是几个从第一印象中寻找话题的方法和技巧。

1. 从对方的口音中寻找话题

一个人的口音就是一张生动的名片，从对方的口音中，销售人员可以听出客户的祖籍，起码说明他在哪里居住过。此时销售人员可以从这种口音本身所提供的地域来开展许多话题。例如，从该地域的地理位置说到风土人情，从特产说到名胜古迹等。

2. 从相关的物件中寻找话题

当销售人员在客户那里看到某种自己熟悉的物品时，不妨从这个物品中开展话题。例如，在客户的办公室看到一件古董，而你恰恰懂得一些古董知识，此时你就可以根据这个花瓶来展开话题，用试探的口气来问对方这个花瓶是否是某某年代的古董，以此找到说话的机会。

3. 从对方的衣着打扮中寻找话题

一个人的衣着打扮可以在一定程度上反映出一个人的身份、地位和气质，而这同样也可以作为你判断并且选择话题的依据。比如，你的一位陌生客户是开着豪华的奔驰，穿着高档的西装，手上带着名贵的腕表，那么你可以主动问："如果我没猜错您肯定是一位成功的老板，而且是大老板。"如果此时对方的身份正巧被你言中，那么对方就会有几分吃惊地说："你还真是好眼力。"接下来，你就可以和他谈很多有关于企业生产、经营管理的话题了。而且，即使你猜错了也不要紧，因为你把他看成企业家本身就是高看他，对方心里也会高兴，并且礼貌地说出自己的真正身份。只要对方友好地回答，双方就等于接触上了，于是也就有了交谈的话题。

4. 从公共事物中寻找话题

所谓的公共话题就是人人都知道，而且易于谈论的，比如气候、新闻、时事、运动等。

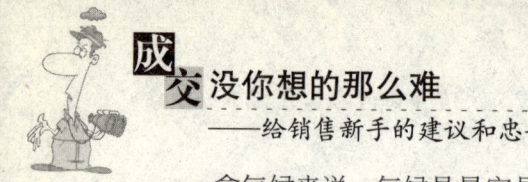

拿气候来说,气候是最容易交谈的话题,因为人人都可以感受到。而谈论气候的开头语往往是"今天的天气真不错啊"、"这两天天气又降温了,可真冷啊"、"这天可太热了"一类的。

除了天气之外,销售人员还可以与客户谈论新闻。比如哪里出现了新鲜事,或者哪支球队夺冠了一类。当然,如果客户对这一类话题不感兴趣,就要立刻停止话题,换一个客户感兴趣的新闻来讲。

以新闻当话题时,开头语可以用"昨天的新闻说"、"我听别人说"、"曼联昨天夺冠了您知道吗"之类的。

5. 从客户的特色爱好中寻找话题

每个人都有自己不同的爱好。如果客户喜欢听歌,你就可以与客户聊一聊音乐,比如最近哪个明星又出了哪张新专辑,参加了哪一场演唱会之类的;如果客户是个"车迷",那么你就要花一些时间去了解一下那些"路虎"、"宝马"之类的车辆品牌知识了。

在打开话题之后,如果客户对他的特色爱好滔滔不绝,那么你可以适当地赞美客户是这方面的"专家",这样一来,你就很可能成功地取得了客户的好感。

6. 从既有的事物中寻找话题

如果场合适宜,说几句"今天天气真好"之类的话无可厚非,但是如果不分时间地点,一味地以"天气真好"来展开交谈,则难免有些滑稽了。因此销售人员最好还是结合所处的环境来就地取材引出话题。如果是在客户家中,不妨赞美一下客户的室内装修,或者问问电视机的性能如何,是什么牌子的,或者谈一谈客户家的画是如何漂亮等。这样的开场白其实并没有什么实质性作用,只不过是为了使气氛更加融洽一些。因此,当你评论某种东西时不要以挑剔的口吻,多用"这房间布置得真漂亮呀"、"这幅画可太有艺术气息了"之类的话语。总而言之,采用赞美的语气是最得体的办法。

第三章 做销售如何给客户留下好印象？

第一次见面的直观感觉就是你的形象

如果销售人员能够在第一次接触中就给客户留下一个良好的印象，那么客户在日后与你接触时也会对你热情款待。

有一位形象糟糕的销售人员在一家商场中推销面包，每位客户走过他的柜台时，只要看他一眼便立刻皱着眉头走掉了。过了一会儿，经理过来让他去仓库整理货物了。这位销售人员走了之后，经理派了一位十分精神的小伙子来销售面包，不一会儿，这个货柜上的面包便卖光了。

在推销的过程中，懂得包装自己的形象，给人留下好印象的推销员将会是永远的赢家。一般情况下，销售人员与客户首次接触时交流的时间不会太长，想要在有限的时间内让客户对自己和自己所推销的产品有一个深入的了解，并非一件简单的事。而如果销售人员能够在第一次接触中就给客户留下一个良好的印象，那么客户在日后与你接触时也会对你热情款待。有调查显示，客户之所以选择购买某品牌的产品，并非一定取决于价格、质量等因素，其中对销售人员的好感起着决定性的作用。根据美国纽约销售联谊会的统计，71%的人是因为喜欢、信任和尊重一位销售人员而做出购买决定的。销售人员推销的内涵就是推销自己，而推销自己的关键就是推销自己的形象。

在首次与客户打交道的时候，如何才能让客户看到自己美好的形象呢？一般来说，衣着打扮可以最直接地反映出一个人的修养和气质。穿戴整齐、干净大方的销售人员一般比较容易赢得客户的好感和信任。而衣冠不整的销售人员则会给客户留下一个办事马虎、懒惰、糊里糊涂的印象。美国麦肯锡公司调查表示，有80%的客户对衣着凌乱、形象差劲的销售人

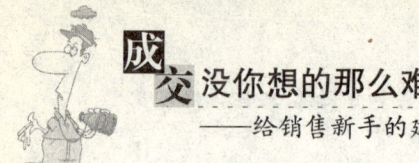

员十分反感。因此衣着打扮对于销售人员来说代表着产品的外包装。如果包装粗糙,即使里面的产品质量再好,也会被人们误认为是廉价的低等货。日本推销界流行着这么一句话:"要想成为一流的推销员,首先就要从自己的仪表做起。"

在英格丽·张的《你的形象价值百万》一书中,有这么一段故事:"在加拿大工作的查理被委派寻找合作伙伴,经人介绍,与某位总裁初次相会。查理一进门,就看到有位男士穿着灰棕色、人造纤维的格子西服,发着亮光的领带露在V字领口毛衣的外面。他一张嘴,满口黄牙暴露无遗……'他留给我了永不磨灭的可怕的恶劣印象。那张冷酷不带笑的脸和那双死鱼般的手,无不在告诉我这是个冷酷的、没有修养的人。'查理说,最终决定不和这位总裁合作。"

由此可见,仪表对第一印象有着多么大的影响。在快节奏的社会中,人们没有太多的时间详细了解一个人,因此第一印象就显得尤为重要了,而仪表,正是对方形成对你第一印象的重要依据。那么,我们该如何打造一个绝佳的仪表呢?

首先,销售人员应该注意自身形象和个人卫生,以及自己的表情是否僵硬,笑容是否让人感到不愉快。

其次,销售人员在与客户交谈时学会适当地沉默或者改变自己说话的语调,不要高谈阔论,也不要过多地谈论客户的私生活,不要过于活跃和开玩笑,要给客户说话的机会。

再其次,销售人员在与客户交谈时举止要温和有礼,切忌冷淡客户,不要让别人觉得你骄傲自大,目空一切。

最后,销售人员要尽量寻找双方都感兴趣的话题,适当地活跃交流气氛。

销售人员的穿着要根据不同的气质和职业而定,一般没有太固定的模式,比如在面对年龄较大、比较严谨的客户时你可以选择穿西装,在面对比较年轻的客户时,休闲装是你最好的选择。总之不管什么样的风格,在大体上要以稳重大方、整洁清爽、干净利落为基本原则。

除了着装方面的要求,推销员还要做到外表整洁,应该定期理发,头

发不要太长，经常刷牙，不要有口臭，勤剪指甲，指甲中不要有污垢。

当然与外在的修饰相比，内在的涵养和气质更为重要，因此销售人员应该注意文化学习，培养自己的气质和风度，争取给客户留下良好的印象。

10秒内抓住客户的心

销售人员应该知道，无论是想让客户接受你还是接受你的产品，你都应该在第一时间吸引客户的注意力，抓住客户的好奇心，这样客户才有兴趣和你继续交谈下去。

很多推销员在与客户接触的时候，经常会发现客户正在忙着做其他的事情，或者根本没有兴趣接受你的推销。而在此时，如果你不能尽快地引起客户的好奇心，那么你这次推销就等同于失败了。

根据销售心理学分析，最容易吸引客户注意力的时间就是在你刚开始与客户接触的10秒钟之内，如果你能够在10秒钟之内完全吸引客户的注意力，那么你之后的销售过程就会变得十分轻松。所以你最好设计一个在10秒钟之内就能吸引对方的开场白，而这个开场白可以是提出一个他们十分感兴趣的问题。

福克兰是美国鲍尔温交通公司的总裁。在他年轻的时候，由于他成功地处理了公司的一起搬迁业务而平步青云。当时，拆迁区中有一位英国老妇人不愿意离开自己的房子，她又联络了很多邻居，决定与福克兰的公司对抗到底。如果当时走法律途径来解决问题，不仅费时费力，而且还不一定成功。于是福克兰毛遂自荐，向总裁请缨，准备亲自出马，把自己的方案彻底"推销"给老妇人和她的邻居。

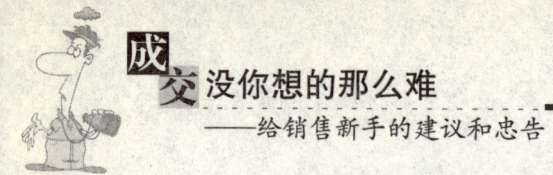

成交没你想的那么难
——给销售新手的建议和忠告

当福克兰找到这位老妇人的时候，她正坐在自己屋子门口。福克兰故意在这位老妇人面前来回踱步，并且显得忧心忡忡，以此来引起老妇人的注意。果然，没过多久，老妇人开口说话了："小伙子，你有什么心事吗？"但是福克兰并没有回答老妇人的问题，而是说："您整日坐在这里，真是太可惜了，要知道您可是具有非凡的领导天赋，是可以做一番大事业的，听说这里要建一条公路，您为什么不动动您的邻居们，让他们换个地方生活，给周围的人们创造一些方便呢？这样周围的人们都会感激您的。"福克兰这几句轻描淡写的话深深地打动了老妇人的心，不久之后她就开始到处寻觅住房，并且指挥她的老邻居搬迁，而公司只支付给了老妇人当初预算一半的搬迁费。

由此看来，销售人员在和客户交谈的时候，能够一开始就抓住客户的心十分重要，因为只有这样销售人员的话才能继续进行下去。那么如何才能在一开始就抓住客户的心呢？以下有几种常见方法：

1. 提及客户目前最关心的问题

每个人都有自己的侧重点和关心点，比如你可以对客户说"听您的朋友提起，您最近最头疼的问题是无法找到价格合适的产品……"等类似的话。

2. 谈到客户和你都熟悉的第三方

最容易让两个陌生人之间打开话题的莫过于一个都熟识的人了，你如果不知道如何开场，不妨提及一些这样的人物，比如："您的朋友××介绍我与您联系，听他说您的情况是这样的……"

3. 赞美对方

赞美永远是最好的开场白："他们说您是这方面的专家，所以我特地来请教一下……"

4. 提及客户的竞争对手

竞争对手的情况最容易引起客户的兴趣，你在与客户首次见面时不妨这样说："我们刚和××公司合作过，他们说……"

第三章 做销售如何给客户留下好印象？

5. 用数据引起客户的注意

数据是最具说服力的话语："如果您购买我们的设备，您的公司将会提高50%的生产效率……"

以上几种方法，销售人员可以交叉着使用，但是前提是要根据实际情况，当然，在与客户交谈的时候，首先一定要以开朗积极的语气向客户打招呼。

除此之外，销售人员在初次面对客户的时候最好抓住以下一些小技巧，这样方便进行下一步的销售攻势。

1. 多说"我们"少说"我"

"我们"是一种很神奇的语言，它会给人一种心理暗示，那就是你和客户是一伙的，是站在客户的角度想问题的。虽然它比"我"只多了一个字，但是给客户的感觉却大不相同。在我国，北方的销售人员在南方就特别有优势，因为北方人比较喜欢说"咱们"，而南方人大都喜欢说"我"。

2. 对不同的人说不同的话

这一点应该十分好理解：遇到年轻的客户，就用年轻人的说话方式交流；遇到年龄大一些的，就用成熟稳重一些的说话方式。这样才能做到面面俱到，和所有人都能交流。

3. 不要怕说"对不起"

当客户阐述他们遇到的问题时，他们等待的是富有人情味的明确反应，他们想知道你理解他们。如果他们主动上门对你的产品进行投诉，那么你的开场白不妨是一句"对不起"，让对方明白你的歉意和诚意，然后明确地告诉他们你会尽最大的努力帮助他们，直到他们满意为止。

4. 感谢感谢再感谢

要知道，感谢永远是拉近双方距离的最好工具。但是遗憾的是"谢谢"、"荣幸之至"、"非常感谢"这类字眼在销售过程中越来越少了。销售人员应该经常使用这些词汇，最好把谢谢作为和客户交流的常用词。请真诚地说出它，因为正是因为有了客户，你才有了今天的这份工作。

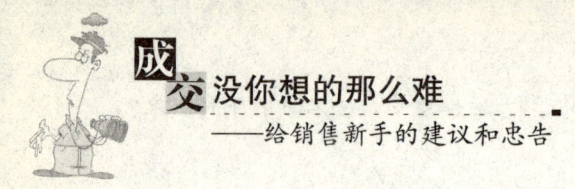

不准时赴约代表不把客户当回事

如果某个人十分守时,那么人们就会认为他是一个做事有原则的人,就会乐于跟他交往;相反,如果一个人总是迟到,那么人们就会在心里认为他是一个不专业、不靠谱的人。

销售人员最忌讳的便是迟到,因为不准时赴约就代表你不把对方当回事。如果你在与客户第一次见面时就迟到,那么客户肯定会在心底认为你是一个不专业、不靠谱的人。而有些人总喜欢给自己的迟到找原因,其实这是对工作的懈怠,有时候,你迟到三分钟可能就会错失一笔300万的生意,这毫不夸张。而想要避免迟到,就要提前做好准备。

俄罗斯《真理报》针对上班迟到进行过一项调查,调查结果发现:24%的人每个月上班要迟到10天,13%的人每个月要迟到2天,还有10%的人每个月会迟到一天,而更有甚者每个月甚至会迟到20余天。

当然,如果偶尔因为急事耽搁了无可厚非,但是倘若迟到成了家常便饭,那么你就有可能是患了强迫症了。

萧逸经常会迟到,同事和朋友们都叫他"迟到大王"。后来他把闹钟从七点调到六点半,但是仍然无济于事。他总是会告诉自己,再睡五分钟、再睡五分钟,最后到了公司时却已经迟到,而且即使提前起床,他也会反复地在镜子面前看自己仪容是否整洁,胡子刮得是否干净,总之每天都要迟到五分钟。其实这就是强迫症。

像萧逸这类人在潜意识中给自己设定了强制性程序,只有将这个程序完成,才能踏踏实实地做另一件事。其实他们就是已经把迟到当作一件必须完成的事来做了。

除此之外,还有一些爱迟到的人受另一种想法所强迫,那就是给自己

第三章 做销售如何给客户留下好印象？

设定一个时间"底线",他们会看着表出门,如果他们心中预想的是七点半出门,那么即使差一分钟,你都休想让他们走出家门。一旦路上遇到意外情况,迟到也就在所难免了。

在一般人看来,不准时赴约就是不尊重他人。如果某个人十分守时,那么人们就会认为他是一个做事有原则的人,就会乐于跟他交往;相反,如果一个人总是迟到,那么人们就会在心里认为他是一个不专业、不靠谱的人。

对于工作的厌倦也是迟到的一大原因,尤其是那些为迟到找理由的人。有20%的人都会为迟到来编造理由。而推销员迟到不仅仅会影响自身形象,还会影响客户的心态和交易的结果。

好的状态来源于好的心态,要想在销售过程中有良好的表现就应该提前做好准备。比如提前10~15分钟到达约定地点,你可以先熟悉一下环境,让稍后的谈话进行得更顺畅,否则一旦迟到,你就会心怀愧疚,进而影响交流时的逻辑思维和语言表达。而且提前出门,即使遇到堵车等突发情况,也有一定的余地可以避免迟到。如果路程较远,宁可提前出发半个小时甚至一个小时,但是早到之后不要提前出现在预定地点,否则客户很可能会因为手头还有没忙完的事而觉得不方便。

当然,如果是因为不可抗拒的因素导致迟到是可以原谅的,比如车祸、天气等原因,只要和客户真诚地解释,客户大都也会表示理解。以下是几种避免迟到的小技巧:

1. 学习安排时间

销售人员可以给自己制定一个严格的时间表,张贴在显眼的地方,把工作安排或者和客户约见的时间都标注清楚,并且留出足够的准备时间。

2. 学会换位思考

把自己放在"牺牲者"的位置上,当你和别人约好时别人经常迟到,你会有什么感受?也许这会使你懂得尊重他人的时间。

3. 多做心理调节

轻松一下吧,让所有的事情都顺其自然:家里没有收拾干净,那就让它乱着吧;头发有些脏,那就再忍一忍;要以约定好的时间为主,长期这

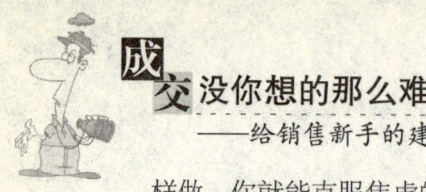

样做，你就能克服焦虑的情绪，打败强迫症。

4. 通过提前安排来提醒自己

比如你要去一个地方，你首先应该找出最快捷的路程，计算一下去那里需要多久，随后提前十分钟出发，以便准时到达。

5. 让他人提醒

如果你自己实在没有办法克服自己的强迫症，你不妨让周围的朋友同事来提醒你，你可以告诉他们："我等会儿有重要的约会，你要及时提醒我。"

6. 做一个时间上的悲观者

如果你在每次赴约时都假设路上会出现特殊情况耽误时间，那么你就会每次都提前一点儿出门了。

7. 学会优先排序

如果迟到是因为有很多事情无法做完，那么你可以改变一下自己的现状，按照事情的轻重缓急来排序，否则只会让你每件事都做不好。

8. 诚意待己

迟到也是对自己的一种不尊重和不负责，它会让你在别人眼中显得没有组织性和自律性，会让你十分尴尬，所以你要记得遵守时间。

牢记客户姓名以赢得客户的好感

每当认识新朋友的时候，你一定要注意用心倾听对方的名字，一方面要牢牢地记住其名字，另一方面要记住对方的长相。

人们大都非常关心自己的姓名，假如你能够尊重并且牢记他人的姓名，就表示你比较在乎他，这不但可以帮助你建立良好的人际关系，而且对你的销售业务拓展也会有很大的帮助。

第三章 做销售如何给客户留下好印象?

卡内基是举世闻名的钢铁大王。但是他年轻的时候对钢铁行业根本一窍不通,那么他是如何成功的呢?据他说,是因为他很尊重别人的姓名。

在卡内基十岁的时候,他的叔叔送给他一只小兔子,不久之后,这只兔子就生下了一窝小兔子。但是他的零用钱有限,没有能力来抚养这一窝小兔子。于是,他想出了一个绝妙的点子,他告诉周围的小朋友,只要他们肯送食物给小兔子吃,那么这些小兔子将会用送食物的这些小朋友的名字来命名。

周围的小朋友听了他这个提议后立刻踊跃地提供食物。这件事给了卡内基深刻的启示:人们都十分在乎自己的姓名。

在卡内基长大成人以后,有一次他为了竞争太平洋铁路公司的卧车合约,与自己的竞争对手布尔门铁路公司针锋相对。双方为了拿下这笔生意,不断降低自己的报价,到了最后甚至连一分钱的利润都没有了。

不久之后,卡内基与布尔门共同来到纽约会见太平洋铁路公司的董事长,而后他们在一家饭店门口偶遇。

卡内基对布尔门说:"我们这不是在作践自己吗?"

布尔门回答:"你说的是哪件事情?"

卡内基说:"噢!别装糊涂了我的朋友,你应该知道恶性竞争的危害,不如我们化解恩怨,携手合作如何?"

布尔门思考了一会儿突然说:"假如我们合作的话,新公司要叫什么名字呢?"

卡内基突然想起了自己童年养兔子那件事,他立刻说:"当然要叫'布尔门卧车公司'了!"布尔门听后眼睛放光,立时同意了卡内基的提议。

过了不久,卡内基在美国宾州匹兹堡建了一家钢铁厂,专门生产火车轨道。当时,美国宾夕法尼亚铁路公司是需要火车轨道的大客户,该公司的董事长叫汤姆生。卡内基此时又想起了兔子的故事,于是,他把自己的新钢铁公司叫作"汤姆生钢铁厂"。汤姆生听后大为高兴,立刻宣布以后进货都要从"汤姆生钢铁厂"购买,而卡内基的生意也越做越兴隆。

凭借着这一套"尊重别人姓名"的本事,卡内基在商界所向披靡,最

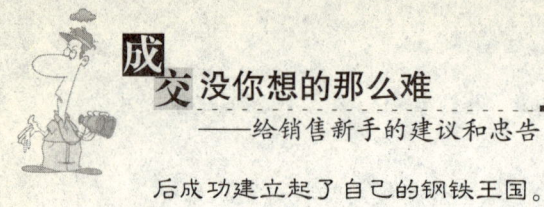

后成功建立起了自己的钢铁王国。

在看过卡内基的故事之后,你是否已经了解"尊重别人姓名"的重要性了?

我们常听很多人说:"我的记性真的好差,老是记不住别人的名字。"或者:"我每天要接触那么多人,他们的名字会把我的记忆搞乱,因此我总是没办法把人和名字对上号。"

记住别人的姓名难道真的很困难吗?通用雪佛兰汽车分公司的总经理巴布·兰德可以记住6000个人的姓名;美国前邮务总长杰姆可以记住50000个人名!

巴布·兰德记住的6000个人名都是雪佛兰汽车经销商的名字,在每一次经销商联盟会议的时候,兰德都能准确地叫出每一位经销商的名字,并且亲切地和他们进行寒暄。他这种超乎常人的记人名本领是他成功的原因之一。

杰姆10岁的时候他的父亲就去世了,而家境贫寒的他连小学都没读完。但是在他46岁的时候,他已经获得了4所大学的荣誉学位,后又担任美国的邮务总长。当有人问起杰姆成功的原因时,杰姆骄傲地说:"我的成功秘诀就是能够牢记50000个人的名字。"这套特殊的本领甚至为富兰克林·罗斯福竞选美国总统起到了重要的作用。他的所作所为给美国的政治人物上了最宝贵的一课——要想选举获胜,必须牢记选民的大名。

或许你会说,杰姆和巴布·兰德都是特例,他们是"超人",一般人根本做不到这一点。其实不然,背人名和背英语单词一样,只要你肯用心,就一定会成功。

对于大多数人来说,记住几十个、几百个名字并不困难,但是要想记住几千、几万个名字就十分不易了。如果想让销售工作顺利展开,牢记人名的技能就必须掌握。以下是牢记人名的几个方法:

1. 用心倾听

要想牢牢记住别人的姓名，首先就要端正自己的态度，把牢记人名当成重要的事去做。每当认识新朋友的时候，你一定要注意用心倾听对方的名字，一方面要牢牢地记住其名字，另一方面要记住对方的长相。如果你没有听清对方的名字，请立刻再问一遍，要记住，每个人对自己的名字都是十分关心的。

2. 利用笔记

好记性不如烂笔头，如果你觉得在脑海中实在记不住繁杂的人名，找个本子记下来吧，不要太信任自己的记忆力。在取得对方的名片后，你可以把对方的特征、嗜好、生日等详细信息写在他的名片后面，以此来帮助你进行记忆。当然，如果你能做一个专门的资料卡，那就更理想了。

3. 多重复

重复一个人的姓名可以帮助你更好地记忆。因此，在初次谈话的时候，你不妨多叫几次对方的姓名。如果对方的姓名比较冷僻或者奇特，你不妨请教其名字的写法和姓氏的来历。

交换名片是"换"，而不是"要"

在与客户见面时，不要过早地拿出自己的名片，在自我介绍完成之后，先观察客户的反应再决定是否交换名片。

名片是现代人自我介绍与社交联谊的枢纽。它的最基本作用就是自我介绍，可以起到维持自己与他人联系的作用。在现代生活中，我们不仅要有名片，更要会使用名片。而现在，有很多销售人员只是单纯地拥有名片，而不会使用名片。

在拜访重要客户或者进行重要的人际交往时，名片的使用一定要遵循

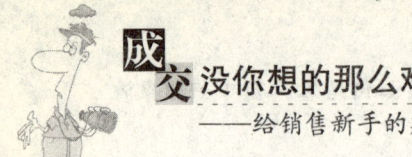

以下"三不要":

1. 名片不要随意涂改

有些人喜欢在自己的名片上信手涂鸦,但是,如果在和客户(尤其是外国客户)打交道时,你最好不要给他涂鸦过的名片。因为这样会使对方觉得你没有礼貌,很粗俗,从而对你的第一印象大减分数。

2. 名片上不要印私人号码

在正式的交往中,尤其是商务交往中,往往最讲究公私分别,名片上有办公室电话号码、总机号码即可,最好不要提供私人住宅号码,而且通常也不提供手机号码,因为这是一种人的自我保护需要,也是借以表示公私分别。

3. 名片上不要有两个以上的头衔

有些人喜欢在名片上印许多头衔,比如销售经理、名誉顾问、高级助理等,甚至有的人光头衔就十几个,这样虽然看上去很花哨,但是只会让客户觉得你华而不实,比较浮夸。如果你面对不同的客户要用不同的头衔,那么你不妨多印几套名片,与不同的人交换不同的名片。

名片如果做得好也可以吸引客户的注意力,下面我们就来具体介绍两个巧妙使用名片的案例。

有一位销售人员在给自己印名片的时候,在名片上设计了一个硬币的图案。每次当他拿出这张名片递给客户的时候,客户都会好奇地问:"这枚硬币是什么意思呢?"此时,那位销售人员就会笑着说:"硬币在我们那儿代表着运气,这也代表你我之间的缘分啊,能见面就是缘,当然,我也希望这次商谈能够给我们带来无尽的运气。"因此,每当他拿出这样的名片,都会给客户留下深刻的印象。

无独有偶,还有一位销售人员喜欢在自己的名片上醒目地印着"81030"这组数字。每当客户看到这组既不是电话号码也不是联络方式的数字时,就会问他:"这是什么号码呢?"而他解释说:"人类的平均寿命是74岁,而每个人一天要吃三顿饭,按照这个来计算,在74年中,我们要吃81030顿饭,所以我希望大家都能够吃够这么多饭啊!"后来一打听,原来他是一个推销人寿保险的销售人员。而他就是以名片引起客户的注意,然后以此为话题,给客户留下了一个良好的第一印象,最终成为销售冠军。

由此可见,名片对销售人员的影响还是很大的,而以下就是一些交换名片的小技巧:

首先,在与客户见面时,不要过早地拿出自己的名片,在自我介绍完成之后,先观察客户的反应再决定是否交换名片。比如你的名字比较难记,你可以说:"×先生(女士/经理),我们第一次见面,不妨交换一下名片吧,我的名字比较拗口。"随后把你的名片递上去,客户就不好意思拒绝和你交换名片了。

在向客户告辞的时候可以说:"×先生(女士/经理),我要告辞了,我们交换一张名片吧,以后多联系。"

销售人员一定要避免生硬地对客户说:"您给我一张名片吧。"这样会显得你非常无礼,一旦遭到拒绝,还会让你变得很尴尬。

初次见面,互通姓名和交换名片是很正常的事,而交换名片的过程也是有规矩的:

(1) 在交换名片时尽量使用名片夹,并放置于你的上衣口袋,一定不要放在裤子口袋中。

(2) 在自我介绍时,递名片应该用双手,微躬身子,恭敬地向客户递上名片。

(3) 当客户向你递出名片时,你应双手接过客户的名片,认真地浏览一遍之后慎重地收藏起来。

(4) 遇到比较生僻的姓名时要向对方请教,不过要注意技巧。

(5) 当对方是两个人以上时,你应按职位高低将名片排好收起,并且按照顺序递出名片。

(6) 若名片放在桌上没有收起,应在交谈结束之后慎重地收起名片并向对方点头示意。

或许有很多销售人员会碰到这种情况:当你把名片递给客户之后,客

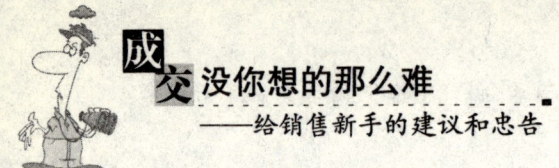

成交没你想的那么难
——给销售新手的建议和忠告

户却没有交换名片的意思,那么,该如何向对方索要名片,即保证能要到名片,又不能让自己显得尴尬呢?有四种方法介绍给你:

1. 交换法

当你把名片递给客户时可以说:"×先生,我们来交换一下名片吧。"这样对方就会把他的名片递给你。这就是最常见的交易法。

2. 激将法

在商务场合总是会发生这样的情况,就是当你把名片递给客户之后,客户并不了解你,也不摸你的底,只是淡淡地说一句谢谢,然后就没有了下文。此时你可以采取"激将法",当你把名片递给他的时候,可以寒暄一下说:"×先生,不知道是否有幸和您交换一下名片?"这时,你将他一军,他也不忍落了你的面子,便不会生硬地拒绝你,因为这不符合常理。

3. 谦恭法

这种办法主要是面对尊长、名人或者大客户和VIP客户时使用的,在递给对方名片时可以说:"×先生,认识您十分荣幸,我刚才听到别人谈论您的创业史,我十分钦佩您,不知道以后有没有机会向您请教?"

4. 平等法

这种办法一般是上级对下级、长辈对晚辈、平级对平级之间使用的,可以说:"你好,认识你十分荣幸,听说你是从事××行业,我自己也是这个行业的人,我想以后时常和你探讨一些问题,不知如何联系你?"这就是平等法。平等法和谦恭法最大的不同就是说话语气的不同。

除了用对方法之外,销售人员还应该多加练习取名片的动作。能够姿势优美地打开名片夹并把名片递给客户,就能给客户留下一个很专业的第一印象。销售人员不仅要在取名片时动作优雅迅速,在递给客户名片时也要流畅迅速,以双手奉上,方便客户取拿。在接过名片时也以双手取回,而且要落落大方地将自己公司的名字和自己的名字清楚准确地告诉客户。

自始至终,销售人员都要处于主动的位置,掌控整个场面,让双方交换名片的过程无比顺畅。在这样的引导下,你能给客户留下一个良好的第一印象。如果客户说自己没带名片,你要学会运用一定的技巧,设法让客户给你留下电话号码或者从其他地方获取其名片。

第四章

做销售如何激发客户对产品的兴趣?

在销售的过程中,销售人员不可能占用潜在客户很多的时间。所以此时,你就要在最初的几分钟吸引客户,通过一些令客户好奇的话语或者问题来吸引住客户,而后你就可以展开你的推销了。要记住,你能够在多大程度上激起客户的兴趣,将会决定你的销售过程是就此打住还是继续进行。

第四章 做销售如何激发客户对产品的兴趣？

销售首先是激发客户兴趣

销售人员在与客户达成交易之前所作的一切努力都属于经验的积累。将这些经验按照不同的阶段进行归类，可分为引发兴趣、发现需求和展示方案三大类。

销售人员在与客户达成交易之前所作的一切努力都属于经验的积累。将这些经验按照不同的阶段进行归类，可分为引发兴趣、发现需求和展示方案三大类。

首先是引发兴趣，在与客户进行第一次沟通的时候，销售人员应该明白几乎没有在第一次通话中便达成交易的情况，而他们之所以与客户进行这样的沟通，只是为了获得进一步深谈的机会。所以，第一次的电话沟通目的在于约见客户，使之加入到整个销售大谈判的会议中。销售人员根据不同的客户来调整自己的话语，但是万变不离其宗，要想方设法让自己的话语变成"饵"吊起潜在客户的胃口，让他们感到前所未有的新奇，让他们体味到销售人员欲说还休般的话语中的价值，让他们将自己的具体情况与销售人员的话语进行对比，或许这个过程只是一瞬间，但是从客观意义上来说，这已经是可以燎原的星星之火了。

其次是发现需求，销售人员要将自身所有的感官细胞都唤醒，使它们在与客户的交谈中进行多方面的试探。在切入正式话题前要进行一段磨合交流，切忌单刀直入地将话题转向对客户需求的询问上，否则不但会让客户心生戒备，甚至会引起逆反心理和语言抵触。在发现需求的过程中，销售人员可以尝试着与客户建立共同话题，比如说从日常生活中的财务问题谈起等，然后根据具体情况将泛化的话题变成个别问题，向客户需求逐步靠拢。

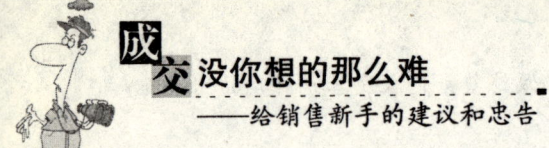

最后是展示方案，顾名思义展示方案即在获得客户认可的基础上进行的深层交流，在这个层次上会谈及有关产品的一些具体情况。主要包括介绍、发现、价值定位等。

这三个关键的步骤在现场销售和电话推销中都非常实用，销售人员用层层递进的方式来发现潜在客户是否对产品有需求，探究他们需求的紧迫度，同时还要摸清对方是否具备决策权，如果对方不具备决策权，那么则需要找出真正的决策者。

激发客户兴趣只需一分钟

大的销售成就往往是由小的成功积累而成，如果你能够一直吸引客户的注意力，那么你就可以获得更多的推销机会。

激发人们的好奇心十分简单。事实上，引起人们好奇的最简单办法就是一句话："你猜怎么着？"事实上，每个听你这么说的人大都会转过身，停下自己手头的工作，然后对你说："怎么了？"就这么简单，他人的好奇心被你激发起来了。而此时，他们的注意力全部集中在你身上。

其实通过问一些简单的问题也可以达到类似的效果。比如说："我可以问您一个问题吗？"此时对方如果给你一个肯定的答复，他就已经好奇你要问他什么了。你不妨亲自试一试，走上去对一个人说："我可以问您一个问题吗？"这个问题会让对方停下手头的工作来注意你，因为他本能地会好奇你会问什么。

在销售的过程中，销售人员不可能占用潜在客户很多的时间。所以此时，你就要在最初的几分钟吸引客户，通过一些令客户好奇的话语或者问题来吸引住客户，而后你就可以展开你的推销了。要记住，你能够在多大程度上激起客户的兴趣，将会决定你的销售过程是就此打住还是继续进行。

第四章 做销售如何激发客户对产品的兴趣？

激起客户的兴趣只需要一分钟，但是它会给你一个机会去建立一个可能维持一生的关系。

这一点十分重要，因为大的销售成就往往是由小的成功积累而成，如果你能够一直吸引客户的注意力，那么你就可以获得更多的推销机会。举个例子，有一位金牌销售人员在探寻客户的需求之前总是会说："我可以就您当前的……情况问一些问题吗？"同样的，这位金牌销售在每次提建议之前也会说："您想了解我的一些建议吗？"他会用提问贯穿整个销售过程，这个小技巧比单刀直入向客户推销有效得多。

需要说明的是，在销售过程中，销售人员可以利用客户的好奇心，但并不是要操纵他人。恰恰相反，提出问题以得到客户的许可不仅仅是一种礼貌，更代表你对客户的体贴，并且尊重他们的需求。设想一下，客户怎么会不喜欢尊重他们空间和时间的人？

怎样引起潜在客户的兴趣

如果你能使潜在客户感兴趣，你将能发掘更多的新客户，发现更多的需求，传输更多的价值，达成更多的目标，因此，你的销售业绩将会大幅增长。

好奇心是人类一种非常强烈的感情，同时也是推动销售进程的催化剂。但在销售过程中仍然存在下列问题：怎样引起潜在客户的兴趣？

事实上，诱导好奇心的因素共有五个，专家把它们称为好奇心诱导因素，这五个因素分别是：煽动性问题、部分信息、价值展示、新奇性及推动力。

1. 煽动性问题

煽动性问题（和煽动性陈述）旨在引起人们的兴趣，促使人们想知道

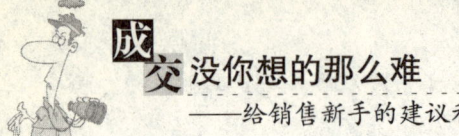

为什么你要如此问或如此说。前面我们曾经指出,抓住别人的时间和引起其关注的最简单方法是问:"你猜怎么着?"这就是煽动性问题的实例,能够促使人们想去了解"是什么"。同样当你问"我能问你一个问题吗"时,也会产生同样的效果,无论是谁都一定会回答"可以",但同时他们也开始猜测你准备问什么。这是人的本性。

其实除了在销售初期引起客户的兴趣以外,在随后的销售过程中也有很多机会利用煽动性问题和陈述来引导潜在客户作出有利决定,这样的例子数不胜数。

2. 部分信息

一些销售人员总是喜欢花费大量时间,试图去满足潜在客户的好奇心,却不花费时间去引起客户的好奇心。他们仅仅设想价值在于其所提供的信息,所以总是费尽口舌地介绍其公司和产品的特色及价值。

但是,如果你赞成好奇心是打开销售局面的关键,那么满足潜在客户的好奇心就会削弱促成进一步联系的动力。想一想,如果你所呼叫的潜在客户已经有了他们需要的所有信息,那么他们根本没有必要与你会面。同样,如果潜在客户在初次见面时对你不感兴趣,那么就没有必要进行下一步的介绍了。因为他们可能已经获得了所有想要的信息。

普通销售人员试图满足潜在客户的好奇心,顶尖销售人员试图引起潜在客户更大的好奇心。

如果希望你的客户有深入了解信息的愿望,那么你就不要预先告诉他们你所知道的一切信息,你必须学会吊足他们的胃口。也就是,分享足够信息引起他们的兴趣并与你交流价值,但要把握好尺度,不能削弱促使客户向下一步销售进程迈进的动力。

来看看使用部分信息使潜在客户感兴趣的例子:

销售人员:"李先生,您好,我们的工程师前几天对您的内部系统做了一系列测试,发现您的系统存在严重的漏洞。"

客户:"什么漏洞?"

如果有人告诉你你的电脑存在严重的漏洞,你会不感兴趣吗?答案是你会感兴趣的;在此情况下,你会想要了解更多。一旦引起了客户的关

注,你就可以通过问另外的问题适当调整谈话。

销售人员:"在研究您的内部系统的过程中,我们发现您的防火墙出现了严重的漏洞。但好消息是,我们有了解决方案。您能和我们讨论该问题并找出最佳的解决方案吗?"

部分信息在销售过程后期也是一种非常有效的策略。好奇心能促使潜在客户参加介绍会,也能使决策者坐在谈判桌边——规划采购细节。如果你想达成交易,你可以这样说:"王女士,您好,几周前我们向贵方就即将开展的项目提交了一份方案。如果我们的方案能够使贵方在三个月内提升20%的生产率,您愿意见面与我们详谈采购细节吗?"

这时客户可能会说:"对不起,我们还没有这个想法。"但是过了几天,他们可能又会说:"当然可以。"事实上,大多数潜在客户都会说"可以",因为他们想对"特殊刺激"了解更多。记住,此处你并非要求对方一定购买你的产品,你仅仅是在询问潜在客户是否愿意坐下来讨论一些对双方都有益的事情。

一些销售人员对"部分信息"的概念提出了质疑:他们担心保留一些信息会违背整体性或看上去不专业。如果你有类似想法,那么你试想一下:你与一位陌生客户的最初交流通常会持续多长时间?5分钟、10分钟还是15分钟?潜在客户很忙,事实上对于销售人员来说,不可能在如此有限的时间内清晰表达出其方案的价值。你不可能在一次会面或销售电话中覆盖所有特色、价值、成本比较、配置细节、升级选择、支持选择和保修信息等。因此,销售人员总是倾向于采取部分信息的传达方式,无论是否喜欢这种方式。现在的问题是,你所说的能满足潜在客户的好奇心吗?或能使潜在客户想了解更多吗?

采用传达部分信息引起客户兴趣需要注意的一点是:切忌表达含糊不清。潜在客户会把太过含糊的信息视为欺诈或不重要的信息。

3. 价值展示

另一种引起客户兴趣的方法是采用"价值展示"。这是一种很好的策略,因为在潜在客户面前展示有价值的利益,会促使他们想了解更多信息。当然,如果他们要求更多信息,你就达到了主要目的。你已经引起潜

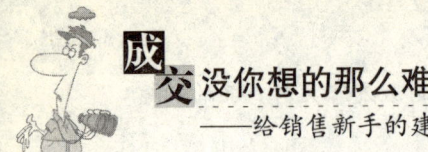

在客户的足够兴趣来邀请你进一步讨论其需求与你的方案之间的吻合度。这种方法实际上结合了煽动性问题和部分信息的方式,向潜在客户展示他们也可获得的价值。此类例子很多,此处仅列出几例:

"客户先生,您好,如果我们的产品能使您公司节约20%的采购成本。您愿意看一看演示吗?"

"只需要您的投资策略做一点点改变,您的回报就会大幅增长,您愿意听我详细介绍一下吗?"

"其他客户通过我们的产品,已经节省了大量费用,您想知道他们节约了多少吗?"

多向客户谈一些价值展示!谁不想了解如何节省采购费用或增加投资回报呢?销售人员在适当的时候一旦问到其中任何一个问题,大多数潜在客户会做出本能反应,想了解更多信息。那么,你就有了感兴趣的客户愿意为你花费时间。

4. 新奇性

新事物总是令人兴奋的,人们总是想"一探究竟"。更重要的是,他们不想落伍。也许这可以解释为什么潜在客户和客户对于新产品和即将发布的公告信息总是不满足,同样,这也为你提供了约见潜在客户(或重新约见老客户)的机遇。谈话范例如下:

"王先生,您好,我们在过去5个月中发布了27个公告,其中5个会直接影响贵方的业务,因此我想知道您是否愿意了解形势。"

如果新公告与潜在客户的业务相关,上述做法当然行得通。如果潜在客户愿意签署保密协议,你可以通过与其分享未来计划,使该诱导行为变得更具独特性。那么假如你的产品确实对其业务有价值,他们如何得知呢?答案是,通过更深层次的讨论,了解客户需求和你的方案之间的吻合度。

5. 推动力

最后但很重要的一点是,推动力是一个极有影响力的兴趣诱导因素。销售人员可借助推动力抓住潜在客户的时间和注意力。在销售中你可以试着说:"坦白说来,客户先生,我们已经找到解决贵方行业中许多客户目前面临的一系列具体问题的解决方法。"

第四章 做销售如何激发客户对产品的兴趣？

潜在客户会问："什么问题？"

当潜在客户听到你能解决一系列具体业务问题时，他们当然想知道是什么问题及如何解决问题。恭喜你，你成功了！

销售是一种创造行为。显然，单个销售人员必须使自己与众不同，因为你的同行也在为争取潜在客户的时间和关注而努力着。突出自己的最有效方法之一就是引起客户的兴趣。如果你能使潜在客户感兴趣，你将能发掘更多的新客户，发现更多的需求，传输更多的价值，达成更多的目标，因此，你的销售业绩将会大幅增长。但是这一切是建立在合适的好奇心策略之上的。

使某人感兴趣并非销售过程的终点。相反，它只是起点——因为好奇心将帮你确保拥有潜在客户的时间和注意力，以便你建立起客户信任感，发现其需求，展示方案并将向有利于客户做出采购决策的方向推进。

通过邮件激发客户好奇心

作为一名销售人员，你在发送邮件时，千万不要认为自己发的是一封"广告"或者是推销信。销售人员应该发一封有着重要信息和极具价值文件的邮件。

大多数销售人员都认为电子邮件是很平常的一个工具。其实这种看法是错误的，因为他们陷入了一个误区：只是将邮件视为一种销售工具，可以使其轻易联系到客户和潜在客户。

在他们的脑海中，他们利用电子邮件要做的事情只有一件，那就是不断发送邮件，然后邮件自动送达客户的邮箱中。但是，你是否想过，你可以给客户发送邮件，你的竞争对手自然也可以。这就意味着你的客户和潜在客户每天都会收到很多邮件。而对于一些大客户来说，一天收到几十上

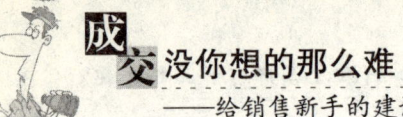

百封邮件毫不稀奇。然后客户此时就会对邮件进行筛选，选择真正对他们有用的信息，把他们认为无用的邮件直接扔进垃圾箱。那么，如何才能避免你的邮件被扔进垃圾箱呢？

作为一名销售人员，你在发送邮件时，千万不要认为自己发的是一封"广告"或者是推销信。销售人员应该发一封有着重要信息和极具价值文件的邮件。所以，你若希望你的客户能够去阅读它，无论是什么时间，都不要忽视你这封邮件。而此时，你就需要对你的邮件进行一些"包装"，通过邮件激发客户的好奇心，然后客户会增强对你的关注，最终和你进行交易。

当你向潜在客户、客户或合作伙伴发送电子邮件后，他们通常会先将信息下载到个人电脑中再查看。然后以列表的方式显示这些信息，标明信息时间和日期、信息发送人及主题。日期和发送人栏为自动生成，但"邮件主题"却为发件人提供了一个引起潜在客户兴趣的机会。

当客户阅读邮件时，你可以想象，他们会根据发件人和主题确定信息的阅读优先权。毫无疑问，那些看上去很重要或十分紧急的信息将会被首先查看，这些信息就能够很容易地引起客户的兴趣。

大多数销售人员在填写邮件主题栏时往往有一个坏习惯，他们会直接填写邮件具体内容是什么，这种做法并不聪明。如果你已经在邮件主题中写明了你的目的，将邮件内容告诉了收件人，那么他们为什么还要去阅读你的邮件呢？只看主题不是更简便吗？

此时，你不妨使用上文中学到的提问法，销售人员应该通过邮件主题来引发客户的潜在兴趣，引起他们的好奇心。因此，你要做的十分简单——撰写一个有吸引力的邮件主题，引起客户的兴趣并且促使他们打开邮件查看内容。例如，你可以这么写邮件主题——如果打开这封邮件，会发生什么呢？

大多数人看到这个标题都会立刻点击主题查看邮件正文，甚至有些人会因为你的标题有趣而第一个点开你的邮件。

除了提问法，你还要使自己的主题有创新性。能使你的信息具有煽动性的主题词组不胜枚举，此处列举了一些词组，可达到相同的效果。

两个问题……

进一步考虑后……

请帮忙……

请赐教……

关于王先生的几个……

上述每个主题词组都显得耐人寻味。这就是创新,比那些"今日推荐消息"、"您好李先生"之类的主题要有用得多。要记住,主题栏的唯一目的就在于引起收件人的兴趣并使之想打开信息查看。如同电话留言一样,这些邮件越有趣,客户就越想打开它们查看。这也就是报社在头版中央处印上大字标题想达到的效果。

夸张的吹嘘只会让客户反感

你知道多少,就说多少,不要不断地夸赞自己的产品。即使全世界最博学的人,也会有不知道的事情;即使全世界最优秀的产品,也会有不足之处。

在客户面前一味吹嘘自己的产品,只能使你成为一个失败的销售人员,因为吹嘘人人都会,客户并不会因为你的几句吹嘘就购买你的产品。对于你不知道或者不确定的事情,一定不要打保票,否则就是一种自欺欺人的行为。如果你对客户说一些产品本身并没有的功能,那么客户在日后使用产品的过程中终究会弄清楚你的话是真是假,如果因为图一时的销售业绩,就夸大产品的功能和价值,那么这势必会为以后的销售埋下一颗"定时炸弹",一旦产生纠纷,会给你带来无尽的麻烦。

李凯敏请自己的几位同学去吃意大利菜,不知道是因为运气好还是经济不景气的原因,那家餐馆的服务生各个笑容可掬,十分热情,服务也十

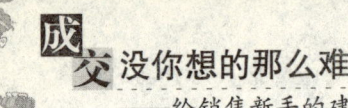
成交没你想的那么难
——给销售新手的建议和忠告

分周到。因为刚刚吃过早餐,所以大家都不是很饿,于是决定直接点主菜。负责帮他们点菜的服务生热情地说:"要不要先来个开胃甜点呢?我们这儿的沙拉、橄榄和蒜香面包做得都不错!"李凯敏说大家刚吃过早餐不是很饿,所以直接点主菜就可以。于是他们一边喝饮料一边等着上菜,等菜上完之后服务生又说:"几位要不要再添一些饮料?"

在主菜过后,这位服务生又来问:"您需要不需要一些甜点和咖啡?"此时李凯敏和朋友们已经有些反感了,因为服务生一而再再而三的推销让他们没有办法好好说话,只能听他介绍自己的菜品多么多么好,让李凯敏一行人不胜其烦。无奈之下,李凯敏和朋友们草草地结账回家了。

任何一个产品,都存在着好的一面和不好的一面,作为销售人员,你应该站在客观的角度来看待自己的产品,仔细地帮助客户分析产品的优劣势,帮助客户"货比三家"。你知道多少,就说多少,不要不断地夸赞自己的产品。没人要求你是一本大百科全书。即使全世界最博学的人,也会有不知道的事情;即使全世界最优秀的产品,也会有不足之处。所以,坦白地承认你对某些事的无知,坦陈你推销的产品的某些缺点,绝对不是一种耻辱。相反,客户会觉得你诚实、不虚伪,会对你产生好感,从而增加购买的概率,产生购买欲,而此时,你离生意成功也就不远了。

强行推销只会赶跑客户

客户一进门,销售人员就面临着该不该向客户打招呼,在什么时候打招呼,用什么方式打招呼的问题。千万不要强行拉着客户推销,否则只能赶跑客户。

当今社会往往会有这样一种情况,一些老板、经理之类的成功人士往

第四章 做销售如何激发客户对产品的兴趣？

往会接到许多"骚扰电话"，他们一接到这样的电话就会皱起眉头，因为对方不是推销保险就是销售其他产品，这种不分场合、不分时间的促销方式是最被人们所讨厌的。这种强行推销的方式其实是在赶跑客户。

原一平被人们称为日本推销之神，在他50余年的保险生涯中他从不勉强任何客户投保，而这也是他最欣赏自己的地方。在谈到这一点时，原一平讲了这么一个故事：

有一次，我的一位客户问我："原一平先生，我们交往的时间已经不短了，您也给了我很多帮助，可是我一直不明白，您是做保险业务的，为什么我从来不曾听您向我介绍您推销的保险业务的详细内容？这是为什么呢？"

"这个问题嘛……"

"您为什么吞吞吐吐的？难道您对您的推销业绩并不关心吗？"

"这怎么可能，我就是为了做好我的本职工作才来经常拜访您啊！"

"那您为什么从来不向我介绍保险的详细内容呢？"

"坦白地告诉你吧，其实我最讨厌强人所难，所以我一向让客户自己决定什么时候投保，从保险的宗旨和观念上讲，硬逼着别人投保是错误的。再说，我认为真正的好保险是会吸引客户主动投保的，我没有感受到您的迫切需要，所以我也不好意思强行向您推销保险了。"

"嘿，您的想法可真特别，和其他的销售人员一点儿也不一样。"

"所以我对每一位客户都会连续不断地拜访，直到客户觉得自己需要投保为止。"

"那我觉得我应该投保了……"

"先别着急，在投保前还要做一个身体检查，在身体检查通过之后我们才可以进行合作，不过我有义务向您说明这份保险的具体内容，而您也可以询问我任何关于保险的问题。所以，请您先去做体检吧！"

"好的，我这就去体检。"

这就是原一平成功的秘诀——从不强迫客户购买自己的产品。而有的

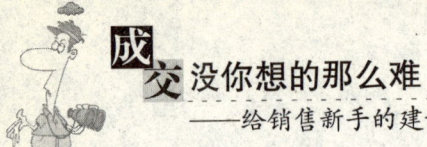
成交没你想的那么难
——给销售新手的建议和忠告

销售人员总是会忽视这一点，他们总是会用种种办法软磨硬泡地让客户购买产品，最后被客户不厌其烦地打发走，即使顾客勉强购买，也会留下许多中途解约的"后遗症"。这是很得不偿失的。销售人员应该设法使准客户对自己想推销的产品有一个正确的认识，在这之后再诱导他们自发前来购买，这才是推销的正确做法。

现在有很多商业繁华区的专卖店就存在着强行推销的情况，当客户进入店中时，蜂拥而上的销售人员会把本有心仔细逛一逛的客户吓跑。客户一进门，销售人员就面临着该不该向客户打招呼，在什么时候打招呼，用什么方式打招呼的问题。千万不要强行拉着客户推销，否则只能赶跑客户。为了避免强行推销，销售人员应该注意以下几点：

1. 分析客户不同的目的

不同的客户有不同的目的，有的客户专程来购买你的产品，有的是来看一看你这里有没有某产品。对于这两类客户，销售人员都应该主动迎上去打招呼。还有一些来随便闲逛的客户，他们是抱着有合适的就买，没有合适的就不买的心理。对于这种客户，销售人员只需要礼貌地微笑，说一声欢迎光临即可，不要热情地冲上去给客户介绍，因为这样反而会使客户觉得不自在。热情是优质服务的一种，但热情并不等同于优质服务。不恰当的优质服务反而会造成"笑脸驱赶"。

2. 掌握合适的时间

选择合适的时间跟客户打招呼是一门学问，招呼打得早了，客户会尴尬，招呼打得晚了，则会怠慢客户。有的商场就有固定的条例，销售人员应该什么时候主动向客户打招呼都有明文规定。如：当客户在柜台旁停留超过20秒时，销售人员应主动打招呼；当客户在店铺中寻找产品时，销售人员应主动打招呼；当客户触摸产品时，销售人员应主动打招呼；当客户之间互相议论产品时，销售人员应主动打招呼。这些都是与客户打招呼的良好时机，而具体的时间，还要销售人员自己把握，可以请教一些较为有经验的老销售，他们会十分乐意给你提供帮助的。

3. 运用得体的打招呼方式

大多数销售人员在向客户打招呼时都有固定的句式，比如："您要干

什么"、"您要什么?"、"您要买什么"、"您要看点儿什么",在上述问话中,第一种是十分不礼貌的,客户听了会莫名其妙;而第二种有一些谦卑和太过恭敬,也不合适;第三种则一下子把双方推到了买卖关系中,会使客户对销售人员产生戒备;只有第四种问话比较合适:一是表达了"您要看点儿什么,我就给您拿什么"的意思,尊重客户;二是让客户"看"并不是"买",虽然只是一字之差,但是会对客户的心理产生不一样的影响,当客户"看"时并没有什么心理负担,如果是"买",客户就会觉得看了就一定要买,进而产生一定的心理压力。

第五章

做销售如何先与客户交心再谈生意?

对于一位销售人员来说,在试图说服客户购买你的产品时,一定要避免心浮气躁或卑下怯懦,应该以平常心待之。当客户理解你的真心时,销售自然可以顺利往下进行。如果客户不理解或者不接受你的推销,那么你不妨换个角度做工作,直到获得客户的认可。也就是说,在推销产品时应以攻心为上策,先和客户交心,在获得客户好感之后再与客户谈生意。

第五章 做销售如何先与客户交心再谈生意？

先交心，后交易

只有对方信任你，才能理解你友好的动机；反之，如果对方对你怀有戒备，那么即使你发掘客户购买欲的动机是好的，也会经过"怀疑"的"过滤器"作用变成其他东西。

人本身就是一种情绪化的动物，而客户也不例外，大部分人的购买欲都是建立在情绪化的基础上的。而销售工作是建立在信息传递、情绪转变等感性基础上的。销售人员绝对不可以把消极的情绪传递给客户，因为这样做的结果只有两个：

第一，销售失败。

第二，给客户留下一个坏印象。

在说服客户购买你的产品时，最重要的就是取得客户的信任。社会心理学家认为，信任是人际沟通的"桥梁"。只有对方信任你，才能理解你友好的动机；反之，如果对方对你怀有戒备，那么即使你发掘客户购买欲的动机是好的，也会经过"怀疑"的"过滤器"作用变成其他东西。因此在发掘他人购买欲时，获得对方的信任是十分重要的。

有销售热忱才能有购买热忱。销售人员如果具备了"热忱"这一点，那么客户即使有再大的意见和抗拒也能被你轻松克服。无论接待什么样的客户，你都应尽可能去考虑会给客户留下什么样的印象。丧失热忱就如同丧失活力，郁郁寡欢的销售人员是无法成功的。

中国的传统文化自古就是伦理文化，而在"情理法"中，是"情"字当先。你或许听过这样一句话："先交朋友，后做生意。"事实也的确如此，只有先和对方建立良好的朋友关系，才能使双方合作愉快。

对于一位销售人员来说，在试图说服客户购买你的产品时，一定要避

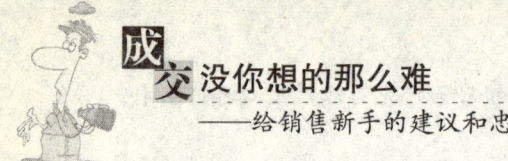

成交没你想的那么难
——给销售新手的建议和忠告

免心浮气躁或卑下怯懦，应该以平常心待之。当客户理解你的真心时，销售自然可以顺利往下进行。如果客户不理解或者不接受你的推销，那么你不妨换个角度做工作，直到获得客户的认可。也就是说，在推销产品时应以攻心为上策，先和客户交心，在获得客户好感之后再与客户谈生意。此时说出的话要比上来就平铺直叙地推销要更有说服力和冲击力。相反，如果销售人员心浮气躁，急于求成，那么只能让客户生厌，不但达不到自己的目的，也会失去客户对你的好感。

换言之，销售人员要以朋友的角色、关系和身份对客户进行多方位、立体化的服务。

那么建立在交易基础上的朋友又有什么定义呢？其实，"朋友"指的就是彼此有交情的人。销售人员通过与客户交心，把客户从上帝、购买者的身份转变为朋友的关系。日本的商场就十分倡导销售人员与客户建立朋友的关系，为客户进行"人性化、亲情化、个性化"的服务，成为客户的真心朋友、购物顾问和参谋。无论是在售前、售中还是售后，销售人员的态度应该从一而终，从而达到"以客户为中心，让客户在购物中感到愉快"的目标。而达到了这样的目标，销售人员也就能轻易地开发客户的购买欲了。

对于一名销售人员来说，一切都是为了说服客户购买你的产品。然而，要想让客户和你做成生意，除了为客户创造更多他们所认同的价值之外，更要真诚地对待客户，与客户成为"交心的朋友"。把销售人员与客户之间的关系看作是普通朋友之间的关系，只有真诚才是建立良好关系的关键。只有真诚地对待客户，才能更透彻、更全面、更深层地来了解客户的需求与偏好，从而更容易达到发掘客户购买欲，最终购买你的产品的目的。

从某种意义上来讲，当销售人员和客户之间感情融洽，销售人员与客户心灵相通时，销售人员才能在和谐的气氛中使自己的话更具有说服力，由此才能更好地推销产品。即使是双方第一次见面，销售人员也可以找到双方的共同点来使客户成为自己的朋友，有了这一层关系，就等于为你铺好了人际关系网，做起工作来也会得心应手，发掘客户的购买欲也更加简

单了。

要记住,当你第一次与客户联系时,就应该把自己当作客户的合作伙伴。暂且忘掉你卖产品的目的,要把自己当作是为客户解决困难而来的。你要把客户当作自己的朋友,把客户的问题当成自己的问题。作为一名销售人员,你首先推销的并非是产品,而是你自己。如果你连自己都推销不出去,那么又如何让客户对你的产品产生购买欲呢?

销售人员一定要清楚,在与客户交往的过程中,你代表的不仅仅是你自己,还有你背后的整个公司。你要把客户的挑战看作你的挑战,客户的目标看作你的目标,与客户患难与共,最重要的是帮他们摆脱困难。甚至对那些根本不打算购买你公司产品的客户投去关爱的目光,因为他们都是你潜在的客户,说不定哪天就会有生意上门,你不应忽视他们。

有一位做保险的销售人员曾坦言,他之所以能够常年保持非常好的业绩,拥有上百位客户,而且客户数量一直在飞速地增加,就是因为客户很信任他,常常为他介绍新的客户。他经常和客户交流,与客户建立了很好的私人友情,他经常和客户一起出去郊游、爬山、聚会,关系十分融洽。当然,在客户有困难时他也会积极主动地为客户提供帮助。

对于所有的销售人员来说,说服客户购买自己的产品是最终的目的,而在进行推销之前,先交心后交易的方法不失是一种发掘客户购买欲的好办法。

真诚是说服客户的最好武器

成功的销售人员和失败者最主要的区别就是:"前者十分真诚,他们总是让客户亲自感受到产品的魅力。"

真诚是销售人员说服客户的最好武器,而拿出实际行动是证明自己诚

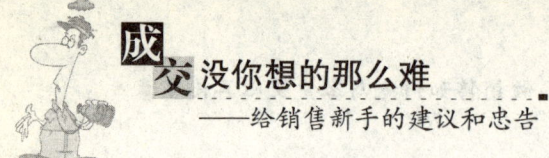

成交没你想的那么难
——给销售新手的建议和忠告

意的最好办法。从长远来看,谁不真诚,谁就是在埋葬自己的前途。

有句话说得好,"让事实说话",没错,用事实说话是说服客户最好的方法,而亲自将产品的用途演示给客户看会使客户获得一种安全感,会增强他们对销售人员和产品的信任。

有位客户想买车,销售人员对他说:"我们的这款车,采用的是德国的发动机、日本的电子设备、英国的设计、中国的外壳,还使用了高级弹簧和合金材料,而且大多数零件都是德国母公司自己生产的,质量信得过。启动快、耗油少、质量好,而且驾乘感受特别舒服。"

客户听完了他的这番介绍却无动于衷,因为类似的介绍他已经听得太多。此时,另外一个汽车品牌的销售人员直接开来了一辆车,邀请这位客户亲自试驾。

二十分钟后,客户满意地签订了购买协议,而在这之前,那位销售人员只说了一句话:"这辆车的性价比很高,同类车中绝对没有比它更便宜的了,怎么样?"

此时,这位客户早已经体验过这辆车的特点,又被销售人员的那句话说得心动,所以立刻毫不犹豫地选择购买这款车。

"一定要与客户搞好关系。"这句话是很多销售培训课反复向学员灌输的"金科玉律"。优秀的销售人员与客户联系密切,总会跟客户出去吃吃饭、打打高尔夫、拉拉家常。这看起来十分容易,但是为什么一些销售人员可以约到许多客户拉家常,而有的销售人员连客户的门都进不去?成功的销售人员是个体魅力太出众还是会拍客户的马屁?抑或是会在关键时刻打动客户的心?

德国罗伊特林根的欧洲商学院就此进行过调查研究,他们发现,之所以会出现上述情况,与之前说的几点原因毫无关系。成功的销售人员和失败者最主要的区别就是:"前者十分真诚,他们总是让客户亲自感受到产品的魅力。"欧洲商学院教授市场营销与电子商务学的马尔科·施梅尔教授说:"顶尖销售人员根本不靠夸大产品性能来笼络客户。因为他们在意的

不是想方设法立刻把产品卖出去,而是留住客户。成功的销售人员特别注意树立口碑,让客户乐于把他们推荐给别人。"

安德烈·布博尔茨赞十分赞同马尔科·施梅尔教授的结论。这位机械工程师有六年主管及百年历史的弗伦德尔公司在德国和北欧的产品销售的经验。他说:"一旦我们无法按约定日期交货,我就会尽快通知客户。否则客户也会陷入困境,而他会记住吃了我们的亏。从长远看,谁不诚实,谁就在葬送自己的前途。"弗伦德尔公司的激励制度十分有助于帮助销售人员建立战略性眼光,在那里,销售人员的提成不取决于每个月个人的销售业绩,而是取决于整个公司的业绩。而这家公司在很大程度上是靠着良好的信誉生存的。因为"一锤子买卖"谁都会做,但是这对公司只能是有害无益。根据研究表明,优秀的销售人员所做的工作远比其岗位职责上规定得多。对此,马尔科·施梅尔教授说:"顶尖销售人员清楚竞争对手的打算,主动了解目标客户群的情况。此外,他们懂得以不同的方法吸引不同的客户,而主动展示产品的性能,便是其中一种。"

把自己当作客户

要想说服客户购买你的产品,就要学会换位思考,把自己当作客户,设身处地地为对方想一想,从而使客户对你产生一种"自己人"的感觉。

销售人员要设身处地地为客户着想,客户有什么问题,你就要及时帮客户解决。除此之外,如果客户有什么需求,你就要立刻采取行动,帮他挑选最合适的解决方案。比如客户需要一辆中档轿车,那么你就不要向他介绍奔驰和宝马;如果客户想要一款省油的汽车,那么你就向客户介绍几款省油的汽车,让客户做选择。当你明白客户的需求之后,千万不要拖延,立刻行动,因为说不定客户就会改变主意。即使不是这样,你的拖延

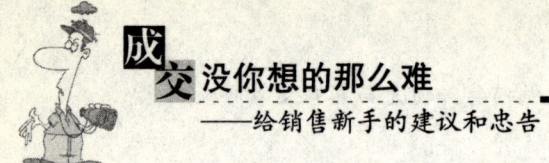

成交没你想的那么难
——给销售新手的建议和忠告

也会让客户感到不耐烦,从而拒绝购买。"趁热打铁"是销售过程中最好的营销策略。所有人都关心自己的利益,从这个方面入手,往往会事半功倍。

例如,一些楼盘的业主在出租的时候要求超高的租金,但是那些准租客却不能接受,于是谈判开始僵持。这时一位中介人员如果要说服业主就应该向他解释,租金太高,可能会租不出,让房产空得太久,最终得不偿失。这就是站在业主的角度说话。反过来如果你对业主说,太高的房租会让租客压力太大,周转困难,那么你就是从租客的利益来出发,是无法说服业主的。

在日常推销中,很多销售人员喜欢把说话的重点放在夸赞自己的产品之上,忽视对客户利益的考虑,不把对方的需要强调到应有的地位,无法使自己的产品和对方的需求联系起来,结果推销失败。而他们之所以失败的原因就是因为他们没有重视客户的需求,作为一名销售人员,你要记住:客户最注意的并非你的产品如何优秀,而是你的产品是否能够满足他们的需求。只有抓住这一点,你才能成功地发掘客户的购买欲。

有一次,某国一家公司与我国某家企业商谈合资经营的问题,他们在谈判刚开始时就开始夸耀自己的技术和实力,并且漫天要价,一点儿也没有顾及我国企业的利益。在这种情况下,我国企业的一位管理层人员在一次发言中给了对方一个沉重的打击,他说:"我们中国是一个历史悠久的国家,早在一千多年前,我们的祖先就已经发明了指南针、造纸术、印刷术和火药,并且把这四项技术无偿地贡献给了全人类,作为他们的子孙后代,我们从来没有埋怨过他们不要专利权。而现在,我们中国在和各国的经济合作中,并不要求各国无偿把专利让我们使用,只要价格合理,我们一分钱都不会少给,但是如果对方漫天要价,那么我们也不在乎换一个合作对象。"这场不卑不亢的精彩发言赢得了对方的赞赏,促使这家外国公司在以后的谈判中给出了一个十分合理的价格,双方也由此达成了合作协议。

第五章 做销售如何先与客户交心再谈生意？

这个故事告诉我们：要想在销售过程中说服客户，就必须要站在对方的角度上为对方的利益考虑。简而言之就是人们通常所说的将心比心，要学会设身处地地为对方着想。顶尖的销售人员都明白这个道理。

乔·吉拉德是美国著名的汽车推销大王，他曾经在推销过程中对将心比心这个道理有过深刻的体验。

有一次一位客户向他买车，吉拉德向这位客户推荐了一款新型汽车，而那位客户也对这辆车十分满意，并掏出10万美元准备购买。眼看着这笔生意就要完成了，可是对方却忽然离去。

为此，吉拉德都闷了一个下午，他不知道对方为什么突然离去。到了那天晚上，他实在忍不住自己的疑惑，打了一个电话给那位客户："您好，我是吉拉德，今天下午我向您介绍了一款新车，您已经把钱掏出来了，为什么突然走了呢？"

"喂，你知道现在已经几点了吗？"

"实在抱歉，我知道现在已经是凌晨了，但是我检讨了整整一个下午和一个晚上，我实在想不出我究竟哪里做错了，所以特地给您打一个电话，希望您能指点我的疑惑。"

"你说的是真的吗？"

"当然，这是我的肺腑之言。"

"非常好，你有用心在听我说话吗？"

"我非常用心。"

"但是你今天白天根本没有认真听我说话。就在我填写购车单时，我提到了我的儿子即将进入哈佛大学念书，而且还提到我儿子的学习成绩十分优秀。但是你呢，却毫无反应！我儿子是我最大的骄傲，但是你却没有一点儿赞叹的话语，这让我很失望，因为你没有认真听我说话。"

吉拉德确实不记得对方说过这样一番话，因为当时他并没有注意。吉拉德认为生意已经谈成了，他当时并不在乎对方说什么，而是在听办公室另外一位同事讲笑话。

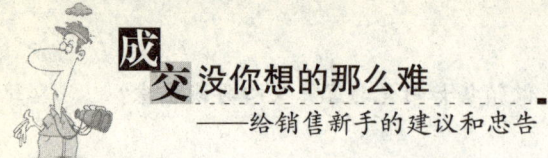
成交 没你想的那么难
——给销售新手的建议和忠告

这就是吉拉德失败的原因：那个人除了买车，更需要他人对自己儿子的称赞。但是吉拉德却并不明白这一点。他当时只是想当然地认为"已经成交了"。这又怎么可能会不失败呢？对吉拉德来说，对客户的儿子称赞几句根本就是顺嘴的事情，但是他却没有意识到这些脱口即出的话对客户的重要性。在销售过程中，想要将他人说服，就必须善于站在对方的角度考虑问题，只有这样才能达到你推销的目的：交易成功。

还有一个故事：

在一个家电商城有一位年轻的销售人员正在陪着一位中年妇女挑选电视机，他们几乎把店内所有牌子不同型号的电视机都看过了，但是这位客户还是不打算购买。此时，销售人员并没有催着客户选择，而是不急不躁地与这位妇女说起了家常，从中了解到她家中有一个瘫痪的婆婆，每天卧病在床，所以这位妇女想给她婆婆买一台电视机解闷。既然如此，这位妇女为什么还"举棋不定"呢？原来，这位妇女有个心结：婆婆瘫痪这么多年每天都是靠收音机解闷，她好不容易攒了一千块钱，一下子就花掉了，值得吗？对此，这位销售人员一面表示同情，一面在心里想到：看来，就电视机谈电视机肯定是不能做成这笔生意了，要另想一个突破口。

想到这儿，销售人员开口道："大姐，您的孩子上学了吗？"客户回答说："再过两个月就要读小学了。"销售人员说："那我想您的孩子也需要一台电视机，因为他上了小学就要接触许多新的东西，而电视机是小孩子接触外界的一个十分便捷的窗口，如果有了电视机，不但您的婆婆可以解闷，您的孩子也可以多接触一些外界的知识，何乐而不为啊！"这番话朴实无华，但是却充满了动人之情，终于拨动了这位慈母孝媳的心弦，那位中年妇女高高兴兴地买走了一台电视机。

在这个案例当中，销售人员之所以能够成功地说服对方，就是因为他能站在那位客户的立场上想问题，使对方感觉到他的真诚和体谅，所以这位妇女才从犹豫不决转为决心购买电视机。在这里，这位销售人员正是运用了将心比心的销售办法成功说服了客户。

第五章 做销售如何先与客户交心再谈生意？

从上面两个案例中我们不难看出：对于一个销售人员来说，换个角度，从客户的利益出发，也许获得成功的概率会更大。

像专家一样介绍产品

如果你能掌握较为广博的知识，可以解答客户所有的问题，满足他们的所有需求，那么你自然可以激发客户的信心和购买欲。

对于销售人员所推销的产品，客户一般都会比较陌生。如果客户在向你询问问题时，你一问三不知，那么客户就会失去购买欲，从而导致生意失败。相反，如果你能掌握较为广博的知识，可以解答客户所有的问题，满足他们的所有需求，那么你自然可以激发客户的信心和购买欲。

有一位女士在一家奢侈品店看中了一件貂皮大衣，她不无忧虑地对销售人员说："这件衣服好看是好看，但是我怕被雨淋湿了会变形。"销售人员解释说："这是绝对不会的，您见过貂下雨天打伞吗？"于是，这笔生意就成交了。这位销售人员用自己的知识和幽默感轻松解除了客户的忧虑。

销售人员的知识素养大都集中体现于产品介绍中，从产品的品质、品种、等级、规格、花型、色泽、款式到产品的历史、故事、趣闻、差距等，面对这么多种类，销售人员难道要一一对客户介绍吗？答案当然是否定的，正确的做法应该是根据不同的产品、不同的客户做不同的介绍。具体来说要做到以下三点：

1. 根据不同的产品特点来介绍

产品按购买的方式不同可以分为日用产品、选购产品和特殊产品。日用消耗品一般价格较低，消耗比较快，不需要仔细挑选。人们对商标和厂家没有什么特别的偏好，通常会选择就近购买，属于习惯性日常购买。此

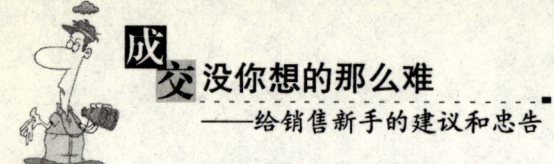

时销售人员不必仔细介绍产品,应该迅速地给客户取货算账,并且最好记住一些经常光顾的客户常买的东西,这样一来,客户一进门,你就可以招呼说:"您来了,还是老样子?"这样客户就会觉得心里十分感动。

选购产品一般是那些价格比较贵的,顾客对其款式、质量、价格比较重视,但是一旦喜欢就会毫不犹豫地购买,属于冲动型购买。此时销售人员应该抓住客户的瞬间心理,对产品的价格、质量和款式等情况进行介绍。

特殊产品就是为了满足消费者某些特殊爱好所订制的高档产品。客户对这种产品的厂家、品质、产地和产品的使用性能比较了解,在购买这类产品之前会做一个详细的计划,属于计划性购买。此时销售人员应该较为细致地对客户进行介绍,服务一定要细心而周到,即使知道客户一时不买也要热情地介绍,只有这样才能为客户以后来你这里购买打下基础。

除此之外,产品还可以根据其经济周期分为三类,即试销产品、畅销产品和滞销产品。销售人员对不同的产品介绍也不一样。对于试销产品,销售人员应突出"新"字,并借此宣传该厂家的其他优质产品,以名牌产品来带动新的产品。对于畅销商品,销售人员应该介绍畅销的行情,突出本产品的商标以及厂家,树立商品以及企业的市场形象。对于滞销商品,则应该突出介绍其物美价廉、性价比高等特点。

2. 根据客户固有的心理特点来介绍

所谓的固有心理,就是客户受年龄、性别、职业、阶层、民族等诸多要素所影响而形成的较为大众和稳定的心理特征。比如年轻人都喜欢猎奇,老年人都比较恋旧,女性大都喜欢砍价,男性比较重视质量;再比如同是女性,年轻的女性比较喜欢时尚活泼的产品,成熟一些的女性更喜欢稳重华贵一些的产品……这些心理其实都可以左右一位客户的购买心理。如果销售人员引导得好,就能使那些原本想要买的客户坚定购买的信心,让那些本来犹豫不决的客户做出购买的决定;如果引导得失败,就会使原本有坚定购买欲望的客户产生动摇,变得犹豫不决,让原本就犹豫不决的客户放弃购买。比如,在向年轻人推销衣物的时候应该着重介绍其款式新颖时尚,可以说:"这是今年最新款,特别流行。"而对于老年人则要介

绍其质量坚固、物美价廉。可以说:"这是老字号的产品了,质量有保证。"如果你向老年人介绍其款式新颖时尚,那么客户很有可能会立刻放弃购买。

3. 抓住客户的瞬间心理来介绍

客户除了会因为年龄、性别、职业、阶层、民族等诸多要素所影响产生固定的心理外,还会因为时间、地点、人物、环境等因素产生一些瞬间心理,它也有可能会使客户突然改变购买的决定。销售人员如果能抓住客户的这种瞬间心理,在推销时就会事半功倍。以下是抓住客户瞬间心理的几种方法:

(1) 提醒客户某个时间或者事件。这是十分简单的一种办法,如:"您看,这朵花是康乃馨,今天是母亲节,买一束回家给您的妈妈吧。"如果是外地的客户,你还可以说:"这是我们这里的特产,远近闻名,您出差来一趟不带一些给家人们品尝吗?"

(2) 分析客户的特点。通过分析客户自身的一些特点也可以创造这种瞬间心理,比如对一位身材高大的客户可以说:"您身材这么高大,不如买一件大号的衬衣来衬托您的身材,您身上这件有些小了,不如来我们这里看一看。"

(3) 引发客户的积极性。比如一件商品很多人都会买,那么周围的客户就会想:"这是什么东西呀,怎么这么多人买?肯定是有便宜可占。"此时销售人员不妨就抓住这种心理,吆喝几句:"快来看啊,来晚了就卖光啦。"把周围的客户都吸引到你的周围。这种方法对女客户尤为有效。

掌握客户知识最重要

在销售人员的知识体系当中,客户知识是最重要的。全面主动地了解客户相关信息可以帮助你在见到客户时有更多的话说,而且这些话往往也

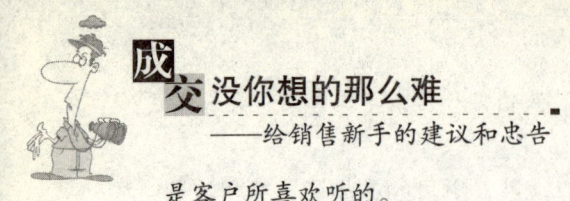

成交没你想的那么难
——给销售新手的建议和忠告

是客户所喜欢听的。

从某种意义上来讲，如果销售工作需要一定的天分，那么肯定有些人具备天分，而一些人缺乏天分。很显然，天分是无法强求的，但是销售人员却可以通过后天的勤奋学习来弥补自己缺乏的天分。那么，一名销售人员具体要学习一些什么呢？通过学习又可以获得什么样的知识和技巧呢？

销售人员要学习的知识很简单，自然是关于销售的知识。实际上，由于销售工作面对的是客户，所以在销售人员的知识构架中，排在第一位的应该是与客户相关的知识——你是否了解客户？你是否了解客户所在的公司以及他们所做的业务？每支销售队伍都有一些介绍自己公司和产品的资料，甚至他们每周都会开例会来熟悉自己的产品。但是每周开会了解客户公司和业务的销售队伍却并不多见。这种情况导致销售人员和客户之间的距离越来越远，有时候销售人员千方百计约到了客户，但是在和这位客户交流的时候却往往不知道说些什么，客户的业务和公司对这些销售人员来说十分陌生，最终导致生意失败。这种情况非常典型，究其原因就是由于销售人员不重视对客户知识的积累。

崔胜强是一位电脑工程师。有一次，他去拜访一家外企的副经理。这位副经理是他用了三个星期的时间软磨硬泡才约到的。但是当他站在这位副经理面前的时候，他突然觉得自己无话可说了。在开头寒暄了一句之后，他却不知道该如何进行下面的话题了，结果使气氛变得十分尴尬，自然，拜访也很快就结束了。见面的结果则是这位副经理对崔胜强的产品没有任何兴趣，更不要说购买了。

因此，在销售人员的知识体系当中，客户知识是最重要的。全面主动地了解客户相关信息可以帮助你在见到客户时有更多的话说，而且这些话往往也是客户所喜欢听的。因此，作为一名销售人员，首先要了解客户的知识，其次才是产品的知识和公司的知识。

销售人员承担着很多方面的职能，是企业经营的必备人才。因此，销

售人员必须要有旺盛的求知欲,善于学习并完善销售所需的必备知识。除了客户的知识,大体上还有以下几个方面的知识:

1. 企业知识

销售人员应该熟悉自身企业的历史以及企业在行业中的地位,除此之外还要学习企业的销售政策、商品的种类以及服务的项目、交货的方式、定价的策略、付款的条件以及售后服务等知识。

2. 产品知识

销售人员要了解商品的性能、价格、用途、用法、结构、维修以及管理等知识,同时还要了解与之竞争的产品的相关知识。

3. 决定权知识

销售人员应该了解客户群中谁具有决定权,以及具有决定权的人的动机和习惯、采购的方式、条件、时间等情况。不要在没有决策权的人身上下工夫。

有位销售人员和一个采购经办人沟通了十个月,但是一直没能达成交易。最后他了解到,采购大批设备的权力在总工程师的手里,那位采购人员根本没有决策权,后来这位销售人员改变策略,联系上了总工程师,最终做成了这笔生意。

4. 语言知识

销售人员应该掌握多种语言知识,包括普通话、方言以及外语等。语言是销售人员同客户交流的工具,对产品的成功推销有着重要的意义。

5. 风土人情知识

俗话说得好,"入境问禁,入乡随俗",销售人员的足迹遍布世界,所以必须要了解不同民族、不同地区乃至不同国家的风俗习惯,这样才能与各种各样的客户交往,取得他们的信任。这些关于风土人情的知识对于销售人员来说是一种无价之宝。销售人员接触的人越多,去过的地方越多,知识就越丰富,也就越有利于推销。例如,香港的居民大都比较信佛,他们十分忌讳"不吉利"的字眼,比如"四"的谐音就是"死","584"的谐音是"吾爸死"等。因此,香港市面上的汽车牌照、门牌号、商品名称乃至旅馆房号等都讲究避讳。

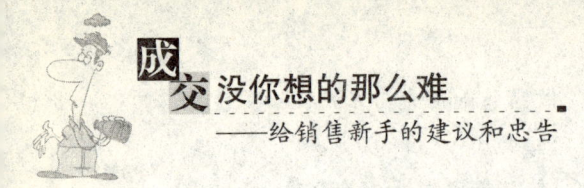

成交离不开适宜的说话方式和丰富的想象力

拿破仑曾说:"想象力支配全世界。"没错,想象力的确是上天赋予人类的一种武器。当你用想象力配合有技巧的语言时,你便可以栩栩如生地给客户描绘出购买你的产品获得的价值。

要想使你的产品介绍变得妙趣横生,最基本的准备工作就是注意你的声音,你对产品的陈述,你的魅力,皆始于声音。用适度的声音来向客户介绍产品会让人觉得你亲切随和,不会感到压抑,至少不会引起客户的反感。如果你的客户乐于听你的介绍,至少表示他开始对你的产品感兴趣了。

那么,你的声音究竟是什么样的?如何才能让自己最准确地了解到自己声音的特点?很简单,你只需要一个录音机。这是一种了解自我声音的好器材,你可以事先模拟推销,然后把自己的声音录下来,让自己听听是什么感觉。如果你觉得自己的声音充满自信和坚定,那么你就会比较容易打动客户,如果连你自己都觉得自己的声音有气无力或者尖声刺耳,那么最好先调整一下你的声音,做到让人听起来舒服为止。当然,你的声音不太可能达到播音员那样甜美动人,但是至少要让人们听起来不会皱起眉头。

无论在任何场合,你的声音都会透露你内心的情绪。你要注意自己的说话节奏,节奏快的话会让客户产生一种紧张和不安的感觉。如果你的声音过于低沉缓慢则会让客户觉得压抑不舒服。不过即使这样,也不要高声尖叫,那样只会让人觉得聒噪和反感。你必须以客户的语言来说话,话要说得清楚、明白、流畅,要让所有人都能听懂。如果在向一位学历不高的客户介绍时用了大量的英文单词,那么对方就有可能听不懂,进而会影响

销售的效果。客户甚至会认为你是有意炫耀，嘲笑自己，所以会对你产生厌恶。客户是绝对不会花费大量的时间来琢磨你话语中英文单词的含义的，如果你把这种习惯用于幽默中，那么更会让客户觉得莫名其妙，从而怀疑你的产品是否有你说的那么好。

除了声音以外，一个有趣的产品介绍还离不开丰富的想象力。拿破仑曾说："想象力支配全世界。"没错，想象力的确是上天赋予人类的一种武器。当你用想象力配合有技巧的语言时，你便可以栩栩如生地给客户描绘出购买你的产品获得的价值。要知道，产品是死的，而客户购买标准是活的，是可变通的，通过你的想象力，可以从不同的角度来改变标准。比如你是一位小型汽车的销售人员，但是购车的客户却喜欢另一品牌的大型汽车，此时你就可以说："您是喜欢那些愤世嫉俗、冷冰冰的大块头，还是喜欢小巧玲珑、充满迷人魅力的小家伙？"当您带着家人行驶在城市拥挤的道路上时，显然我们的汽车能让您更快捷、更灵巧地到达目的地并找到停车位。客户听到你的这句话，自然会运用自己的想象力来跟随你的思维描述去幻想，最终很有可能会改买小型车。当飞扬的想象力和幽默结合时，你的销售就已经天下无敌了。

第六章

做销售如何让客户感到满意？

销售其实就是销售人员与客户之间打的一场心理战，要想在这场战争中取胜，不仅要有大智大勇，还要善于从心理上找到客户的弱点，让对方心悦诚服，而互惠就是一种攻破他人心理防线的很好办法，你帮对方一个小忙，对方接受了你的帮助，自然也会在他们力所能及的范围内给你一定的回报，有时这些回报甚至是你意想不到的。

第六章 做销售如何让客户感到满意？

善用"情感营销"

在谈判之中，销售人员应该对客户表现出足够的理解和尊重，消除客户的抵触情绪，让彼此的感情升级，从陌生人变成真正的朋友，这样才能顺利地进行交易。

成功的营销离不开在推销过程中对客户的感情投资。感情投资分很多种，但是最有效的一种就是"投其所好"，首先你要对客户的喜好有所了解，这样你们相处起来才能变得融洽，而且也可以缩短你与客户之间的心理距离，有时甚至可以使有矛盾的双方化敌为友，让生意变得无比顺利。

隆巴顿先生是电力公司的销售人员，有一次，他看到一家农舍的房子浪宽敞明亮，于是他便上前敲门。当女主人邓布利多太太拉开门的时候，隆巴顿先生说明了自己的来意，但是邓布利多太太还没听完便不耐烦地把门"砰"的一声关上了。隆巴顿先生再三敲门，此时女主人邓布利多太太回应他的却是一连串破口大骂。

隆巴顿先生通过一些渠道了解到邓布利多太太养的母鸡很好，于是他立刻改变策略。当他再次来到邓布利多太太家门前时，他温和地对女主人说道："邓布利多太太，您好，真是非常不好意思打扰您，其实我今天并非是专程推销电力产品的，我只是听说您家养的母鸡很好，我想买一些鸡蛋。"

邓布利多太太此时把门打开了一点点，目不转睛地盯着隆巴顿先生，脸上充满了怀疑之色，于是隆巴顿先生继续说道："听说您家养的母鸡都特别健壮活泼，我家根本养不出来，养一只死一只。今天我太太想做一些蛋糕，您也知道，蛋糕最好用黄褐色的鸡蛋，用白色的鸡蛋会差好多，所

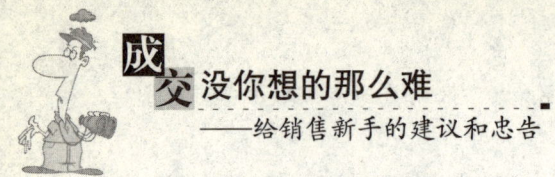

成交没你想的那么难
——给销售新手的建议和忠告

以我特地冒昧来向您求助了。"

邓布利多太太听完隆巴顿先生的话,脸上立刻露出了开心的笑容,她打开门请隆巴顿先生进入自己的院子,隆巴顿先生观察了一下院子里的设施,随后说:"亲爱的夫人,我相信您养鸡赚的钱一定比您丈夫赚的还多,天哪,这简直太完美了。"邓布利多太太听到这话就更加开心了,因为长期以来她养鸡都没有得到她先生的认可,难得今天遇到了一位"知音",于是她便主动邀请隆巴顿先生来参观自己的鸡舍,并向他传授自己的养鸡经验,在隆巴顿先生的有意引导下,谈话的内容很快就聊到了用电对于养鸡的好处。

两个人越聊越投机,半个月之后,隆巴顿先生所在的公司收到了邓布利多太太寄来的用电申请书,而此后,邓布利多太太周围的邻居也不断向电力公司提出用电申请。

从这个例子中我们不难看出,销售人员和客户之间的关系其实不是对立的,更不是此消彼长的,而是应该互利互惠的。因此在谈生意的时候,销售人员应该像对待老朋友一样对待客户。要亲切友好,不要因为客户一时的态度不好而斤斤计较,要把眼光放长远一些,使彼此的交往更加融洽。

在很多销售人员的思维中,与客户谈生意就是为了赚钱,双方会为一点儿蝇头小利而拼得你死我活。而事实上,相互争斗不但会伤了和气,还会使双方都蒙受损失。而友好的谈判则可以让双方在和谐的气氛中建立良好的关系。做生意最需要真诚,只有在彼此信任的氛围中才能取得好的结果。在谈判之中,销售人员应该对客户表现出足够的理解和尊重,消除客户的抵触情绪,让彼此的感情升级,从陌生人变成真正的朋友,这样才能顺利地进行交易。

乔·吉拉德是美国最著名的汽车销售人员,他平均一天就能卖出六辆汽车,是全世界很多推销员的偶像。下面是乔·吉拉德的一次推销经历:

有一天,乔·吉拉德像往常一样在汽车展销厅推销他的汽车。此时展

第六章 做销售如何让客户感到满意?

厅中进来了一位中年男士,他说他需要一辆福特轿车,最好是黑色的,因为他比较喜欢黑色,而且他的表哥也拥有一辆那样的车,看起来十分漂亮。而刚才在对面车行的时候,他们说没有现货,要等一个小时,所以他想先到处看看。这位男士还透露了一个信息:今天是他公司开业的日子,他希望把这辆车作为自己创业成功的礼物。

"哦,祝您生意兴旺,先生!"乔·吉拉德诚恳地对这位男士表示祝贺,随后又带这位男士到展厅中四处观察。乔·吉拉德先让这位男士看了一下车模型,随后自己出去了一趟,而后回来对这位男士说:"先生,您最喜欢的颜色是黑色吗?那现在我给您推荐一辆我们的新产品,希望您能喜欢。"刚说完这句话,一位女性工作人员捧着一束鲜花走来,随后乔·吉拉德满脸微笑地把花递给了这位男士并真诚地说:"祝您生意红火,开业顺利,先生!"中年男士大吃一惊,随后感动得眼圈都发红了。"我开始创业没有一个人为我庆祝,他们都认为我不会获得成功,所以没有一个人向我祝贺,没想到你们竟然会送我花,我太感动了。"这位男士激动地说。

"对面那位销售人员或许是看我穿着寒酸,认为我买不起福特车,所以对我不理不睬,而且告诉我没有现车,所以我才到你这里来,其实我也未必要买福特,你的雪佛兰也不错!"说完这句话,这位男士爽快地签订了购车协议。

这位男士之所以改变了购买福特车的意愿而去购买吉拉德的雪佛兰,正是被吉拉德的关怀所感动了。吉拉德推销成功的方式并非是花言巧语,而是巧妙地利用了客户的感情需要,因此顺利地促成了交易。

这就是著名的"情感营销",用客户不同的情感需要来做推销活动的出发点,根据情感需要来制定不同的推销方式。情感营销最注重的就是销售人员和客户之间的情感互动,而这种互动可以通过各种各样的方式来实现,比如联谊会、沙龙等。它最大的优点就是可以通过销售人员和客户之间的互动来增进双方对彼此的了解。销售人员通过交流和沟通可以了解到客户的感情需要,在了解之后销售人员就要去尽量满足这种需要,这样一来就可以让客户对你产生信任,推销也就可以顺利完成。

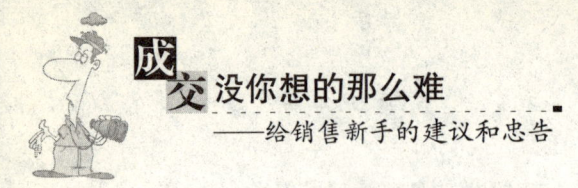

付出才会有回报

你想获得什么样的回报,往往不在于别人想要给你什么,而是你曾经给了对方什么,当你真心实意地为他人做了一些事,给他人带来了一些利益时,对方就会想方设法来报答你为他做的一切。

在现实生活中,很多人都对免费的商品或者是服务心存戒备,不会随便接受他人的馈赠,害怕其中有"阴谋"让自己吃亏。其实,这样的担心不无道理,这其实就是人们心中一种互惠的力量在"作祟"。对方给了你好处,你从心里觉得应该以同样的好处回报对方,如果不这样就会感到不安。

1985年墨西哥发生地震导致多人遇难,而在当时,有一笔5000美元的捐款引起了许多人的关注。因为这5000美元是当时世界上最多灾多难、最贫困的国家埃塞俄比亚捐助给墨西哥的。埃塞俄比亚在当时处于水深火热之中,1984年的干旱和内战将食物供应破坏殆尽,人民因疾病和饥饿成百上千地死去。在这种情况下,如果是墨西哥捐5000美元给埃塞俄比亚,这一点儿也不稀奇。但是当人们从报纸上看到一条简讯得知捐款人和受捐人正好相反时,大都惊讶得说不出话来。

有一位新闻记者也是一样和大家迷惑不解,因此便去寻找答案。他得到的回答令人惊讶:尽管埃塞俄比亚多灾多难,但是他们还是决定捐款给墨西哥,因为在1935年,当埃塞俄比亚受到侵略时,墨西哥曾经给埃塞俄比亚提供过帮助。大家得知这个情况之后都对埃塞俄比亚政府的义举肃然起敬。

第六章 做销售如何让客户感到满意？

这就是互惠的力量，中国人最讲究"礼尚往来"，如果一个人帮了我们一次忙，我们就会找机会帮他一次；如果一个人送了我们一份节日礼物，我们也会在下个节日回赠他礼物；如果一个朋友邀请我们参加他的家庭派对，我们在自己家里举行派对的时候也会去邀请他；如果一个朋友请我们去看场最新的电影，我们也会找个时间回请他看一场最新的电影。这些都是互惠效应的表现。

对于销售人员来说，如果能把这种效应巧妙地运用到销售中去，也能产生很积极的效果。你想获得什么样的回报，往往不在于别人想要给你什么，而是你曾经给了对方什么，当你真心实意地为他人做了一些事，给他人带来了一些利益时，对方就会想方设法来报答你为他做的一切。

一天，唐克斯先生接到一个电话，对方自称是煤气管道安全协会的服务人员，询问唐克斯先生是否愿意让人到他家进行一次煤气管道安全隐患检查，如果他肯接受，工作人员还会送他一个保温壶来答谢他的配合，而且这一切都是免费的。

唐克斯先生对此很有兴趣，他欣然同意对方来自己的家中检查，于是双方约好了第二天上午见面。

到了第二天，果然有一位小伙子来拜访唐克斯先生，他对唐克斯先生家中可能引起煤气泄漏的地方进行了仔细检查，还免费送给了唐克斯先生一个小巧的保温壶。在临走之前，他还给唐克斯先生全家讲了一些预防煤气中毒的常规知识，并对唐克斯先生家中的安全隐患做了一个评分。这位小伙子所做的一切让唐克斯先生感到十分满意和感激，觉得自己从中受益良多。

此时，这位小伙子话锋一转，告诉唐克斯先生，根据他家中的安全隐患，建议他购买一套家庭排气系统。全家人对此十分感兴趣，连忙问小伙子哪里可以买到，此时小伙子说："如果您真的需要，我可以免费帮您联系。"唐克斯先生说："哦，这可太感谢你了，我的孩子，我这就付账，真是太谢谢你了！"

这位小伙子之所以能推销成功，正是因为他利用了客户的互惠效应心

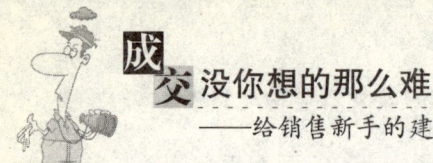

理,人们在进行社会交往的时候,互惠效应更多地被用在相互协作达成一致使双方都受益的层面上。互惠原则是人际交往当中的一项重要的准则,只有交际双方都遵守这个准则,才能符合社会的规范,违背了它的人就会被无情地唾弃。朋友间的友谊,客户与销售人员的关系都符合这个规律。因此,只要销售人员善于利用这一效应,就能为建立客户关系带来很大的帮助。

销售其实就是销售人员与客户之间打的一场心理战,要想在这场战争中取胜,不仅要有大智大勇,还要善于从心理上找到客户的弱点,让对方心悦诚服,而互惠就是一种攻破他人心理防线的很好办法,你帮对方一个小忙,对方接受了你的帮助,自然也会在他们力所能及的范围内给你一定的回报,有时这些回报甚至是你意想不到的。

摸清客户能够承受的价格底线

销售人员要善于积极思考,在报价的时候尽可能高于最优价格,因为你不知道对方的接受底线到底是多少,或许当你提出自己的价格后对方便会欣然接受。

在销售产品的过程中,销售人员可以与客户就成交价格进行这样的沟通:"刚才听了您的具体需要,我认为在价格上还是可以为您做出一定调整的,当然,这需要根据您要求的订购数量、包装质量、售后服务等具体情况来定。"对方听到这样的话便会感觉到其中还有商量的余地,通常会将价格往最低处压。销售人员可以给出一个具体的心理底线,比如说:"虽然我们可以在价格上进行商议,但是我们所能够接受的最低价格是×元。"这个"×"虽然是名义上的"最低价格",但是或许客户心中还是会想:"这个价格太高了,但是这是让步后的价格,或许还有更大的让步机会,我可以再多花些时间同他进行交流,尽可能将价格压到最低。"

第六章 做销售如何让客户感到满意？

销售人员可能出现这样的问题——为了避免高报价遭到客户的回绝而甘心让自己的报价低于对方所能接受的价格上限，这样的哑巴亏往往发生在多次碰壁之后。

所以说，销售人员要善于积极思考，在报价的时候尽可能高于最优价格，因为你不知道对方的接受底线到底是多少，或许当你提出自己的价格（对第一次报价进行让步但仍高于最优价格）后对方便会欣然接受，这个世界上下一刻将要发生的事情就是如此变化莫测。或许客户就会想："这个固执的推销员，我同他费了半天劲才将价格降下来这些，看来价格确实是不能再往下降低了。"如此一来，销售人员便能够获得他想要的价位了。

此外，销售人员开出高于自己预期的价格还有另外一个原因：提升产品在客户心中的价值地位。价格和价值之间是有一定联系的，往往越是价格贵的产品其价值也会越高，产品质量与服务也会更优。所以，当销售人员将自己的价格表递给客户的那一刻，产品或服务在客户心中的价值便得到了一个初步的判断。或许你会觉得价格表仅仅对那些缺乏采购经验的新手产生作用，实际上，即便是对一位资历深厚的专业采购人员来说，销售人员的报价也会对他的判断产生一定的影响力。

我们不妨以牛仔服饰的销售为例，我们都知道，牛仔服的面料即为牛仔布，名牌牛仔服饰与普通的牛仔服饰并没有什么本质的区别。如果说一条名牌牛仔裤定价为200元，而普通的牛仔裤定价只有100元的话，你会购买哪条？通常情况下，人们考虑到价格优势而会选择普通牛仔裤。

但是如果销售人员说："名牌牛仔裤折扣大优惠，仅售150元。"人们或许便会在心中揣度犹豫起来。纵然知道这两种产品在材质上并没有本质区别，但在价格上却有了50元的高低之别，如果这时候再让客户做选择，很多人便会考虑名牌牛仔裤了。

"会考虑"便是"会购买"的前奏，这时候如果销售人员再添一把火，或许时机就会很成熟了。比如说，给客户讲解名牌牛仔裤更贵的原因，告诉他们产品的生产流程、质量把关等严格性，再加上一些主观的言辞修饰，比如说："我认为"、"如果是我来选择"、"我建议您"等，这样客户便会在销售人员的引导下更进一步地接受高价格。

127

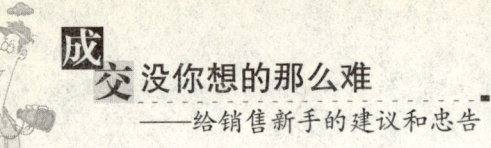

通过以上案例我们可以了解到,为什么销售人员在进行产品报价时要开出较高的价格,归纳来说主要原因有:给双方价格迂回的空间,挑战对方的接受底线,让产品通过价格实现价值升值。

产品的价格一定要恰当

在与客户商谈之时,销售人员可以尝试着不将产品的价格说得过高,在对方所能够接受的心理范围内,那么就为产品在市场上获得领先地位奠定了牢固的基础。

许多销售人员都会提出这样的问题:"客户在什么情况下就会降低对产品价格的敏感度了?"有这样的情况吗?答案是肯定的。实际上,当推销人员的产品和服务足够好,同时能够符合客户的心理需求,那么它的价值便在无形中得到提升,这时候即使提出的价格较高,对方也没有太多的抵触情绪。反之,如果产品质量和服务较差,即使开出的价格较低,客户往往也会感到不满。

所以说,只要销售人员对自己产品的质量充满信心,那么便可以酌情开出较高的价位,在与其他产品价位进行比较的时候,也能够起到货比三家的作用,另外再利用价格的让步让客户感到是物超所值,从而用高低并举的手段达到交易的目的。

越是独一无二的产品,越能够彰显其价值的独特,在价格上也能够占据一定的优势。首先是稀有,正所谓"物以稀为贵",客户对于款式特别、数量有限的产品总能产生强烈的好感;另外,市场上缺乏相应的产品进行比较,所以在价格上,销售人员更占据了主动性。一般情况下,销售人员可以选择"特高价法",也就是说将产品的价格制定到最高,在其被投放到市场后在尽可能短的时间内来收回成本,企业在短期获得赢利后,便能够根据市场形势的特点来对产品的价格进行适当的调整。

比如说，某服装超市新进了一小批中高档女外套，进价为500元一件。但是经过市场调研发现在当地还没有出现相类似的服饰，另外此外套用料、做工和手艺都十分精良。于是经理便将此服装定价为1300元，如此高价反而引来了不少消费者前来参观，在考虑其独特品质之后很多人便选定它，这批货很快就销售一空。

如果厂家推出的产品质量上乘，市场上又是绝无仅有，那么便可以为之定出较高的价格。然而，这种高价位的走势不会一直持续下去，凡是畅销的产品，同行商家也往往群起而仿之，所以在一段时间后畅销品便会成为普及品，人人都来参与，最终使得产品的价格出现下跌。所以说，商家也好，销售人员也好，要想使自己的产品能够保持一种高价出售的状态，则不可将产品的独特性忽略掉。

自古便有"便宜无好货，好货不便宜"的说法，千百年的经验之谈虽然并非完全准确，但是也有它一定的道理。销售人员在给客户介绍产品的时候，一定要处理好产品价值和价格的关系。因为如果为了凸显产品价值而制定一个太高的价格，客户可能会避而远之，但是如果只是为了凸显产品的价格优势，客户反而会对产品的质量心生怀疑。那么，销售人员如何来调整价格和价值之间的关系呢？如果产品并非市场稀缺，销售人员又该怎样定价呢？

在与客户商谈之时，销售人员可以尝试着不将产品的价格说得过高，在对方所能够接受的心理范围内，那么就为产品在市场上获得领先地位奠定了牢固的基础。毕竟万事开头难，用价格优势来开头则能够将竞争对手有效地排除在外，让自己的产品在一段时间中能够占领市场。从眼前来看可能会显得利润过低，但是从长远来看却是为产品打开了畅销大门。当然，这种方法也不是任何产品都适用的，它更适用于资金雄厚的大企业推出的产品，让价格战打得更为持久些。

对于销售人员来说，为产品制定一个较低的价格将销路打开只是第一步，这样不仅是一种缓兵之计，而且能够为企业争取到扩大再生产的机会，虽然单个产品的利润较少，但是因为销售额提升，从整体来看，销售

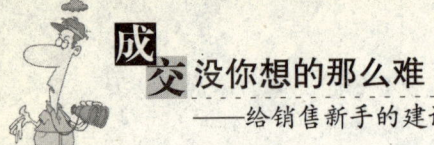

人员所获得的利润还是不会降低的。另外,在使用低价格的时候一定要因时因人而异,比如说对于高档产品和追求高消费的消费者则不宜使用此策略。

主动让步,让客户满意

当你做出让步之后,对方就会有一定的心理压力,他们心里会这样想:"既然对方已经做出了很大的让步,那么我也适当地做出些牺牲吧。"

俗话说得好:"忍一时风平浪静,退一步海阔天空。"在平时的生活和交往当中,我们可以发现,当人们在买商品的时候,都会习惯性地砍价,而当我们砍下一部分价格的时候,就会心满意足地付账,相反,如果对方坚持不让步,那么我们就算再喜欢这件东西也不会去买。这就是"退让效应"的力量。

情人节那天,有个年轻人在广场上散步,这时,迎面过来了一个卖花的小女孩,小女孩对年轻人说:"大哥哥买束花送给你的女朋友吧,一束花才6块钱。"

年轻人摇摇头对小女孩说:"不了,我没有女朋友,你还是卖给别人吧。"

小女孩没有放弃,接着说:"那大哥哥买一朵吧,你这么帅,肯定有女孩子会约你的啊,到时候你再送给她,一朵才一块钱。"

年轻人又摇了摇头:"不了,也没有女孩约我,我还是不买了。"

小女孩还是没有放弃,又对年轻人说:"那大哥哥买块巧克力糖吃吧,情人节吃块巧克力吧。"

由于小女孩一再让步,年轻人觉得自己如果再拒绝就有点儿不好意思

第六章 做销售如何让客户感到满意？

了，于是就买了两块巧克力糖，其实他根本不喜欢吃这种糖。

在这个案例中，年轻人在小女孩的一再退让之下，由最初的拒绝渐渐变成了后来的顺从与接受，为什么会发生如此大的转变呢？原因就在于小女孩一再退让，这给年轻人造成了一定的心理压力，既然对方做出了让步，那么自己也应该有所让步，如果继续拒绝会很尴尬。因此，年轻人最终做出了让步，买了两块自己并不喜欢吃的巧克力糖。

在销售中让步使对方妥协是一种十分有效的销售技巧。对于销售人员来说，如果你想要客户答应你的某种请求，那么你可以先提一个比较复杂、对方难以做到的请求，对方很可能会拒绝你的要求，如果此时你再提出一个较小的请求，就代表你向对方进行了让步，而对方此时也有义务进行让步，因此，在上文中介绍过的"互惠效应"的影响下，你的请求也很容易被对方所接受。而如果没有之前的退让，那么你的请求被对方拒绝的可能性就会非常大了。

这种谈判方法在销售中最为常见，当你没有足够的东西馈赠给对方或者你的请求没有得到对方应允时，主动让步更容易帮你实现销售目的。因为，当你做出让步之后，对方就会有一定的心理压力，他们心里会这样想："既然对方已经做出了很大的让步，那么我也适当地做出些牺牲吧。"这样一来，在相互的妥协中，生意也就谈成了。而最先退让的那一方，则会占据一些优势，更容易达到自己的目的。

那么究竟是什么原因产生的退让效应呢？心理学专家给出了以下答案：

1. 好印象的催化作用

一般来说，一个人总会希望给其他人留下一个好的印象，使别人感觉自己是一个好人。当他人提出一个大请求之后，你感觉很为难，无法满足，这时，只好婉转地回绝，但是这便与给人留下好印象的想法发生了冲突，造成心理失衡，你便力图恢复心理平衡，减少心理紧张度。而此时，对方又提出了一个小请求，而且是你可以满足的，此时这种想留好印象的欲望就会起到催化作用，促使你做出决定。

2. 坏印象的催化作用

人除了会想给其他人留下好印象以外，还会力图不给人留下坏印象。在拒绝他人提出的大请求之后，事实上你已经给他人留下了坏印象，得罪了人。此时，你就会产生一种失调感，并且会有一种找机会弥补"过错"的内驱力，以改变不良形象，维护自己的自尊心。因此当对方再提出一个小小的请求时，你便很轻易地答应了。

3. 视线转移的作用

当运用让步的技巧时，事实上你已经把对方的注意力从"拒绝不拒绝"的问题上转移到了"拒绝多少"的问题上了。而且这种转移是在对方无意识的情况下进行的，是不自觉发生的。此时，对方的注意力主要集中放在了对多大的请求可以接受上，拒绝的态度已经荡然无存了。

4. 心理反差的作用

大请求和小请求会给人带来心理反差。一般来说，请求的难度差距越大，心理反差也就越大，给人的错觉也就越大。有位名人曾经说过："你要求在墙上开个窗子，大家都反对；如果你提出要扒开屋顶，大家就同意开窗子了。因为开窗子这个小要求与扒屋顶这个大要求相比差得远，大家以为自己得了便宜，免除了扒屋顶后的后遗症，便答应了开窗子的要求。"漫天要价，坐地还钱，这就是在这种心理反差的错觉下产生的让步效应。

丁春秋和庄聚贤是某家家电公司的推销员，他们俩被同时派出去推销一种价格昂贵的洗衣机，结果丁春秋一台洗衣机也没有推销出去，而庄聚贤却成功地卖出20台洗衣机，为什么会出现这么大的反差呢？

原来，两人的推销策略不一样。丁春秋在推销时用尽了浑身解数，他试图凭借自己的三寸不烂之舌来说服客户购买自己的洗衣机，但是大多数客户都因为价格太过昂贵而婉言谢绝，有些客户虽然说会考虑考虑，但是也是敷衍他而已。因此，丁春秋一台洗衣机也没有卖出去。

而庄聚贤在出门推销的时候就知道这个商品会很难卖，所以必须要采取一定的技巧。因此，他在上门向客户推销的时候，先向客户介绍了另外一款价格更高、更为昂贵的洗衣机，等客户拒绝之后，他才会说出自己真

第六章 做销售如何让客户感到满意？

正想要推销的那种洗衣机，并对客户说："既然您觉得那一款不太合适，您不妨看看我们这一款洗衣机，它在功能上和那一款洗衣机相差无几，但是价格却便宜很多，您看您是否需要？"就是在这样的拒绝、退让之中，客户觉得对方已经做出了让步，那么自己也不好意思再进行拒绝，于是很多客户便同意购买其商品。

庄聚贤利用的就是退让效应，主动做出让步，从而使客户也对自己做出让步和牺牲，最终达到自己的销售目的。

这种先大后小、先贵后贱的推销方式的确可以起到意想不到的效果。在现实生活中，这样的策略也会经常被使用，特别是在双方谈判的时候，一方经常会提出一个近乎苛刻的条件，随后在这个条件的基础上逐步进行让步，最终迫使对方也进行让步，从而达到自己的目的。

理论上来说，退让的起点越高，起到的效果也越好，因为起点高就代表让步的空间大。但是在实际操作中却并非如此，如果你的起点太极端或者太过分，反而会起到相反的作用。因为你的极端要求会使对方觉得你没有诚意，而且即使做出让步也是一些没有诚意的让步，这样就无法给对方造成心理压力，对方也自然不会妥协了。因此，如果你要使用这种策略，一定要把握好分寸，让其对客户的影响力达到最佳。

让客户了解产品物有所值

销售人员需要将客户的需求和兴趣统统掌握，才有可能在面对客户的提问时应答自如，要把握好交流价格的时机，让客户在最舒服的时候接受价格，下定购买的决心。

销售人员与客户接触的时候首先需要经过详细的产品解说，这个环节

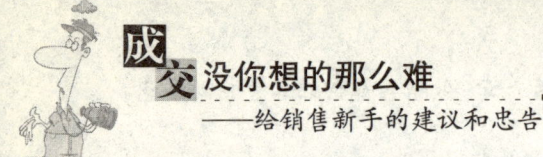
成交没你想的那么难
——给销售新手的建议和忠告

能够保证客户对产品产生兴趣，但是最终还是需要将话题引到价格上来，通常情况下客户会提出这样的问题："这种产品的价格是什么样的？"销售人员在听到这样的问题后应当如何进行回答呢？什么样的情境下进行作答才是最好的时机呢？

如果客户将价格的话题过早地抛了出来，这时，销售人员应当尽量回避直接作答，可以用主动反问的形式来进行话题转移，比如说："至于价格的高低要依据产品的质量来定。"或是说："那就需要看您选择的是哪种类型的产品了。"随后，将价格的话题引向对产品的介绍中。当然，这其中或许会遇到一些执意要求谈论价格的客户，那么，销售人员可以这样来回应：其一，直接告诉对方产品的价格，然后将话题引向产品的介绍上；其二，可以对客户进行反问："您确定想要购买我们的产品了"、"您需要哪种产品呢"；其三，不进行正面的回答，而进行侧面的诱导："请问您需要多少产品呢？价格可以根据产品的订购数量来进行适当的优惠。"

这三种回答方式各有优劣，比如说，客户听到第一种回答后可能会说："我还是再考虑一下吧。"当听到第二种回答后客户很可能会说："不是，我只是随便问问而已。"或者说："暂时没有确定下来。"当听到第三种回答后，客户或许会谈及购买的数量。所以，销售人员仅仅找到回答客户的话语还是不够的，还需要将客户的需求和兴趣统统掌握，才有可能在面对客户的提问时应答自如，要把握好交流价格的时机，让客户在最舒服的时候接受价格，下定购买的决心。

通常情况下，销售人员所提出的价格会固定在一个较为合理的范围中，也往往要比同类零售店产品要便宜。但是，客户并不一定这么认为，他们或许会在猜疑中感到价格偏高，不能接受。遇到这种情况，销售人员则需要耐心地对其进行解释，做出合理的解释而不是反驳性的辩解，倘若客户说"我觉得价格高"时，销售人员马上回应"这个价格哪里高"、"这个价格一点儿也不高"，那么客户会在内心产生逆反情绪，不利于交流的继续。

那么，应该用什么样的方法让客户了解到产品是物有所值的呢？销售

第六章 做销售如何让客户感到满意？

人员可以在对价格进行解释的时候使用以下方法：

1. 对比法

销售人员可以从同类产品中寻找一些价格较高的来进行对比，在对比的同时需要强调二者在质量上不相上下，如此一来，对方就能够直观地感受到价格的优势，心理上会产生满足感。要想使用这种对比法，销售人员在平日的工作中需要对同类产品的价格变动多加留心。

2. 强调产品的效能

如果销售人员提出的价格确实很高，那么便可以强调该产品的特殊功效，可以将自身产品与档次较低的同类产品进行比较，突出自己产品的优势，比如说实用性、多用性、耐用性等优点，同时也可以介绍售后服务等软性优势，将价格淡化。

3. 进行巧妙而周全的解释

在解释的时候，销售人员可以将产品的周期寿命与其价格相结合，让客户感到"一分价钱一分货"。比如，一个高压锅定价200元，客户感觉太贵，那么销售人员可以这样来解释："高压锅是咱们生活中最常用的物品，但是它非常耐用，其寿命通常在十年或者更长时间，假如用十年来计算，一年才花20元，一个月才花不到1.7元。另外，高压锅能够帮您节约大量的燃料费用，又能够将煮饭的时间大大节省，这些都是无法用金钱来衡量的。"这样的解释会让客户感到亲切、真实，能够让接下来的沟通变得更加顺畅。

销售人员想把产品推销给客户，让客户心里感到满足是必要的前提，所以，在彰显产品质量的同时也可以提及优质的服务，再给出一些贴近生活的建议，拉近与客户内心的距离，如此一来，即使销售人员提出的价格略高一些，客户也不会过于敏感。对于客户来说，任何一种额外的服务项目都可以被看成是减价的形式，比如说，销售人员在介绍完自己的产品后不忘给客户一定的许诺，让他感到自己如果购买这样的产品是有保障的，一旦发现假冒产品，则能够立即退货，并且包赔、包换，这样客户就消除了后顾之忧。如果价格能够在谈判中再降低一些，那么，客户便会更乐意购买。

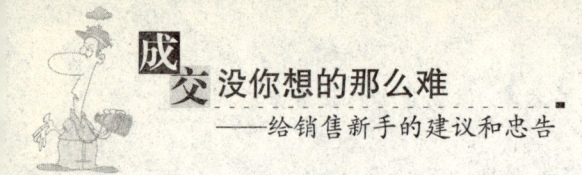

在变通中捕捉机遇

销售人员在面对市场和客户的时候一定要学会随机应变，在变通中求创新，要学会不断挖掘潜在客户，通过市场表面来抓住无限的商机，只有抱着这样的心态才能抓住市场的机遇。

销售人员最怕的就是思维僵化，被条条框框所束缚，做事只会按照特定的流程和模式来，不敢放开手脚，从而被客户所轻视。

回想一下，在以往的销售业务中，你的办事方式和做成的那几笔业务是否或多或少都受到了一些传统的影响呢？答案是肯定的，即使你不承认或者根本没感觉到。因为，当一个人处处按照传统来办事时，你就已经把传统的规则升华为了你的办事原则。即使你是一个日日自省的人，也不会去怀疑自己的办事原则，因为你是在你的办事原则下去反省你做的其他事的。

销售员崔强和秦志被同时指派到同一地区销售皮鞋，但是他们所属的公司不同。当他们俩到达该地区的时候，他们发现当地人都是赤脚走路，没有穿鞋的习惯，于是崔强直接打电话回总部，如实报告了这一情况，随后便打道回府了。但是秦志却没有这么做，他告诉总部说该地区有很广阔的市场，因为到目前为止还没有居民穿鞋，他还表示自己愿意留下来开发新的市场。而秦志经过一段时间的努力，成功占领了该地区的皮鞋市场，上司给了他很丰厚的奖励。

这个故事告诉了我们，销售人员在面对市场和客户的时候一定要学会随机应变，在变通中求创新，要学会不断挖掘潜在客户，通过市场表面来

第六章 做销售如何让客户感到满意？

抓住无限的商机，只有抱着这样的心态才能抓住市场的机遇。现如今，市场是买家的天下，传统的销售模式已经不能适应现代的需求，特别是在面对庞大而复杂的采购流程时，如果销售人员还遵循传统的销售模式，是根本比不过竞争对手的。

现在很多销售人员都把目光集中在销售过程中，他们对客户购买的过程缺乏重视。其实这是非常错误的做法，最有效的销售方式是应先了解客户购买产品的原因、用途以及购买过程。

销售人员要想顺利地把产品推销出去，就应该主动去了解决策者和使用者以及资深专家们的建议，只有深入了解客户的心理需求才能制定最合适的销售策略。而这种从买家角度出发的销售策略，将是带领销售人员走出销售迷宫的最佳创新途径。

张志平被人们称为南京的"芦蒿大王"，他就是依靠自己的创新思维来获得成功的。南京八卦洲的芦蒿早已声名在外，然而当人工种植的芦蒿出现在市场上时，价格已经跌至2元钱一斤了。有一次，张志平到朋友家做客，他发现遍地的芦蒿非但没让乡亲们高兴，反而让他们一筹莫展，因为这种芦蒿的销售面太窄，而且价格极低，再加上其他一些费用，根本就是在做赔本生意。

张志平敏感地意识到这是一个绝好的机会，于是他展开了市场调查，通过朋友的介绍，他知道高档的餐饮业还没有引进这种蔬菜，于是他决定做精包装芦蒿的生意。

为吸引高档餐饮业的注意，张志平特意请南京农业大学食品科技学院的教授对芦蒿的营养价值进行测试。测试表明，芦蒿每百克嫩茎就含有蛋白质3.6克、灰分1.5克、钙730毫克、铁2.9毫克、胡萝卜素1.4毫克、维生素C 49毫克、天门冬氨酸20.4毫克、谷氨酸34.3毫克、赖氨酸0.97毫克，并含有丰富的微量元素和酸性洗涤纤维等对人体有益的矿物质。有了这些证明，张志平信心十足地从芦蒿种植户中收购新鲜的芦蒿，并不断宣传芦蒿的药用价值，而后通过自己的销售渠道销往各大宾馆、酒店。就这样，南京兴起了一阵"芦蒿热"，大家对这种绿色健康的食品十分喜爱，

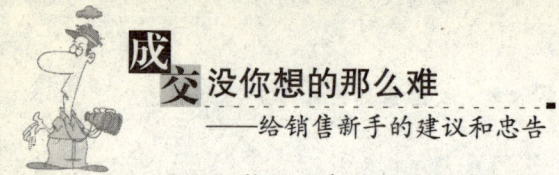

成交没你想的那么难
——给销售新手的建议和忠告

香干炒芦蒿、臭干炒芦蒿等菜品进入了各大饭店的菜单当中。

芦蒿精包装的生意让张志平获得了不少利益，但是好景不长，2002年，芦蒿的价格突然大跌，从过去的2元钱一斤一路跌到1角钱一斤，这样一来，张志平收购的芦蒿越多，他亏损得也就越严重。当亏损额高达50万元临界点的时候，张志平彻底绝望了，他对芦蒿失去了信心。

沉浸在绝望中的张志平整日在村中踱来踱去，有一天，他走路的时候不小心被什么东西绊了一下，低头一看，原来是一根风干的芦蒿。这突然激发了他的灵感，他想，既然新鲜的芦蒿不值钱，那加工成干货呢？经过试验，张志平认为他的这种想法是完全行得通的。于是，他通过特殊的工艺和配方，将以往应季销售的便宜鲜芦蒿转变为四季供应的精制高价位芦蒿干。而这种经过风干、晒干后的芦蒿味道更为鲜美，无论是煮着吃还是炒着吃或者煲汤喝都别有一番滋味，而且韧性更强，更有嚼劲。

经过张志平不断的推广，这种干芦蒿在市场上迅速走红，甚至远销日本、韩国及欧洲等地。

张志平的事迹值得广大销售人员学习，无论你是哪一行业的销售人员，都要拥有一颗求变的心，特别是一些销售管理人员。有这么一句话："换一个角度，海阔天空。"无论是在业务上还是在日常生活中，销售人员在遇到困难和问题时，不妨转变一种思路来考虑问题，这种办法行不通就想另一种办法，总会有一种办法是有效的。

记住，一个成功的人绝对不是随波逐流之辈，也绝对不是一个不敢向传统挑战、不敢坚持自己的信仰和理想之人。

销售人员需要创新，销售界需要创新。只有不断创造新的东西，才能真正打破传统的枷锁，才能获得销售的成功。

第六章 做销售如何让客户感到满意？

别太在意眼前的利益

做销售谈生意都是为了赢利，在销售中损失点儿利益，但是最终的目的还是获利。只不过把利益的回报期延长了一些，不会因小失大。

作为一名销售人员，你一定要把眼光放得长远一些，学会着眼于未来，即使暂时失去眼前的利益，你也不要太在意，因为将来的回报会是现在丢失的许多倍。

有一位台湾来的商人，他和一家转销农产品的公司谈判大蒜生意。在第一轮谈判中，农产品公司报价每吨2500元人民币，而台湾客商只肯出每吨2300元人民币的价格。很显然，双方在价格的定位上还是有一些差距的。三天之后，双方再一次坐到了谈判桌前，由于大蒜的收获期马上就要到了，如果不马上找到买家，错过了收购时期，不仅质量和数量会有所下降，而且连收购的价格都要下跌。农产品公司在权衡之后愿意以2350元的价格成交，但是台湾客商又出了一手"怪招"。他对农产品公司的销售人员说："我祖籍是河北的，说心里话，这批大蒜每吨卖2350元你们也有点儿亏，不如这样，我们来交个朋友，我每吨多给你们加15元。"

台湾客商的这一"怪招"让农产品公司销售人员十分惊讶，在正式签署协议之后，农产品公司的销售人员问他："本来价格已经谈好，为什么您还要加价呢？"台湾客商说："虽然每吨的价格加了一些，但是我们日后还是要长期合作的嘛，我加15元能够给你们一个好印象，这是多超值的一件事情啊。在台湾，有些同行斤斤计较，这样最容易引起我们的反感，在日后的合作中我们也不会对他们有什么优惠，这样一来虽然生意做成了，但是却并不愉快。他们虽然从表面看是获得了利益，但是从长远来

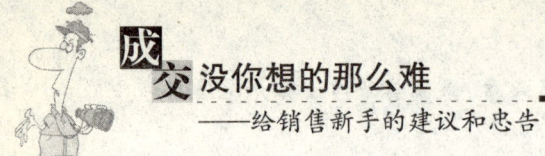

成交没你想的那么难
——给销售新手的建议和忠告

看其实亏了很多呀!"农产品公司的销售人员听后对他竖起了大拇指说:"台湾来的人见解就是不一样,我们以后要向您学习。"

一个成功的谈判战略,往往是通过对某种旧的传统观念的铲除而建立的。而上面的故事也证明了:在谈判的过程中,谈判者不仅要有娴熟的议价技巧,更要有纵观全局,不计较一城一池得失的战略眼光才行。

做销售谈生意都是为了赢利,在销售中损失点儿利益,但是最终的目的还是获利。只不过把利益的回报期延长了一些,不会因小失大。因此,销售人员在谈判的过程中一定要把眼光放长远一些,不要因蝇头小利而丧失真正的利益。

随着市场经济不断地发展,国内的销售竞争也越来越激烈,谁能先占领客户群,谁也就拥有了市场的主动权。在这种氛围之下,人们也自然而然地生出了"客户是上帝"的观念。因此,客户一旦选择了你,也就说明把信任交给了你。如果你表里不一,辜负客户的信任,为了一点点小利而损害客户的利益,还有谁会对你产生信任呢?

在轩辕女士结婚15周年的纪念日即将到来之际,轩辕女士想和自己的丈夫趁此机会一起去昆明旅游,在经过一番精挑细选之后,他们在十几家旅行社中挑选了一家最满意的预订了行程。轩辕女士一心向注着有一次愉快的旅程,谁知事与愿违,他们在第一天到达昆明之后就被导游告知,由于标准间的客房安排满了,所以他们夫妇只能住在洗浴中心的桑拿房。轩辕女士对此十分不满,但是他们连夜赶路已经疲惫不堪,再加上导游小姐满脸歉意,所以也就勉强同意了。但是让他们彻底无法忍受的是洗浴中心的条件实在是太差了,地面脏乱不说,连床上的被褥都发出难闻的味道。

本想借着度假来重温恋爱时的温馨与浪漫,谁想碰到的却是恶心和脏脏,原本愉快的旅行立刻大打折扣。于是,气愤的轩辕女士立刻与旅行社的负责人联系,双方僵持到凌晨两点多,旅行社答应赔偿轩辕女士一些费用,但是还是没有办法解决他们的住宿问题。无奈之下的轩辕女士只好回

第六章 做销售如何让客户感到满意？

到了桑拿房，在难闻的气味和脏乱的环境中度过了自己的这次旅程。

出门旅行，图的就是一个愉快舒心，但是这家旅行社却没有按合同上的规定来给客户提供优质的服务。差价虽然可以补上，但是失去的信誉却是千金难换的。因此，无论是企业的老板还是销售人员，要想在激烈的竞争中获得一席之地，首先就要对得起自己的良心，不要为了一点儿小利益而给客户留下一个坏印象，这样只会得不偿失。

要想不被蝇头小利所诱惑，你要做好以下几点：

1. 把客户当亲人

要想诚心诚意地对待客户，就要和客户形成亲人之间特有的那种亲密感。正是这种亲人之间毫无保留的信任，才能使客户对销售人员持有一种放心的态度。一旦销售人员在业务之外有什么需要客户的帮助的，那么客户肯定也会乐于帮助你的，即使客户对你有什么不满之处，也会给予你相应的理解。

2. 把客户当朋友

真正的友情是不会被利益所撼动的，因此在友谊的基础上建立的生意才会更稳定更持久。

3. 把客户当合伙人

推荐营销是时下最流行的一种营销理念，即让客户为你做宣传，从而带来更多的客户。所以你不妨从心底把每位客户都当成你的合伙人，他的利益就是你的利益，你的利益也会被当成他的利益，你善待客户，客户也会善待你，因为你们的目的都是一样的，那就是双赢。

4. 把客户当爱人

没错，不要为这个标题惊讶，当你把客户当成你的爱人之后，你就会从心底认同他，会自然而然地想去呵护他、照顾他，自然也就不会为一时利益所动了。

总而言之，销售人员一定不能因为蝇头小利而损害客户的利益，记住，细水长流才是销售的王道。

第七章

做销售如何应对不同类型的客户?

　　每个客户都是一个单独的个体,他们都有自己独特的性格、心理特点和气质。因此,销售人员在销售的过程中也不能用同样的方式去对待所有客户。应该针对不同客户的特点使用不同的技巧,随机应变,对症下药,让交易顺利达成。

第七章 做销售如何应对不同类型的客户？

大气型客户最关心的是业绩和效率

大气型客户往往有很强烈的升职愿望，如果你所推销的产品能够帮助他们提升业绩，那么他们将会十分乐意与你合作。

有的客户十分大气，他们的性格和心理活动全都倾向于外部世界，他们经常会对客观事物表现出关心和兴趣，但是他们不愿意过多地思考，常常需要他人来帮助自己分析、选择，以此来满足自己的需要。这类客户常常会把自己的想法不加考虑地说出来，因此这类人比较活泼开朗、善于交际，他们待人热情，与人交往随和、大气、不拘小节。

销售人员与大气型的客户沟通一般是比较容易的，而且和这类人在一起，销售人员也不会感觉到压抑和不舒服。当销售人员给大气型客户介绍商品时，他们也会很乐于听销售人员进行讲解，并且会很积极地参与进来说出自己的想法。

通常情况下，大气型的客户是十分有主见的，他们能够迅速地做出判断，但是他们做出的判断往往十分极端，比如好坏、有用无用、敌我等。而他们对事物的具体分析就比较少了，他们不注意细节。而在购买商品时他们也是这样，如果是他们喜欢的产品他们会毫不犹豫地购买，如果不喜欢的话就会果断拒绝。而且他们在拒绝的时候十分直接，不会给销售人员留任何面子。在面对这类客户时，销售人员也应该用比较外向的方式来与之相处，说话要干脆，做事要大气，回答问题要清楚准确，切忌吞吞吐吐、含糊不清。只有这样才能使对方产生志趣相投的感觉，从而拉近彼此的距离。

判断一个人是否是大气型客户十分容易，你只要观察他的办公室就可以看出。大气型客户的办公室内会出现一些学位证书、奖杯、奖品等荣誉

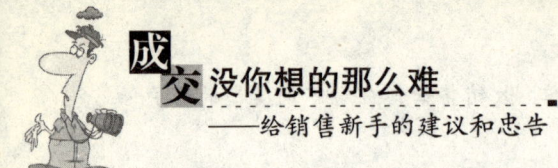

的象征,因为大气型客户喜欢把自己的荣誉都摆出来让他人参观,这也是他们外向的一种表现。

有一位销售员在拜访一位私企老总的时候,发现这位老总的办公室墙上挂着一个精美的证书,他仔细一看,原来是某名牌大学工商管理硕士(MBA)的毕业证书。原来这位老总刚刚从这所名牌大学工商管理专业毕业并且顺利地获得证书。在了解到这一点后,这位销售人员就已经认定这是一位外向热情的老总了。因此他在见到老总后表现得十分大气利索,跟老总谈事的时候丝毫不拖泥带水,这让这位老总十分满意,觉得遇到了知己,于是大手一挥,当天就签下了20万元的订单。

大气型客户的普遍特征就是:他们拥有很强的主观意识,喜欢以自我为中心,你在和他们握手的时候会明显感觉到他们的力度,他们的口头禅一般是"我认为"、"我觉得"、"根据我之前的经验"等。在与其沟通的时候,你就会发现,他们的声音洪亮、底气很足,有时候你甚至会觉得喘不过气来,因为他们说话语速很快,经常会问你一些尖锐的问题,而且整个谈话的节奏都是由他们所控制,因为这样可以满足他们的控制欲。

大气型的客户十分讲究自己的穿着,或许他们的衣着看起来很普通,但是你仔细观察就会发现这些衣物搭配得十分考究,在着装方面你丝毫挑不出他们的任何毛病,而对于流行夸张的服饰,这类人几乎不予考虑。

大气型客户的时间观念很强,他们对时间的把握甚至可以精确到秒,如果和这类客户预约,你一定要提前做好准备,千万不要迟到,否则就会给这类客户留下一个不好的印象,从而对你失去好感。

大气型的客户最关心的问题就是你的产品是否能对他们增加收入、减少投资回报的时间并且获得最大的利益有所帮助。你的产品是否能够帮助他们提升工作效率,是否可以帮助他们升职。而至于你的产品价格多少、技术性能如何以及你们的服务质量,则不在他们的考虑范围内。这类客户最大的要求就是"效率",而说服他们的方法就是用事实来证明一切,烦琐的解释和不断的保证只会让他们觉得你"啰唆"。大气型客户往往有很

第七章 做销售如何应对不同类型的客户？

强烈的升职愿望,如果你所推销的产品能够帮助他们提升业绩,那么他们将会十分乐意与你合作。

因此,销售人员在与大气型客户沟通时,话题的切入点最好放在其本人的工作经历和所获得的荣誉上面,因为这些人最爱谈论的就是他们为公司或者他人创造的价值和他们个人所获得的成就。销售人员在与他们沟通时要注意掌握时间,说话要言简意赅,最好直接切入要点,因为大气型的客户时间观念特别强,他们可以说是惜时如金,所以你千万不要浪费他们的时间,要就事论事,用最少的时间传递最有价值的内容,枯燥的讲解只会让他们心生烦闷,十分不利于合作。

除此之外,你千万不要试图扭转这类人的看法和观点,因为这类人一旦认定什么东西就会很难改变,他们对自己极端自信,不会轻易接受他人的意见。当然,除非你的论点证据充足,有100%的把握来说服他们。

销售人员在面对大气型的客户时一定要注意,这类人决策速度很快,一旦他们就某项条款提出异议和问题,你一定要迅速地做出合理解释,因为他们缺乏耐心,害怕啰唆,你必须要跟上他们的节奏,及时帮助他们完成决策,这样才能使推销获得成功。

最后还有一点值得注意的是,大气型客户一般很能聊,但是他们聊的大都是生意以外的事,他们也不喜欢销售人员一进门就滔滔不绝地夸赞自己的产品如何优秀、如何畅销、如何适合他们,像念经一样翻来覆去说个没完,这样很容易引起他们的厌烦。虽然他们容易对外界事物产生兴趣,但是也容易对同一个话题感到厌倦。所以销售人员不要抱住一个话题说个没完没了,而是应该摸清客户的意愿和兴趣,顺着对方来说,吸引他们的兴趣,巧妙地把自己推销的产品引到谈话中,让客户在不知不觉中被吸引。

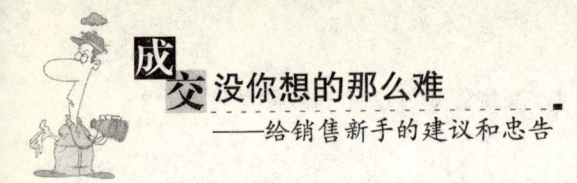

千万不要对有主见的客户过于热情

作为销售人员一定要了解客户的真实意愿，而了解的最好渠道莫过于让客户自己透露了，只有这样才能从他们透露的信息中分析出他们的需求并为他们提供最合适的商品。

在生活中，有各种各样性格不同的人，有的人做事犹豫不决，缺乏主见，唯唯诺诺；而有的人则果断专制，态度坚决，就像是一个统治者一般，喜欢独断专行，不听别人的意见，也从来不听别人的劝说。对销售人员来说，后面这类客户是最难说服的。

大多数销售人员都不喜欢碰到这种过于有主见，甚至到了专断独行地步的客户，他们会让销售人员感到十分棘手。因为独断专行的客户总有自己的想法和主意，他们虽然决定果断，但是前提是你的产品必须符合他们的要求，而且在选购的过程中，这类客户往往言辞简单，销售人员很难从他们口中获得什么有用的信息，而他们总是喜欢提出很多要求，让你变得十分被动。

比如，这类客户总是会说："简单地说说你的意见让我听听。"或者是："我觉得这个产品不适合我，你给我换一个更好的吧。"如果你做得不够好，那么这类客户就会果断地转身离开。

过于有主见的客户是一群以自我为中心的家伙，他们总是希望别人能够重视和欣赏自己，他们有种狂热的控制欲，喜欢让别人按照自己的意志来做事，也正是因为这样，销售人员在销售的过程中更要善于时刻变换主客关系，把这类客户放到主人的位置上，让客户根据自己的意见来挑选产品。比如，销售人员可以说："先生，我看您十分有主见和判断力，所以您喜欢哪类产品也一定心中有数了吧！"或者说："先生您对我们的产品

第七章 做销售如何应对不同类型的客户？

还真是了解呢,我想您肯定可以自己选择了,我就不为您介绍了。"

其实,销售人员利用这样几句简单的话就可以把客户推到主动的位置上来,让他吐露出自己的真实想法,而且既然是他自己选择的产品,那么他自然不会拒绝。但是假如销售人员不能读懂客户的心理,不让他做到"主位"上,而是一味地热情介绍,客户反而会直接打断你的介绍,或者干脆提出一些刁钻的问题来难为你,以此来维护他心中固有的看法,并且极力排斥销售人员,以便让自己重新回到主导的地位上。

文天是一位刚刚毕业的大学生,在经过公司的层层筛选和培训之后,文天被公司分到了客户李经理那里去做分销工作。在上任之前,公司的老员工提醒他说:"李经理可不是一个好伺候的家伙,他是很霸道的,大家都叫他'刺头',因为在合作中他提出的要求最多,问的问题也最刁钻,很多同事都不敢招惹他,你一定要小心点儿啊。"文天听后,在心里打定主意一定要"打不还手,骂不还口",用最好的态度对他,相信自己一定能搞定。于是他抖擞精神来到了李经理的公司,但是李经理的秘书告诉他,今天李经理没时间,让他明天再来。

到了第二天上午,文天敲开了李经理的门,刚露出自己的笑容,李经理就劈头盖脸地说:"不是让你今天一早就来吗,你看看现在都几点了!"文天红着脸没有说话,但是他心里想:"看来这个客户还挺严肃认真的,以后一定要注意了。"而后李经理给文天宣布了他们公司的一些规章制度,安排文天先熟悉一下环境,他俨然已经把文天看作自己的下属了。

很快,三天过去了,李经理安排文天与公司的业务人员一起去二级市场做调研,在二级市场中文天发现了很多问题。在市场调研结束后,文天迅速向李经理汇报了这些问题并且提出了解决方式。但是李经理听完后却皱着眉头说:"你难道不知道这些问题和建议用书面的形式呈现出来更好吗?而且你的解决方案太粗糙了,流于表面,把它细化一下,解决问题才是关键。"

文天听完一愣,心想:"这个客户怎么这样,态度冷淡一些也就算了,怎么还这么霸道,我又不是他的手下。"

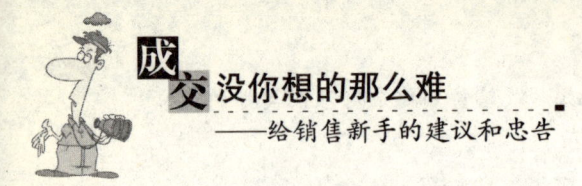

在这个案例当中,李经理就是一个典型的过于有主见的客户。这一点在案例中有两处体现:第一个是文天去他公司协助他进行分销的时候,他却向文天宣布自己公司的规章制度,要知道文天并非他的员工,可是他却越权安排文天的工作,而且也没有询问文天的意见,这无疑是一种独断的表现;第二,文天并非他的下属,但是他却安排文天去给他做市场调查,而且要求文天写出书面报告,这一点也体现出了这位客户的专行霸道。

通常来说,过于有主见的客户在有主见的同时也十分固执,对自己认定的产品情有独钟,如果销售人员不能够给他们提供满意的产品,那么就很难与这种客户谈成生意了。因此,作为销售人员一定要了解客户的真实意愿,而了解的最好渠道莫过于让客户自己透露了,只有这样才能从他们透露的信息中分析出他们的需求并为他们提供最合适的商品。这样做不仅能满足这类客户的表现欲,还不会让销售人员自己表现得太过为难。

在这里,销售人员还有一点要注意,那就是过于有主见的客户最厌恶销售人员的强制推销,你越热情地介绍自己的产品,他们反而会越反感,因此,千万不要在这类客户面前过于热情,要尽量顺着他们的意愿。

对于过于有主见的人,销售人员要做到尽量服从,因为如果不满足他们的支配欲,他们就会对你失去兴趣。对于这种客户,销售人员一定要有良好的时间观念,约好什么时间见面就一定要准时赴约。在交谈的过程中,思路要清晰明了,切忌说话拖泥带水,啰啰唆唆,更不要闪烁其词或者词不达意,这样只会引起客户的反感。最需要注意的是,一定不要在与对方的观点对立的时候与他们抬杠、纠缠,否则很容易失败。总而言之,销售人员一定要懂得满足这类客户的支配欲,这样才能使交易顺利地完成。

与这类客户合作的技巧就在于尽量减少与对方的冲突,但是也不能一味妥协,所以,销售人员的应对策略是:

1. 完整的企划案

首先你要明确自己的原则和底线,做出一套完整的企划案来,立场坚定,思维严谨,办事绝不拖拉,要让对方明白,合作对双方都有好处。

2. 满足其合理要求

在客户要求合理的情况下,尽量解决他们提出的问题,满足他们的要求。

3. 适当满足其控制欲

在不破坏原则的情况下尽量顺从对方,以便双方相处愉快。

精挑细选型客户最需要你的诚恳

精挑细选型客户一般不爱说话,但是心中十分清楚,他们往往不会轻易发表自己的意见,但是一旦开口,那么他们提出的问题就会直击要害,十分尖锐,让销售人员难以应对。

有些客户性格封闭,不容易接近,他们的感情和思维更倾向于心灵内部,而且他们大都感情深沉、不善言辞,待人接物小心翼翼,害怕与陌生人接触,喜欢一个人独处。这类客户在消费中的典型表现就是热爱精挑细选,甚至犹豫许久,拿不定主意,这样就会让销售人员的工作很难开展。特别是销售人员在上门推销的时候,这类客户更会提高戒心,处处提防,对销售人员态度冷淡,不言不语,销售人员问一句他们就回答一句,不问就不回答,直接导致整个销售气氛变得沉闷。

虽然喜欢精挑细选的客户不喜言语,表面上看似迟钝,对销售人员以及其推销的产品表现出满不在乎的样子,甚至在销售人员介绍完产品后也不主动开口,但是其实他们在销售人员介绍产品的过程中,一直在认真倾听并且在内心评判产品的好坏。这类客户其实是十分仔细的,而他们之所以少言寡语是出于他们对陌生人的一种天生的防御和警惕,因此不会对销售人员表现得太过热情,即使他们对销售人员的观点表示赞同,他们也只会简单地应承一句,不会发表太多的意见。这种情况往往会使销售人员感

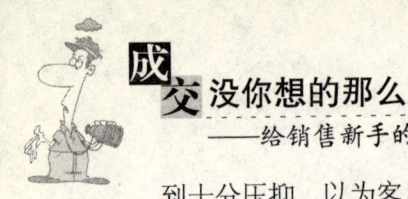

成交没你想的那么难
——给销售新手的建议和忠告

到十分压抑,以为客户不愿意搭理自己,对自己推销的产品没兴趣,从而认为这笔交易没有希望,最终主动放弃推销。

这类客户最大的特点就是任凭你口若悬河、滔滔不绝地介绍,他们也能气定神闲、无动于衷,表面上似乎是很认真地听你介绍,但是似乎又心不在焉,这种状态会使销售人员变得无所适从。其实,他们的这种状态是在心中打自己的"小算盘",衡量你的产品究竟适合不适合他们,只是因为他们一时不能整合所有的数据,做出迅速的反应,因此思考的时间会较长,对你的介绍也显得有些心不在焉。但是一旦这些客户分析完自己掌握的数据,认为这件商品很适合自己的时候,双方合作的可能性就会变得很大。

如果遇到这类的客户,销售人员应该注意以下几点:

1. 表述时条理清晰

无论是在向对方介绍商品时还是解决客户的疑惑和问题时,销售人员讲话一定要具有条理性和专业性,要把产品的优缺点一并说出,给客户提供的信息一定要全面,对客户提出的问题要有耐心,给客户足够的时间进行决策。

2. 谨记"沉默是金"

"沉默是金"在美国被销售人员奉为做生意的"黄金法则"。在销售过程中,聪明的销售人员总会在适当的时候保持沉默,以一个倾听者的姿态出现在客户面前,这样不仅能给对方留下一个严谨的工作印象,还能变被动为主动,让客户主动抓起谈话的节奏,同时也为客户留下一定的思考空间。

王春梅是某品牌电脑的销售人员,有一天,一位女士来店中挑选电脑,店中的两位销售人员赶忙走上前主动向她打招呼,并且再三询问这位客人需要什么样的机型。在这两名热情的销售人员轮番轰炸下,这位女士明显有些不知所措,她甚至连说话都有些结巴了:"我,我只是,来,来随便看看。"在转了一圈之后,她似乎觉得没有适合自己的电脑,于是便打算离开了。

第七章 做销售如何应对不同类型的客户？

　　王春梅在远处通过观察发现，该客户是一个比较内向腼腆的人，而且根据王春梅多年的销售经验判断，这位客户的心中肯定已经确定了某一型号的电脑，但是因为款式和价格等因素出乎她的意料，再加上刚才两位销售人员的轮番轰炸，所以她有些不知所措。

　　这时候，王春梅上前很友好地把这位女士请到了自己的柜台前，对她说："这位女士，您是不是看上了某款电脑觉得价格不合适？要是您确实喜欢，在价格方面我们还能商量，您先来我这儿坐一坐休息一下吧，我们这里比较安静。"那位客人听完后很顺从地坐了下来。聊了十几分钟之后，王春梅按照这位女士的想法为她推荐了一款十分适合她的机型，而且在价格上也很实惠，最终达成了这笔交易。

　　精挑细选型客户一般不爱说话，但是心中十分清楚，他们往往不会轻易发表自己的意见，但是一旦开口，那么他们提出的问题就会直击要害，十分尖锐，让销售人员难以应对。

　　事实上，虽然这类客户表面冷若冰霜，难以沟通，但是在他们冷漠的神情下却隐藏着一颗炽热的心。只要他们认为你是一个比较诚恳的人，那么他们自然会对你表现出极大的善意，等双方熟悉起来，他们就会变得十分信任你，甚至是依赖你，他们会让你替他们做出决定。这类客户一般在购买过你的产品后如果觉得不错，那么下次还会继续来你这里购物，因为他们懒得去接触一个新的销售人员，他们讨厌与陌生人接触，所以这类人是一批长期而稳定的潜在客户，只要销售人员善于观察、善于分析，就能对症下药，拉近彼此的距离，使双方顺利合作。

　　在销售过程中，大部分的销售人员都只会用语言向客户介绍自己的产品，大部分的沟通谈话都是由他们主动，很少给客户思考的时间，这样的推销方法并不适用于所有的客户。面对精挑细选型客户，销售人员需要用一种"温柔"的态度，你只需要给他们提供详细的资料，然后再适当地保持沉默，给客户思考和决策的时间，合作就会更容易达成了。

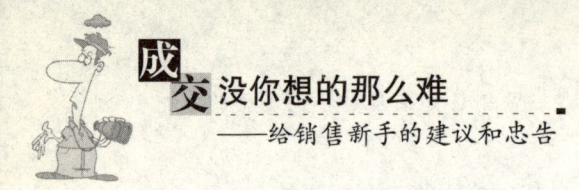

独特的产品最能吸引标新立异型客户

销售过程中你会发现,你们的谈话内容大都与产品无关,他们喜欢抒发自己的感想,他们对奇闻逸事很感兴趣,一旦有了跟潮流或者时尚有关的话题,他们就会双眼放光不管不顾。

通常情况下,大部分客户的办公室都是十分干净明亮的,你一进去就能够感受到浓烈的工作氛围。但是,如果你走进这样一个办公室:办公桌上十分杂乱,放眼望去有很多时髦的私人物品,各种各样的文件或者名片散落在桌子的各个角落,在办公室中甚至会有造型奇特的、出自知名设计师之手的沙发和茶几等,那么,恭喜你,你碰上了一位标新立异的客户。

标新立异型的客户通常穿着随便,但是非常时尚,从他们的穿着上你就可以看出时下正在流行什么。

在与这类客户交谈的时候,他们会表现得朝气蓬勃,因为他们在谈话时会眉飞色舞,甚至手舞足蹈,肢体语言十分丰富,当然,这样的谈话一般是在沙发上进行的。

而在销售过程中你会发现,你们的谈话内容大都与产品无关,他们喜欢抒发自己的感想,他们对奇闻逸事很感兴趣,一旦有了跟潮流或者时尚有关的话题,他们就会双眼放光不管不顾。

他们的个性十分自由,热爱独立思考,喜欢广交朋友,他们是人际关系处理大师。他们的行为不拘小节,所以迟到对他们来说是家常便饭。

这类客户最让人哭笑不得的特点就是他们从不关心产品的质量和价格,他们关心的只是这类产品的使用者和客户群是谁,如果他周围的同事朋友甚至竞争对手都在用你的产品,那么他们为了不落伍肯定会购买你的产品,因为这类客户往往会把购物看成一种身份和地位的象征。要知道,

第七章 做销售如何应对不同类型的客户？

很多标新立异的客户购买一款名车或者名表的时候，甚至根本不知道它们有什么特殊的功能，他们注重的是这些产品是否能够体现出他们的身份。

在和标新立异的客户谈判时最重要的是要有好的口才，你要换一种沟通方式，话题不要老围绕着你的产品，可以说一些他们感兴趣的东西，最好什么方面都涉猎一点儿，天文地理、奇闻逸事、时政经济、时尚潮流都可以作为谈话的切入点。而在销售的过程中，也尽量要以轻松的方式进行沟通，如果条件允许，你不妨把交流的地点定在一些非正式的场合，比如咖啡厅、茶馆甚至酒吧。在沟通的时候，如果你表现得才华横溢，而且对对方提出的观点加以肯定并且补充，能够随时找到"新鲜点"让对方觉得你无所不知，就能够引起他们潜意识的崇拜，这时候你只要对你推销的产品稍加介绍，那么他们就会对你的产品产生极大的兴趣，你们合作的成功概率也会变大。而需要注意的是，在介绍产品时一定要注意渲染，比如说这款产品有哪位著名的明星也在使用，这对交易的促成有很大的帮助。

标新立异的客户大都是年轻人，因为追求时尚是年轻人的主旋律，大多年轻客户都喜欢前卫、时尚的东西，他们不乏尝试的勇气，有着自己另类的信念以及品位，他们是时代的弄潮儿，站在时尚的前沿。他们喜欢标新立异，喜欢让自己变得更独特，喜欢在众人之中脱颖而出的感觉。因此，他们在购物的时候总是喜欢选择那些比较另类的产品，因此越独特的产品越能引发他们的好奇心。

标新立异型的客户之所以购买另类的产品，除了上文所说的好奇心和彰显自己的品位以外，还有一个原因，那就是为了满足他们渴望受重视的心理。他们希望通过独特的服饰或者其他产品来让自己变得与众不同。因此，销售人员在面对这类客户的时候不妨适当对他们表示认同。比如你可以说："这位先生，您身上的这件衣服可真有个性，有种与众不同的感觉。"或者说："小姐您可真有眼光，您挑选的这件商品是我们这儿刚刚入库的，您可是第一个购买的。"别奇怪，标新立异的客户就喜欢这些恭维的话。

有一位年轻的姑娘来到服装店准备给自己购买一款上衣。她边走边看，终于在一件设计前卫、颜色夸张的外套面前停下了脚步。销售人员见

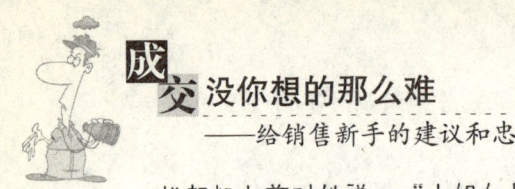

状赶忙上前对她说："小姐如果您喜欢可以试穿一下，我看您的身材比较高挑，这件衣服一定可以让您变得更加美丽。"

于是这位姑娘去试衣间换上了衣服，而这件衣服穿在她身上的效果的确不错，因此她便询问销售人员这件衣服的价格。销售人员回答说："这件衣服的价格是1200元，因为今天是圣诞节，如果您现在购买的话可以打9.5折，我看这件衣服特别适合您，您穿上去简直太漂亮了！"姑娘听完高兴地说："好的，这件衣服给我包起来。"

销售人员见生意谈成，心里也是十分高兴，她一边开票一边对姑娘说："小姐您真是太有眼光了，好多人都喜欢这个款式的衣服，我们已经卖出去好多件了。"

"哦？这样啊。"这位姑娘听完立刻沉下了脸，一声不响地离开了。

那么，究竟是什么原因让这位姑娘立刻改变主意拒绝购买了呢？究其原因就是因为那位销售人员没有把握住客户的心理，说错了话。很显然，上文中的这位客户就是一位标新立异型的客户，这类客户的穿着最讲究个性和与众不同，这类客户最讨厌的就是和别人穿一模一样的衣服，试想销售人员在这样的客户面前说这款衣服有很多人穿，生意怎么能不失败呢？

因此，销售人员在销售的过程中一定要善于从客户的言谈举止中洞察其心理动向，然后再针对其心理需求满足对方，让客户感觉到舒适和满足，否则很有可能出现"马屁拍在马腿上"的情况。而只要你满足客户这种心理需求，客户自然会接受你，对你的意见也会比较容易接受了。

对理智型客户，承诺的一定要做到

对理智型客户，销售人员必须从熟悉产品特点着手，谨慎地应用层层推进、引导的办法，多方分析、比较、举证、提示，使客户全面了解利益

第七章 做销售如何应对不同类型的客户？

所在，以期获得对方理性的支持。

理智型的人主要的特征有：冷眼看世界，抽离情感；喜欢思考分析，但缺乏行动；对物质生活要求不高，注重精神生活；不善表达内心感受；面对周遭的事物，想找出事情的脉络与原理，作为行动的准则，有了知识，才敢行动，也才会有安全感。他们的行为模式是：当要解决一个问题或者要做出一个决策的时候，预先收集所需要的大量的资料和数据，或者请教有经验的专家；将多方面收集到的大量信息进行综合分析，并从这些信息和数据中找出规律，找出它们之间的内在联系或者逻辑关系；善于利用这些分析、思考、推论、判断来做决策，或者制定解决问题的策略。

理智型客户办事情比较理智，有原则、有规律，这类客户不会因为关系的亲与疏而选择供应商，更不会根据个人的感情色彩来选择交易对象。这类客户大部分工作比较细心，比较负责任，他们在选择供应商之前都会做适当的心理考核比较，得出理智的选择。这种客户严肃冷静，遇事沉着，不易为外界事物和广告宣传所影响，他们对销售人员的建议认真聆听，有时还会提出问题和自己的看法，但不会轻易作出购买决定。

我们先来看一个理智型客户购买产品的例子。

老吴准备给家里搞装修。他来跟朋友商量，到底要找哪个装修公司。虽然朋友才装了房子，但对这些还真的不太清楚，于是，老吴开始自己去寻找。一段时间后，老吴把深圳几乎所有的装修公司都摸透彻了，甚至还给它们分了类——第一种是完全无牌无照的；第二种是有牌但没有名气的；第三种是名气很大且组织装修队，不过它是做管理的；第四种就是名气品牌都很大，而且自己组织装修队的。分类后，老吴便在这四组里分别抽取了几家公司做测试和调查，因为他想把这些装修公司到底做什么、怎么做都摸清楚。

装修公司搞定后，老吴又亲自买装修所需的材料。于是深圳几乎所有的材料市场和批发点，又都被老吴踏了个遍。老吴甚至到网上去查资料，搞团购。当老吴把装修需要的材料全部买齐的时候，已经是他决定开始装

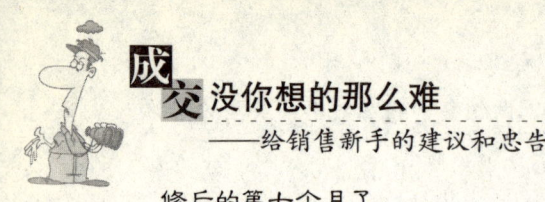
成交没你想的那么难
——给销售新手的建议和忠告

修后的第七个月了。

　　过春节的时候，老吴约几个朋友去他家看新房，要知道这可是他花了差不多一年的时间做出来的杰作呢。然而当朋友们踏进他房间的那一刹那，突然觉得很拘谨，因为他的房子装修得非常规则，所有的东西都是有棱有角的，而且连颜色都是黑白分明。老吴还在讲着："这块大理石是从网上团购来的，这个……"

　　对于理智型客户，销售员不可以强行送礼、拍马屁等，最好、最有效的方式就是坦诚、直率地交流。你不可以夸大其词，要该怎么样就怎么样，把自己的能力、特长、产品的优势劣势等直观地展现给对方。对这类客户承诺的一定要做到，能做到的一定要承诺到，这就是最好的公关方式了。

　　对此类客户，销售人员必须从熟悉产品特点着手，谨慎地应用层层推进、引导的办法，多方分析、比较、举证、提示，使客户全面了解利益所在，以期获得对方理性的支持。与这类客户打交道，销售建议只有经过对方理智的分析和思考，才有被接受的可能；反之，拿不出有力的事实依据和耐心的说服证明，推销是不会成功的。

　　看看下面这位销售人员是如何做的吧：

　　客户："孩子还小嘛！我认为买不买保险无所谓！"

　　销售人员："不，您错了！在以前农业社会根本没有什么保险观念，就算个人发生不幸，大家庭还可以照顾遗族，可是现在都是所谓的'核心家庭'，就算您的兄弟姐妹有心想施以援手，也是力不从心，何苦为您的家人增加不必要的困扰和担心呢？"

　　客户："可是我在银行里还有存款啊！"

　　销售人员："有多少呢？能让您的家人衣食无忧地生活多久呢？能让您的小孩无忧无虑地念完大学、出国深造吗？"

　　客户："……"

　　销售人员："这就是关键所在，购买这份我为您特别设计的保险，可

第七章 做销售如何应对不同类型的客户？

以让您和您的家人永远不再烦恼下半辈子经济的问题，相信您在可以选择的范围内，一定会愿意所有的状况都是在您可以做主的情况下发生！"

客户："这个嘛……"

销售人员："患难之交是在患难发生时才能知道的，可是，现在就有一个患难之交在患难还没发生前，您就可以确定的，而且是完全不打折扣的，请您不要再犹豫了！为了您，为了您的家人，有备无患是绝对不会错的！"

面对理智型客户，销售人员在用事实依据进行说明之后，不妨再以图表来加强自己的说明，让客户亲眼目睹事实，对理智型客户而言，最重要的就是冷静、清晰的说明。

面对理智型的客户，销售人员一定要以理来做诉求；如果无法以理性的话去阐述说明，将会使客户认为你的专业知识不够，从而失去客户的信任！

记住，要打动客户的心，一定要先给予客户想要的东西。

对贪婪型客户，不可完全满足对方

对于贪婪型客户，也不可以完全地满足对方，操作中该给多少优惠就给多少，该加收税收的就一定要加收。一味地满足对方就会导致自己操作很被动，因为对方的贪婪没有止境。

贪婪型客户的特点是：做事的目的性比较强，对价格压得比较厉害，对质量和服务也要求比较高。但这种类型的客户很容易稳定，只要和他们的关系发展到一定程度就很容易把握住他们的需求。这类客户时常也会主动要求和接受额外好处。

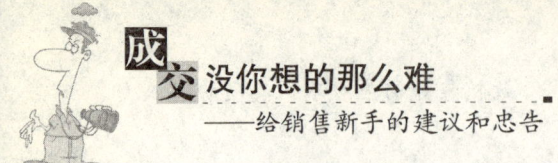

无论贪婪型客户在你的面前装得有多大方,其实他们心里都希望你能将产品便宜地卖给他们,甚至免费送给他们试用,他们常常会让你感觉到他们并不把产品放在心上,说不定还会告诉你他们也有某个朋友在做类似的东西,不花钱都可以拥有,根本没必要把面子给你,然而你一旦有便宜让他们讨,他们的态度立即会改变。

对于贪婪型客户,销售人员应采取的应对策略是:如果你发现他们有以上所说的倾向,就要立即告诉他们公司有规定不让这样做,也可举例说明不能这样降价或赠送的理由,也请他们理解。不过接着你要想出同样的优惠方法或者具有大的吸引力的举措,让他们觉得同样有便宜可占,购买就不成问题。

对于这样的客户,在关系上要保持心灵沟通,不可大造声势,要给对方以安全感、保密感;另外在质量、价格、服务上都要有一定的保障;要尽可能主动送礼、主动给回扣。但是对这类客户,也不可以完全地满足,操作中该给多少回扣就给多少,该加收税收的就一定要加收。一味地满足对方就会导致自己操作很被动,因为对方的贪婪没有止境。

对吝啬的客户,要着重强调一分钱一分货

建议不要在过于吝啬的客户身上花费太多的时间,根据自己的产品特点及企业优势,能落实一单就做成一单,不必太指望他们下次会给你赚钱的业务。

吝啬型客户的特征,简单说来,有下面几点:一般比较小气,想赚他们的钱不容易;不会因为稳定、因为信任、因为关系而选择一个固定的供应商,他们会首先比较价格,而且比较的结果是让你没有利润,然后再要求质量;对于高价位的产品不舍得购买,多年以来的节约习惯使他们对高

第七章 做销售如何应对不同类型的客户？

价位的产品比较排斥，对产品的挑剔最多，对产品大挑毛病，拒绝的理由令你意想不到；经常会隐瞒事实，夸大自己，比如搞一些根本就不需要招投标的招投标形式，以此来压价，满足自己的吝啬心理。

针对吝啬型客户，销售人员要采取的应对措施有很多。首先，我们来分析一下：吝啬型客户其实也并不是一毛不拔的人，他们花钱都是花在刀刃上，你只要能激发他们的兴趣，而后着重强调一分钱一分货，将产品的特征解释清楚，指出价值所在，告知价格不只是价格，还包含了许多其他的成分，强调产品的生命成本或强调投资回报率，告知对方报酬率高，这些才是重点，否则一切都是浪费。销售人员要说清楚差价的异议，试探出他们嫌贵到底贵了多少，以价差来衡量在服务与产品上的差异。你能做到循循善诱，他们就会很爽快地打开荷包。比如对方以价格为由，拒绝购买你的产品，你就可以分几次推销，把一年的花销划分到每一个月中，以减少价格的压力。

其实吝啬的客户不一定就是没有购买诚意的，需要区别对待。我们在生活中也会遇到先尝后买的事情，其中尝的是样品，是免费的，我们觉得正常，那如果是大客户的话，他们有时也喜欢先尝尝。还有就是一种操作上的习惯。比如这个公司如果出了样品费，本来没多少钱，但是也许会碰到不好走账，或者是操作程序很麻烦的事情。这也是正常的。所以销售人员不要将客户"一棒子打死"而失去好的合作机会。

不过，建议不要在过于吝啬的客户身上花费太多的时间，根据自己的产品特点及企业优势能做一单就做一单，不要指望他们下次会给你赚钱的业务。这样的客户一开始就不能一味地满足其需求，该圆滑的时候就一定要圆滑，因为这样的客户不会因为你的良好表现和与你的良好关系就容忍你的一些小错误。所以这类型的客户不是企业发展的重点客户。

那么，怎样才能让这类客户不斤斤计较，在价格问题上不再将价还个昏天黑地呢？某战略谈判公司的首席执行官戴特·迈尔根据多年经验总结出一个方法：多重报价。即给客户三种选择方案，而不是只有一种。如果只提供一种方案，客户就会本能地想着还价。而如果从低到高给出三种方案的报价，客户的注意力便会从"我要还价"转移到"哪种方案更合适"

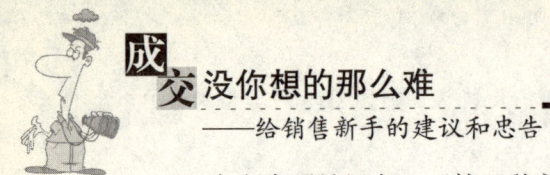

上。客户会开始思考,"第三种方案价格太高,第一种提供的价值又不够充足,还是第二种最合适"。

不过,多重报价的方法并非万无一失。客户可能会要求用最低的报价买最高报价的方案,并且诱使你分项列出每一项的单价。千万不要随着客户这样去做!这样就给了他们逐项还价的机会。

另外,客户也可能要求你把第二种方案的价格下调。这种情况下,你要学会交换。要么从方案中去掉一些对客户来说不太重要的项目;要么让客户提供一些对你有用的东西作为交换,比如将你介绍给公司的其他部门。不管怎样,谈判的原则是:除非有得交换,不然不轻易降价。

其实,降价反而会让客户不悦。如果轻易地降低价格,会让客户觉得你的报价有很大的水分,减少对你的信任与尊重。而如果采用交换的方式,你既不会损失自己的利益,又会让客户更相信你。

在戴特·迈尔看来,多重报价最大的好处,就在于将销售人员与客户从对立的两方转化到同一阵营中来。当你提供多重选择方案时,客户感觉到自己是在主动地做选择,而不是被动地与你展开价格拉锯战,因此谈判起来就会更顺利。

对刁蛮的客户,要把所有条款先谈清楚

对刁蛮的客户千万不可以马虎,更不可以为客户的表现所动心,在所有的操作上一定要积极客观,不能被动,价格是怎么样就怎么样,质量是怎么样就怎么样。

我们先来分析一下刁蛮型客户特点:这样的客户在第一次交往中会表现得很好,显示自己是来自一个很好、很有信誉、很有实力的公司;有时甚至会出现你开价800元他给你1000元的情况;这样的客户在和销售人

第七章 做销售如何应对不同类型的客户？

员交谈的过程中基本上是不会准备好资料的，他们希望所有的资料由销售人员来为之准备，他们也不会在价格上斤斤计较，在质量上苛刻要求，他们会想方设法设置一个陷阱，比如找借口说时间非常着急，其实真正等你做完了，他们一点儿也不着急要货，他们是想通过一些无关紧要的问题干扰你视线，尽量使你的制造操作出现些问题，到时候好抓把柄找麻烦。

对于这类客户，销售人员所要采取的方法是：千万不可以马虎，更不可以为客户的表现所动心，在所有的操作上一定要积极客观，不能被动，价格是怎么样就怎么样，质量是怎么样就怎么样；操作之前一定要有客户亲自确认签字，否则绝对不可以操作下去；对客户要求的时间也不可以随便承诺，预付款一定要收，合同一定要签，绝对不可以先做事再谈价格。总之对于这样的客户一定要先小人后君子，不见兔子绝对不可以撒鹰，不可麻痹大意。因为这样的客户不是好对付的。

在猎头公司工作的小王遭遇过一个韩国食品客户，对方所在公司品牌知名度尚可，但产品品种非常单一，在市场几乎只能看到一种类型的食品，且数十年都没有新产品推出。他们想找一个销售经理，专门负责和卖场打交道，希望通过他的关系和渠道，把他们的货品打进那些大卖场，如家乐福等。小王做了市场调查之后，发现同类企业的销售主管没有人愿意去，原因除了以上所说，还包括有不少人不认同韩国公司的企业文化，觉得不是职业发展的最佳顾主。

由于这个单子是另一个离职的同事转给小王的，所以在小王接到这单时，同事已帮这个客户操作了很长一段时间，当然是无功而返。所以小王接手了之后，就给客户提了很多建议，包括提供调查报告和一些职位调整方案。但对方均没有采纳，而且不给小王任何的回复。

本以为这件事就此了结，可三个月之后，这个客户突然找上门来，而且是兴师问罪，说小王他们耽误了这么久的招人进程，要他们承担责任。对于如此不讲理的客户，小王采取的是先礼后兵。先是向他们列举了自己所做的一切，表明自己是在得不到对方的任何支持和反应的前提下，才没有进一步的动作，并不是违反条款和服务不周。他们听后依然强词夺理，

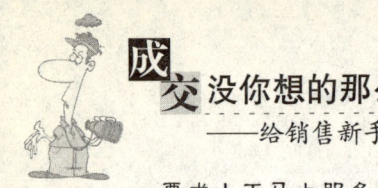

成交没你想的那么难
——给销售新手的建议和忠告

要求小王马上服务，于是小王严词拒绝。对方一看没招了，于是说要投诉小王，小王听后一点儿没慌张，马上把老板的电话报给了对方，但同时要求对方也把他们总经理的电话报给自己。对方听了，非常意外和紧张，颤巍巍地问："你为什么要知道我老板的电话？"小王回答说："因为你在这个岗位上的不专业、不配合，才导致了这个销售经理职位迟迟没有人选到位，我要向你老板建议，在找到这个销售经理之前，应该先找一个代替你的人，正因为你这一个环节的不得力，才导致整个招聘流程无法顺利进行。"

面对刁蛮型客户，首先不要被他的气势吓到，而是应该就事论事，指出解决问题的关键所在，上文中的小王作为专业人才销售顾问，发现了根本的问题，并且一招击中了客户的要害。结果当然可想而知，那个刁蛮的客户被小王专业的态度吓退，乖乖地开始做起自己应做的配合工作来。

第八章

做销售如何巧用推销策略?

推销学既是一门研究现代推销活动及其规律的科学,又是一门艺术;既是一项具有悠远历史的活动,又是一门年轻的学问。这首先是因为推销活动要遵循一定的规律和程序,有其特定的研究对象、内容和方法;还因为推销活动是销售人员对推销基本原理的具体运用,它包含着大量的技术、技巧和技能。

第八章 做销售如何巧用推销策略？

与成功者搭建桥梁

销售人员在与客户进行交流中不妨将自己公司与其他公司成功的案例进行类比，客户在这样的对比下会在心中对一个陌生的新公司或新产品产生一种"似曾相识"的熟悉感。

销售人员在与客户进行沟通的时候往往会使用到典型案例，他们更乐于从以往"自认为满意"的客户中挑选代表，当然这是有一定道理的，毕竟让这些典型客户为潜在客户带来积极的影响效果是最终目的，关键是在销售中寻找典型客户案例不一定是唯一的途径。

实际上，任何条件的群体都可以被制作成教案来与潜在客户进行沟通，销售人员要善于利用各种各样的群体效应。当来自不同领域的客户都表示对你的产品或言论感兴趣的时候，其他的客户群也会被吸引过来。

比如说当销售人员和某家银行进行谈判的时候，便可以提及自己与其他金融机构合作成功的案例，覆盖面越是广阔越能够影响潜在客户的心理，试想当你将颇有名气的几大银行——提出来时对方会有怎样的感受？如果推销员和某家医院进行谈判时将著名的综合性三级甲等医院提出来时对方又会作何感想？

另外，销售人员还要善于利用媒体来为自己的产品造势。这种具有宣传效应的媒介能够增强销售人员话语的说服力。例如你可以这样对客户进行介绍："先生您好，您想不想知道为什么《××晚报》、《××时报》、《××周刊》等报纸杂志都将我们新推出的产品进行报道？"如果你推销的产品和客户有着某种联系，那么他们一定会对这种广阔的宣传方式感到好奇。

但是，对于一个新近成立的公司来说，销售人员推广的产品没有这么

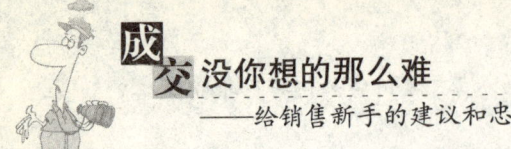

多的知名客户，上述方法是否还有用呢？实际上，只要选对方法也能够让其见效。销售人员在与客户进行交流中不妨将自己公司于其他公司成功的案例进行类比，也就是说"与成功者搭建桥梁"，形成一种成功企业的共性存在特点，客户在这样的对比下会在心中对你所在的陌生的新公司或你带来的新产品产生一种"似曾相识"的熟悉感，这种关联作用能够让客户更好地接受你的产品。

比如说，销售人员可以找出一些几年前刚起步，而如今已经成为世界上著名的大集团的案例，最常用到的是微软公司的案例，用微软公司来同自己刚起步的企业进行类比，将自己公司对互联网或有线电视作出的贡献与微软在发展之初曾经做出的成就相类比，这种积极向上的类比能够给客户带来一种正面的影响力，使其对新企业、新产品产生信心。

除了以上几种方式外，销售人员还可以利用竞争对手的实力来与自己的实力进行对比，产生"同领域中强烈的竞争感"这样的现象，将客户说服。

庞大的群体效应影响潜在客户

从消费者的购买心理来说，周围人群的购买趋势会在很大程度上影响个别消费者的选择方向。

你在日常生活中有没有留意到，牛群的行进方向都是一致的，在一同行进的过程中很少出现掉队者？这种现象是否值得细细推敲呢？

这是典型的群体效应，正所谓"物以类聚"，实际上人们在生活中也往往受到此类效应的影响，以商业广告为例，打开电视机各种各样的产品在展示自己专长的同时也不忘将自己的客户群体展示出来，似乎是在向消费者传达一种这样的信息："我们的支持者是如此的众多，你难道还不来

加入吗？"这些被展示的"其他所有人"都有着一个共同的特点，他们根据产品的发展趋势来决定自己的购买方向，最终成为一道吸引人的风景线。

从消费者的购买心理来说，周围人群的购买趋势会在很大程度上影响个别消费者的选择方向。也就是说，大多数客户宁愿跟随其他人的步伐一同前行，也不愿意单枪匹马地进行冒险，尝试另类的商品。从心理学上来说，庞大的客户群体能够影响另一批潜在客户，所以，当潜在客户看到其他客户都在朝着同一个趋势前进时，他们也愿意进行尝试。

利用这一效应来进行推销，与利用传统的典型案例进行推销的模式截然不同，利用这种新方式进行推销最常使用的一种说法是："我们的解决方案已经被其他的客户进行尝试了，您不妨也试一试，或许能够收到更好的效果。"这种推销策略用试图鼓励和尽力劝说潜在客户的方法，来达到销售人员进行产品推销的预期目标。

独木难成舟，团结有力量

一根筷子可以轻易被掰断，十根筷子却可以牢牢抱成一团。企业也是如此。这个道理很多人都懂，就是所谓的团队精神。

没有团队精神的团队是一盘散沙，作为一名销售人员，如果不能与自己团队中其他成员相互配合，那么，在当前激烈的市场竞争中，是不会有多大出路的。

王明和郭康同在一家企业做销售工作，然后又先后在一年之内同时跳槽出来单干，王明首先创办了一家公司，在经过努力打拼后终于让公司步入了正轨，但是公司却并没有像他想象中那样高速发展，业务也不是太

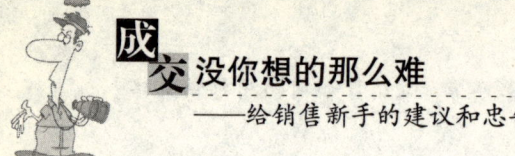

成交没你想的那么难
——给销售新手的建议和忠告

好,除去日常开支,公司获得的利润不算太多。

而让王明感到困惑和迷惘的是,和他几乎同时跳槽出来的郭康也成立了自己的公司,却取得了辉煌的成就,于是王明找了个机会,亲自去请教郭康。

"咱们两个人的公司几乎是同时起步的,卖的产品都一样,而且咱俩的能力也差不多,为什么你能很快地取得成绩,而我还是这样半死不活呢?你有什么好的方法吗?"王明问郭康。

"我不知道你团队的员工是否都很敬业。"郭康问道。

"他们都知道自己应该做什么,并且也都很努力工作。"王明说。

"这还不够,你要知道你的团队是不是都致力于完成整个团队的合作,并且把这些工作都做好了。是不是在某个员工或者某一个环节出现困难的时候,整个团队成员都予以帮助了呢?还有,团队成员之间的沟通和协作积极吗?这些都是你要知道并且做到的,并不只是让他们每个人都完成自己的工作就好。"郭康说。

"如果你想让你的公司做大、做强,就必须拥有一支高效团队,而高效团队是绝不能让员工只关注自己的工作,事实上,我感觉你的团队缺乏团队精神。"

王明一听,立刻就明白了,原来自己没有利用好团队的力量,整个团队缺乏一种团队精神,才使得公司效率上不去,无法获得成功。

个人英雄主义的时代早已远去,整体性的团体竞争时代已然到来。一根筷子可以轻易被掰断,十根筷子却可以牢牢抱成一团。企业也是如此。这个道理很多人都懂,就是所谓的团队精神。

近几年,几乎所有公司的招聘简章上都会出现"善于与同事沟通,有较强的团队合作精神"或者"具有团队合作意识,能够承受较大的工作压力"等类似的条件,无论这个职位是高管还是普通员工,"团队精神"成了一条通用的标准。

在一次谷歌中层管理人员的招聘会上,有九名应聘者闯进了复试。然

第八章 做销售如何巧用推销策略？

而，这次谷歌公司只能录用三个人，所以谷歌的招聘官给这九个人进行了一次最终考验，他把这九个人随机分成了A、B、C三组，要他们去调查不同的市场，在调查之前，让每个人分别去秘书那里取一份相关的资料。三天之后，九个人交上了自己的分析报告，结果C组的三个人被录用。原因就是因为A、B两组的应聘者只是根据自己的资料去进行市场调查，而C组的三个人却互相交换资料，然后三个人一起去做这份调查。这位招聘官事后说："我之所以会出这样一个题目，最主要的目的就是要考察他们九个人的团队合作意识，要知道，团队精神在现代企业中比什么都重要。"

有一项调查发现，98%的企业家都认为团队精神很重要，都喜欢任用有团队精神的人才，还有79%的企业家认为，自己的企业内部缺乏团队精神，那么为什么团队精神会如此受到重视呢？

20世纪60年代，日本经济高速发展，企业的国际竞争力位列世界前列，而日本制造的产品在欧美市场也获得了极大的成功，打败了很多欧美本土企业的产品，势如破竹，锐不可当。

这一情况让很多人感到疑惑，"二战"后的美国可以说是财大气粗，为什么会败在日本这个面积还不如美国一个州大的小国手上呢？

美国的经济学家就此问题进行了大量的深入研究，最终得出结论：假如日本最优秀的员工和欧美最优秀的员工一对一抗衡，日本员工没有胜算；但是如果是五个日本员工和五个欧美员工对抗，就可以打成平手；如果十个日本员工和十个欧美员工对抗，欧美员工必败无疑。

这是为什么呢？原来，日本因为国土面积小，资源匮乏，他们崇尚团队精神，员工们对于所属的企业都有很强烈的归属感，企业中的凝聚力特别强。在欧美，如果一个人三年不跳槽或不升职，就会被人嘲笑是没有能力，而在日本，有很多人都是终生为一个企业服务，这些人在日本也很受尊敬。因此，日本的很多企业都是很注重团队精神的。

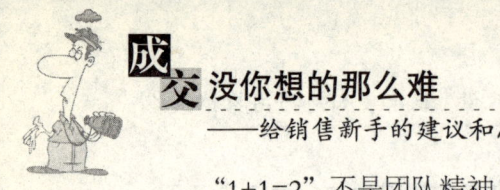

"1+1=2"不是团队精神,真正的团队精神是"1+1>2",这才是团队精神的精髓所在。所以说,销售人员应该努力加强自己的团队精神,与团队中其他成员携手给公司创造一个良好的氛围。那么,销售人员究竟如何培养和提高自己的团队意识呢?

以下有八种方法值得借鉴:

1. 实事求是

做任何事情都要从实际出发,不可以说谎,有成绩就是有,没成绩就是没有。杜绝报喜不报忧。

2. 艰苦奋斗

在工作中肯吃苦,埋头苦干,开拓创新。

3. 谦虚谨慎

正确的处理个人和团队的关系,虚心听从其他人的意见,反对居功自傲。

4. 团结互助

在工作中与他人互相帮助、共同协作。一个人遇到困难,其他团队成员都要积极帮助。

5. 主动请战

在艰苦的环境和艰难的任务面前勇于主动请战,挑起大梁。

6. 逆境生存

当面对逆境和挫折的时候,永不放弃,敢于在逆境当中磨炼自己和团队,最终完成任务。

7. 敢于牺牲

在团队利益当前的情况下,为了团队需要可以牺牲个人利益。

8. 追求结果

执行就要结果,要以强者的心态带领团队进行竞争,迎难而上,最终获得胜利。

第八章 做销售如何巧用推销策略？

随机应变促成交易

对于销售人员来说，应变能力更是一种必不可少的基本素质，是确保销售获得成功的一个先决条件。

在生活中，我们难免会遇到一些难以预料的突发情况，而此时，就是考验一个人的应变能力和适应能力的时候了。如果一个人应变能力和适应能力很强，那么他就可以冷静地、理智地分析现状，通过巧妙的方法来灵活应对，最终能够化险为夷，使自己摆脱困境。而如果一个人缺乏灵活的应变能力就会遇事慌张，手足无措，甚至鲁莽行事，最终把事情搞得一团糟，使自己白白蒙受损失。因此，应变能力是每个人都必不可少的一种本事。

对于销售人员来说，应变能力更是一种必不可少的基本素质，是确保销售获得成功的一个先决条件。在日常生活中，销售人员会接触各种各样的客户，这些客户身份复杂、脾气各异，其中不乏一些固执的、冷漠的、倔犟的、蛮横的、傲慢的客户，如果没有灵活机敏的应变能力。那么就很难适应并应对不同的客户需求。这样就会给销售工作带来很大的阻碍和损失。

有一个推销员当着一大批客户的面推销一种摔不碎的钢化玻璃酒杯。

他在进行商品说明后就开始向客户示范，但是令他万万没想到的是，他恰好拿到了一个质量不过关的杯子，他用力一摔之后，酒杯竟然被摔碎了。

客户们哄堂大笑。

这位推销员先是一愣，随后灵机一动，冷静又幽默地说："你们看，

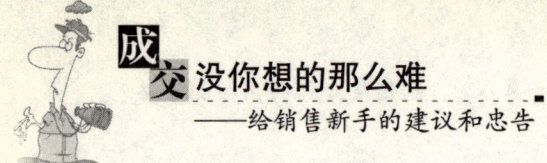

像这样的杯子我是绝对不会卖给你们的。"

结果客户们又是一阵哄堂大笑,但是之前的笑更多是怀疑和嘲讽,而这次的笑却充满了赞赏和愉悦。接着推销员又拿起一个杯子,用力一摔,杯子完好无损地在地上打了几个滚,推销员捡起杯子说:"你们看,这样的杯子才是'摔不碎'的钢化杯。"

上文中的这位销售人员用自己的沉着冷静和应变能力化解了尴尬的局面,不仅没有因此丧失客户,还推销出了大量的货物。

由此可见,应变能力是多么重要。虽然随机应变没有什么固定的模式,但是它却可以在突发事件面前帮助你巧妙地化解和避开不利因素,抓住有利因素,从而做到不因意外事件而影响生意,甚至能依靠突发情况扭转劣势,促成交易。

要想有效地发挥自身的应变能力,销售人员在销售过程中就不能只会死板地例行公事、墨守成规,而应该学会发现新情况、新问题,从销售过程中总结出新的经验。对于销售过程中遇到的新问题、新事物,能够认真分析、勇于开拓、大胆提出自己的设想和解决办法;在突发事件面前要保持冷静、理性处理,想方设法地化解不利因素,千万不要慌了手脚、盲目行事。

应变能力体现出的是一个人的自信与智慧以及乐观心态,因为同样的问题,消极悲观的人选择逃避和放弃,从不主动应对,而积极乐观的人却勇往直前,永不放弃,最终突破障碍,让事情往好的方面发展。

随机应变需要销售人员有一个灵活的头脑,说话做事都要恰到好处,不过分也不虚假,这样才能让人信服,给客户留下一个好印象,化劣势为优势,不开罪于客户。

王明在职高毕业后便开了一家发廊,由于手艺精湛,再加上他伶牙俐齿,很快他的理发店就在当地小有名气,生意十分红火。

有一次,他给一位顾客理完发后,顾客照了照镜子说:"理得有些长了。"王明在一旁笑着说:"头发长才显得有风度,魅力四射啊,您没看

第八章 做销售如何巧用推销策略？

到吗？那些名人明星都是您这个发型。"顾客听后心里十分高兴，愉快地结账走了。

王明给另一位顾客理完发之后，顾客照了照镜子说："你理得也太短了吧！"王明又是笑着说："头发短显得精神，年轻，朝气蓬勃，您看街上的小伙子都是这个发型。"顾客哈哈笑了一声说："是吗？那就好，那就好！"

王明在给第三位顾客理完发之后，顾客说："理得时间够长的啊。"王明笑着解释说："您是我最尊贵的客人，我可要多花点儿时间在您身上啊！"顾客听完哈哈大笑，挥手告别。

王明给第四位顾客理完发之后，顾客看了看手表说："动作挺快的，才不到20分钟。"王明笑着说："现在时间就是金钱，我不能耽误您的金钱啊！"顾客听完满意地点了点头说："很好，下次我还来你这里理发。"

看完这个例子，有人也许会认为王明"油嘴滑舌"，其实不然，他手艺精湛、待客真诚，而上述四个顾客代表了做生意过程中可能会遇到的不同的突发情况。销售人员也是如此，不应仅靠嘴上功夫，应在具备真才实学且真诚待客的基础之上，再增强自己的应变能力，相信定能无往而不胜。王明的应变能力不得不让人敬佩，值得广大销售人员学习，如果销售人员能够掌握他这种应变能力，又何愁生意谈不成呢？

美国著名的营销专家卡塞尔曾说过："生意场上，无论买卖大小，出卖的都是智慧。"而销售人员的应变能力就是一种智慧的表现，没有智慧，也就无法拥有这样的能力。销售人员每天都要接触很多客户，而客户的性格、爱好、品性又不尽相同，这样一来销售人员很有可能会在销售过程中遇到很多从未遇到过的状况或难题，这是十分正常的事情。销售人员不应该因为自己没有经历过这些困难和挫折就产生畏惧心理、惊慌失措，丧失信心和勇气，这样非但会给客户留下一个恶劣的印象，还会阻碍销售工作的顺利进行。因此，锻炼自己的应变能力对销售人员的重要性无与伦比。那么，如何才能提升自己的应变能力呢？以下有几种方法：

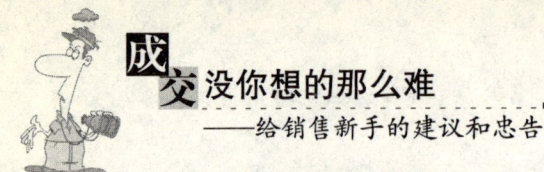

成交没你想的那么难
——给销售新手的建议和忠告

1. 多参加富有挑战性的社交活动

在参加社交活动的时候，你必然会遇到各种各样的突发问题和实际困难，而努力去解决问题和克服困难的过程就是一个增强应变能力的过程。

2. 扩大个人的交际圈

无论是企业还是家庭或是一个小团体，都是一个社会的缩影，而在这些相对较小的范围内，你或许会遇到各种各样需要应变能力才能解决的问题。因此，只有学会应对各种各样的人，加入各种各样的圈子，才能推而广之，应对各种各样的复杂环境。只有提高自己在小圈子中的应变能力，才能在社会这个大圈子中如鱼得水。而扩大交际圈，就是一个提升和锻炼自己应变能力的捷径。

3. 加强自我修养

应变能力强的人往往能在复杂的环境中沉着应对，而不是紧张或莽撞行事。而在工作和日常生活中，遇事能够学会冷静处置，学会自我检查、自我监督、自我鼓励，有助于你培养良好的应变能力。

4. 改变自己的不良习惯和惰性

假如你遇事总是犹豫不决、优柔寡断，那么你就必须要主动地去克服这种情况，主动去锻炼自己的处事能力，做到决策果断。假如你总是因循守旧、半途而废，那么你就要学会从小事做起，努力地控制自己，不达目标绝不罢休。只要下定决心不断改变自己的惰性和不良习惯，那么人的应变能力总是会不断增强的。

巧妙利用"爆米花效应"

在客户面前尽可能多地说出较多相关客户的名称以及对方与自己进行合作的事宜，这样的方法在很大程度上能够让眼前的客户也对你的产品提起兴趣。

第八章 做销售如何巧用推销策略？

玉米花爆裂的声音清晰干脆，"砰，啪，啪，砰……"几分钟之后坚硬的玉米便炸成了爆米花。在销售过程中想要阐述自己公司和产品的可信度，销售人员则需要利用"爆米花效应"，也就是用像爆米花被炸开的声音一样自信快速地对客户讲解出自己公司的客户、潜在客户、媒体案例或者合作伙伴，这种坚定、自信而有力的声音能够提升公司的层次和可信度。

"爆米花效应"在电话销售中非常重要。因为在电话销售中销售人员与客户之间很少有面谈的机会，能够传递信息的全靠销售人员对语言表达方式的掌握，语速、音量都能够从侧面传递出产品的相关讯息。

比如说销售人员在电话销售中说道："先生您好，您曾经提到过是否有增加收入并降低支出的良策，实际上德尔塔航空公司、康柏、雷立全球、摩托罗拉和洛克希德-马丁等大型公司也都在寻找这样的方式，这正是他们为什么会选择同我们公司进行合作的原因。那么，您想不想知道这些公司为了实现这个目标都采取了哪些策略呢？"

这样一连串地说出很多相关客户的信息，在无形中自然能够给客户一种信心，产品的可信度提高了，接下来的谈判销售人员就能够把握住主动权了。遗憾的是，很多销售人员忽视了"爆米花效应"的重要意义，也很难掌握住这种技巧，他们在与客户沟通中往往是仅仅说出了两到三个客户后便戛然而止，"爆米花"的整个过程呈现出断断续续之态，给人一种含糊不清的感觉，反而弄巧成拙，不但不能提升产品的信誉度，甚至还会有损产品的信誉。所以，销售人员一定要避免出现这样的错误，尽可能地提升自己的语言表达能力，在列举典型客户的时候尽可能多地列举出较多的公司，营造一种一鼓作气的气势。

利用"爆米花效应"能够为自己的产品赢得较高的可信度。销售人员在与客户进行交流的时候不妨尝试利用"爆米花效应"，在客户面前尽可能多地说出较多相关客户的名称以及对方与自己进行合作的事宜，这样的方法在很大程度上能够让眼前的客户也对你的产品提起兴趣。

当然，在完全掌握"爆米花效应"之前，销售人员需要经过一番锻炼，最主要的就是想办法提升自己的记忆力。超强的记忆力和良好的表达

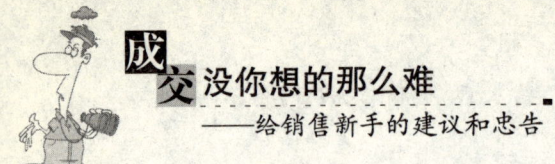

能力能够让销售人员在关键时刻,对客户说出一连串的令人印象深刻的参考客户和相关事宜,在准客户面前尽显强有力的表达能力。想要利用好"爆米花效应"关键在于练习,与销售人员本身的智力并无太大联系,这一点销售人员应当谨记于心,力求"熟能生巧"。

销售人员在练习的过程中可以事先准备一张纸条,将客户的名单按照其行业、规模或联系时间长短的不同标准进行分类,并分别列在纸条之上。随后,对纸条上的内容进行强化记忆,按照不同的分类尝试着用较快的速度将它们说出,利用闲暇时间查询名单中客户的详细资料,总之,销售人员要确保将每一位客户的具体情况都了然于心。这属于纵向上的记忆法,此外还有横向记忆法。

所谓横向记忆法,也就是销售人员在对客户进行纵向记忆的同时,可以将客户的分类标准重新安排。比如说按照客户的地理位置,抑或是其姓氏拼音在字母表中的顺序来进行归类,并尝试着能够将所记忆到的内容迅速连贯地表达出来。销售人员将客户的情况述说得越是具体,就越能够将自身产品或企业的信誉度提升得更高。对于销售人员自身来说,在纵横记忆法的影响下,很快地自信心也会倍增。

当"爆米花效应"的练习效果到达一定程度之后,销售人员便可以着手将"爆米花效应"和其他销售技巧更好地糅合,使之变得天衣无缝,达到出口成章的效果。

用价格吸引客户

价格对商品在市场上的定位有着无与伦比的影响力,它能够影响买方的行为,也会影响竞争对手的行为。

合理的价格可以极大地激发客户的购买欲。当然,在现阶段的市场经

第八章 做销售如何巧用推销策略？

济条件下，将价格固定不变是不可能做到的，因此销售人员应在销售的过程中预留出适当的价位变化空间，以便于和客户谈判。

在一个小县城中，一对在当地颇有名望的夫妇进入了一家首饰店挑选饰品，他们对一只十二万元的翡翠玉镯很感兴趣，但是由于价格过于昂贵而犹豫不决。此时一位善于察言观色的售货员向这对夫妇介绍说，当地另一对很有名望的夫妇来店中时也曾看中了这只玉镯，但是就是由于价格太贵没有购买。这对夫妇听完后为了证明自己比那对夫妇有实力，就毅然地买下了那只玉镯。

这位售货员无疑是十分聪明的，他对客户的购买心理动机以及购买行为揣度得十分准确，寥寥数语便切中要害，迅速而有效地促成了这笔交易。

虽然绝大多数客户都喜欢挑选价格便宜的商品，但是随着人们消费水平的提高和消费心理的变化，销售人员的方针也要及时地实现从"物美价廉"向"受客户支持的价格"的转变。

近年来，在欧美一些发达国家市场上，消费者的购物行为出现了逐渐高级化的趋势，品质越好、价格越高的产品消费得越快。例如美国一家老牌牛仔裤"BEAST"牌生产的牛仔裤每条售价是 25 美元。而"TIME"公司为了向"BEAST"公司挑战，每条牛仔裤定价为 50 美元，同时辅以铺天盖地的广告宣传，提高了该公司产品的声誉。这样一来，"TIME"牛仔裤以高档商品的形象出现在市场中，反而比低价牛仔裤更受顾客的欢迎。而它的竞争对手"BEAST"公司的牛仔裤却沦为了低档产品，除了一些经济拮据的人几乎无人问津。1983 年"BEAST"公司的总经理失声惊呼："'TIME'公司的牛仔裤霸占了大半个美国市场。"

为了靠价格来吸引消费者，在美国纽约有一种很特殊的"99 美分"商城，这是一种小规模的自选商店，主要出售日用杂货、家用五金、常用药品、厨房用品等，而这类商店出售的商品价格一律为 99 美分。这种商店一经推出就受到了人们的欢迎，因为虽然 99 美分离 1 美元仅仅差 1 美

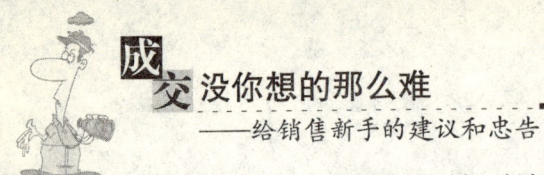

分,但是这1美分的差别却对消费者的心理产生了重大的影响,人们会想:"一件东西连1美元都不到,简直太实惠了。"而如果这家商店把价格定为"1元零1分",那么就会给人一种"超过1美元"的感觉,这两者虽然只差2美分,但是给人的感觉却是天差地别的。而且,99美分的定价使客户感受到经营者的定价是真诚合理的、即使只差1分钱也愿不凑成整数。因此对商品的价格产生一种信任感。

当然,人们不可能把所有的商品都定价为99美分,因此,美国一些商业心理学家在经过调查后统计出了一种最佳定价法:在美国,5美元以下的商品末尾为9的定价是最受欢迎的,而5美元以上的价格,末尾是95定价的产品销售情况最佳。

我国零售商品的定价也大都采取类似的非整数定价原则,以此来适应价格对消费者的心理影响。

总之,价格对商品在市场上的定位有着无与伦比的影响力,它能够影响买方的行为,也会影响竞争对手的行为。它对购买者的消费心理和购买行为有着重大的推动力或排斥力,因此,销售人员在定价时必须采取灵活而慎重的态度。

及时捕捉客户的购买意愿

一个聪明的销售人员不但需要有伶俐的口齿,更要善于捕捉客户的购买意愿,哪怕仅仅是一瞬间的购买意愿,只要能够在第一时间察觉并对客户进行鼓励,达成交易是完全有可能的。

很多销售人员在与客户进行交流的时候,更加偏重于对产品的介绍,他们滔滔不绝地讲解着自己产品的优势,却忘记了对客户进行聆听,即使客户产生了想购买的念头,销售人员也无法及时察觉。一个聪明的销售人

第八章 做销售如何巧用推销策略？

员不但需要有伶俐的口齿，更要善于捕捉客户的购买意愿，哪怕仅仅是一瞬间的购买意愿，只要能够在第一时间察觉并对客户进行鼓励，那么达成交易是完全有可能的。客户的购买信号会在他们对产品的关注程度、语言神态上都有所体现。

张静是在一家公司做销售员，该公司在两个月前研制出一种新型产品，此产品在性能上较以前的产品更具优势，初定的价格也较为适中。销售部经理将新型产品的推销重任交付给张静。经过一番与新老客户的联系，有几个大客户对此产品都表现出较高的兴趣。

其中有一家大公司的采购经理似乎对新产品更显青睐，他为张静留出了两小时的商谈时间，双方在交流过程中也很愉快。张静显然意识到客户的购买欲望，但是她却并没有及时向对方索要订单，她觉得对方反正是有了购买的欲望，既然客户想要多接触几次来透彻了解新产品的一些情况也未尝不可。

接下来，张静又同客户进行了几次接触，期间按照客户的需求将新产品的各种情况都解释得一清二楚，对方并没有异议，张静觉得签单已经是十拿九稳了。可是，令张静意想不到的是，到了预约的签单时间后，客户提前致电过来表示打消了签单的念头。张静为此深感懊悔，她这才意识到因为自己的拖延已经将最佳的签单时间错过了。

一个优秀的销售人员要学会适时推销，适时成交。在与客户的交流中，客户对产品逐渐有了明确的认识，言谈神色之中能够透露出是否已经到了成交的心理时机。当销售人员发现客户的顾虑已经消除，开始产生购买意愿时，一定要不失时机抓紧推销，毕竟人的念头是稍纵即逝的，错过了良机，客户也有可能改变主意。

王敏是某家化妆品公司的推销员，该公司的产品颇受客户欢迎，与客户的商谈效果也一直不错。有一次，王敏去拜访一位客户，销售人员早有听闻过其产品的大名，但是也想对此有个全面的了解，于是对王敏问道：

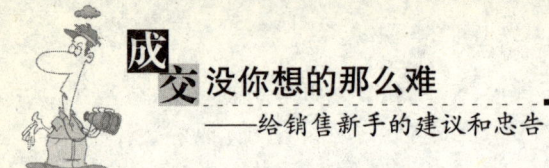

成交没你想的那么难
——给销售新手的建议和忠告

"你们的产品对过敏性皮肤会不会有影响呢?我的皮肤很敏感,使用化妆品常会有反应。"

实际上,客户能够提出这样的问题,便足以说明在她心中是渴望有一种化妆品能够适合她,她也会毫不犹豫地购买,销售人员应当结合客户的具体情况来分析自己产品的优势,鼓励客户发生购买行为。但是王敏却对客户开始讲起产品的发展史、其他客户的好评以及在使用效果等方面的优势,对于客户个体的需求却全然忽视。整整十五分钟的讲解,客户没有一次插嘴询问的机会,而对于客户神色中流露出的不悦神色,王敏也全然没有察觉,二十分钟后,客户终于忍无可忍,甩给王敏一句:"我要忙了,您请自便吧。"

王敏为什么没有和客户达成交易呢?通常情况下,客户已经给了见面的机会,这就是有心成交的表现。这时候王敏所需要做的仅仅是简单介绍便可,只可惜她絮叨地说个不停,反而引起了客户的反感,大好的交易时机就这样被白白浪费了。

作为一个销售人员一定要善于捕捉客户的购买信号,只有抓住对方的购买心理进行推销,成功的概率才会大大提升。通常情况下,客户不愿意将自己的购买信号过于明显地表露出来,他们更喜欢打迂回战役,所以,这需要销售人员对客户进行观察和摸索才行。那么,当客户表现出哪些特点的时候,就表示他们已经开始对产品心动了呢?以下便对此作简要分析:

1. 语言特点

对产品不感兴趣的客户是没有发言欲望的,如果一个客户开始对你的产品进行滔滔不绝的评价,说明他对产品产生了兴趣。如果客户突然转向周围的朋友问道:"你觉得怎么样?可不可以呢?"这表明客户已经动心,他开始在寻找认同者了。如果在一番评论或挑刺之后,客户开始同销售人员进行杀价,说明他已经在做最后的选择了。如果客户向销售人员问及产品的一些具体情况(比如说品质保证期、市场反映等),则表明对方即将购买。这时候销售人员可以再添一把火,鼓励客户下单。

2. 行为特征

如果销售人员发现在自己的介绍中客户的目光不是注视着自己,而是盯向产品;并且对销售人员语言的细节非常敏感,则表示他对产品是有兴趣的。如果客户主动靠近销售人员,则表示他喜欢听你的介绍,渴望你做更详细的解说。如果客户默默静听,一副思考的模样,则表示他已经开始考虑购买产品了,销售人员不要急于打断客户思路,静候片刻为妙。

有时候客户表现出了这些特点,销售人员却一时之间拿捏不准,想要进行试探,可又担心试探不成反而让客户改变了购买的心思,那么销售人员如何来试探是否有成交的机会呢?

其一,用选择法进行试探。当销售人员发现客户处于犹豫不决的情况下时,可以主动上前为其提供两种或多种销售方案,任由其选择。这样就将客户漂浮不定的思绪控制在一定的范畴之中,对方也会将自己关注的重点转向产品的质量、数量、材料等方向上,而不再是"买与不买"的选择上。

其二,用直接提示的方法。当销售人员发现了客户的兴趣所在,便可以不失时机地提示成交,可以先将一个诱导性的问题提出,让客户做出尽快成交的回应。

其三,用"是"来"逼迫"客户,迫使其购买产品。销售人员可以让客户提问,并且保证其最后得到的回答都是肯定的,如此一来,面对一切都妥当的安排,客户便没有了推辞的借口。

试探成交的方法有很多,销售人员要根据不同客户的特点来选择试探方法,避免让客户心生反感。

第九章

做销售如何面对客户的拒绝?

雷德曼被公认为"全球第一金牌销售员",他曾经说过这样一句话:"推销,从被拒绝时开始。"他之所以能够获得成功,所凭借的正是迎难而上的精神,即使遭遇了客户的无数次拒绝,他也从来没有滋生过逃避和抱怨的情绪,他所做的就是对客户表示理解,并寻找新的突破口。作为一个销售人员,每天都有可能面临客户的拒绝,尤其是当客户对相关产品并没有深入了解或没有及时需求的时候,他们似乎更愿意远离销售人员而保全自己的资金。

第九章 做销售如何面对客户的拒绝？

谁都不是"常胜将军"

作为销售人员要懂得客户拒绝的真正意图，只有认清了拒绝的真伪，才能够根据具体的问题做出正确的回应。

每一位销售人员都应当有一个清醒的认识：我们无法做到让每位客户都对我们的产品兴趣十足，所以我们不必要给自己定下"常胜将军"的目标，面对客户的拒绝也应当保持理智的头脑。虽然让客户"一见钟情"的事情不多，但是为了成功，明知有挫折还是需要勇敢尝试，但凡对方能够表现出一丝丝的购买欲望，这就是成功的契机，利用自己的销售技巧和言辞态度让客户最初的警惕心理逐渐消除，虽然这个过程缓慢，但是却能够增加他们对产品的认识，有利于达成最后的交易。

一些销售人员因为缺乏工作经验，在面对客户的拒绝时感到颜面无光，碍于面子而将一些机会亲手抛弃。实际上，放弃眼前的机会是不明智的行为，对于销售人员来说，在工作中要面对的压力要比其他行业更甚，一再退让只会与越来越近的机会擦肩而过，而没有业绩就没有前途，甚至连生存都将成为难题，最终，这样的销售人员会陷入一个又一个的恶性循环中。与其这样，不如"明知不可为而为之"，也就是说，即使知道自己面对的可能是非常难堪的失败，但是也要勇敢尝试一番，有时候这种"不到黄河心不死"的态度，会为推销工作赢来更多的机会。

销售人员可以在与客户交流前做好自己的思想工作，端正自己的思想是每个销售人员需要闯过的第一关。不妨告诫自己：销售不一定使任何人都满意，期间遭到客户的拒绝这也是很自然的事情，重要的是面对客户的拒绝要做出怎样的反应，是选择沮丧离开还是屡败屡战？

从另一个角度来说，客户即使真的对销售人员的产品不感兴趣，也往

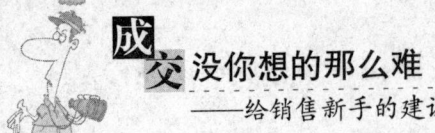

往不会给出直面的拒绝,他们大多会采用拖延的方式来暗示,这就意味着还有回旋的余地。比如说"我得考虑一下"、"两个月后再联系吧,那时我需要"、"对我来说质量不重要"、"现在生意不好";但是又有一些客户给出的直白的拒绝却并非真心的拒绝,他们只是希望通过自己的拒绝能够获得销售人员更大的让步而已。所以,销售人员一定要分清楚拒绝的类别。

那么,如果客户想要真正拒绝的时候,他们通常会找出怎样的理由呢?比如"我们资金不足,确实没有购买的打算"、"我们不具备支配预算的权力"、"我们已经决定购买另外一家的产品了"、"我们暂时还没有考虑过更换供应商"、"你的产品不适合我们"等,一旦客户说出这类的话,那么就意味着他们在表达真正拒绝的意思。

所以说,作为销售人员要懂得客户拒绝的真正意图,只有认清了拒绝的真伪,才能够根据具体的问题做出正确的回应。杰弗里·吉特默是著名的销售大师,他将自己多年的销售工作进行总结,提出了克服拒绝的七大要点:

第一点,认真倾听并揣摩对方拒绝的言辞。分辨出对方的话语到底在表达拖延还是真正的拒绝。真正的拒绝言辞上更加直接有力,并且客户会反复陈述自己的拒绝之意;而拖延的言辞往往含糊不清,没有明确性的理由。无论如何,销售人员在领悟客户的拒绝之意后,不要急于加以反驳,而应当先表示赞同,这样能够让客户内心的抵触情绪有所缓解,接下来再寻找合适的辩解时机。

如果参透客户的拒绝仅仅是一种拖延,那么这就意味着其中还包含着成交的可能性,所以,销售人员需要想办法让客户将拖延的真正理由说出来,否则就无法进行针对性的推销。

第二点,确认客户给出的拒绝理由是否是唯一的理由,还有没有其他隐含的理由,了解客户拒绝言辞的弦外之音。销售人员可以尝试着使用以下语句来对客户一探究竟,诸如"你的意思是不是指……"、"确实是这样,但是除此之外还有没有其他的原因呢"、"您是否对我们产品的质量或者价格有不满的地方"等。

第三点，进行再次确认。销售人员在进行再次确认的时候，可以将自己的语言进行重新组织，以一种全新的方式来进行提问或者交流，虽然看似是一种"换汤不换药"的方法，但是通常也能够从客户那里获得更新的信息。比如说："您刚才提到了包装问题，换句话来说，如果我们能够为您提供新的包装，您是否就会考虑购买我们的产品呢？"

第四点，了解拒绝的性质后对客户进行提问。销售人员如果能够提出那些包含着解决方案的问题，扭转局面的可能性会大大增加。诸如"您刚才提到了对产品运作效率的怀疑，那么如果我们能够保证产品的运作效率……"、"如果我们能够满足您想要的其他条件……"、"如果我们可以为您提供产品免费使用的机会……"，在说完这类解决问题的保证性话语后，销售人员可以接上一句："您是否也愿意重新考虑您的决定呢？"

第五点，用实际操作来让客户点头。这时候，销售人员需要用上一些相关的资料，比如说证明信、产品推荐信、质量对比图表、电话联系信得过的客户、优惠项目等，以此来证明产品的价值，阐述利益所在。这些都是能够让客户由拒绝变为接受的重要环节。

第六点，将达成交易的问题提出，学会用假设的方式来与客户进行交流。除了提问的典型模式"如果我能……您会不会……"之外，还可以用其他的方式进行沟通，比如说："我可不可以询问一下您为何对这一点如此关注？"等到客户做出回答之后，销售人员可以接着说："既然您看中这一点，我们同样会将它视为重点来对待。"或者是说："我能够保证我们能做到这一点，请相信我。"

第七点，确认所回答的问题，同时抓住时机确认交易时间。如此一来一位潜在的曾经表示过拒绝的客户就变成了真正的客户。表示确认的问题通常有："那么，您觉得我们在什么时候开始送货比较合适"、"您对送货时间有什么要求吗"等。

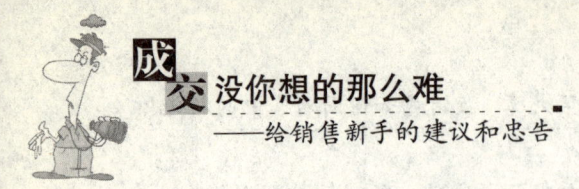

抱怨的原因就是拒绝的原因

销售人员应该分析客户所抱怨的问题是否属实,如果客户抱怨的问题确实存在的话,那么你就要立刻改善,因为这种情况下解释是没用的。

客户之所以会拒绝,就是因为你做得不够好。而抱怨则是对你的不足之处的批评,所以,只要了解客户抱怨的原因,你就可以找到客户真正拒绝你的原因,有时候,并不是你的产品不够好,而是其他方面有所欠缺。

客户抱怨的原因一般有以下几种:

1. 质量问题

销售人员没有认真全面地提高自己产品的质量,比如出现次品或者某些设计不尽如人意。

2. 客户不满意你的服务

比如服务态度不佳,接待缓慢,搞错了先后顺序,说话态度较差,一味向客户强行推销,不管客户的需求,对产品的解释无法回答客户的问题,客户不买产品就立刻板起脸,瞧不起客户,对客户不信任,对客户挑选产品的动作不耐烦,对工作流露出厌恶的态度,等等。

3. 广告误导

比如夸大产品的价值和功能,过度美化产品,大力宣传自己的售后服务力度但是在事后却并不兑现。

那么,销售人员在面对客户的抱怨时,应该如何处理?

销售人员应该分析客户所抱怨的问题是否属实,如果客户抱怨的问题确实存在的话,那么你就要立刻改善,因为这种情况下解释是没用的。而有时候,客户的抱怨更多是"醉翁之意不在酒",他们说你的产品质量不过关,说你的服务态度不好,或许只是个借口,他们真正的目的是砍价。

因为他们知道，一旦直接提出降价要求很有可能会被拒绝，所以他们一般不会主动提出，只能借助这种方式来让你降价。

此时，销售人员就应该善于分析客户的真实意图，千万不要把主动权交到客户那一方。中国有句古话叫作"说话听声，锣鼓听音"。说的就是要能听出对方说话的"弦外之音"。为了砍价，有些客户总是会喜欢用一些并不存在的"事实"来进行试探，这种行为在销售界被称为"伪理由"，此时，就要看销售人员的"听力"如何了。

比如客户经常会说"我在其他地方看到也有同样的产品，比你们这里便宜很多"、"产品是不错，但是我还要考虑一下，你们的售后服务并不令人满意"、"还有其他几家供应商找过我们，我要仔细考虑一下"等等。而此时，销售人员想要判别真伪并不难，只要问得再具体一些，比如竞争对手的报价和名字等，此时如果对方说的是"伪理由"，那么他就会闪烁其词，毕竟真的假不了，假的也成不了真的。

通过诱导让对方跟着你的思路前行

正如安东尼·罗宾所说："成功者与不成功者最主要的判别是什么呢？一言蔽之，那就是成功者善于提出好的问题，从而得到好的回答。"

语言诱导在说服客户的环节上格外重要，销售人员在对客户进行语言引导的时候要保证语言的表达效果，交流不当不但无益于双方关系进一步的发展，甚至会将整个局面变得更加糟糕。

销售行业有一条通用法则，即"如果能够选择提问，那么绝对不要赘言"，多问少说历来是销售的重要规则，正如安东尼·罗宾所说："成功者与不成功者最主要的判别是什么呢？一言蔽之，那就是成功者善于提出好的问题，从而得到好的回答。"但是，销售人员要保证问题的正确性，在

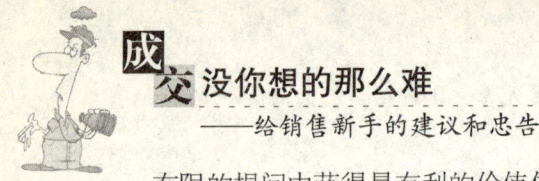

成交没你想的那么难
——给销售新手的建议和忠告

有限的提问中获得最有利的价值信息。

通俗来说提问的秘诀就是预设"圈套",也就是通过自己的诱问、引导让对方在不知不觉中跟随你的思路前行,以下案例便是引导性提问的典型:

一位推销员为了将自己的电动机推销出去而来到一家企业中,他将自己的电动机拿出来后让该企业的总工程师示范。首先将电动机通电用来测试它外部的温度,总工程师用手摸摸电动机的外壳,然后摇摇头表示不满,因为他感觉到这个电动机在通电后过热,他认为这间接表示出机器的质量不好,所以感到失望。

推销员见状并不急于解释,而是对总工程师提问道:"我相信贵企业的电动机一定符合电制品公司的标准,是不是?"

总工程师回答道:"当然。"

推销员接着问道:"一般来说规定中的电动机热度标准会高于室内常温华氏72度,是不是?"

总工程师点点头说道:"正是。"

"我能问一下贵企业的生产车间的温度有多少吗?"推销员很好奇地问道。

"应该在华氏75度左右。"总工程师回答道。

"我们不妨用华氏75度来计算,加上电动机高出的华氏72度,则电动机温度本身的温度就达到了华氏147度。如果是如此高温的水,试问有没有烫伤的可能性?"推销员问道。

"你推测得很有道理。"总工程师若有所思地点点头。

"贵企业的电动机有着这么高的温度,您应该不会常把手放在上面吧?而您刚才却能够放心地触摸我的机器设备,这难道不恰恰证明我那设备的温度要低于您这里设备的温度吗?而您不正是认为发电机的温度越低,它的质量才能够越好吗?"推销员细致地解释道。

"是的,你分析得不错。"总工程师信服地说道。

说完,二人都不约而同地笑了起来,在这名推销员的引导和提问下,

第九章 做销售如何面对客户的拒绝？

客户终于愿意与他进行合作，而且一口气签订了将近五万美元的合同。

由此可见，想要从客户那里获得认同，事先应当进行准备，巧妙地提问，先将客户的思路牵引过来，这些问题尽量是正面的，能够让客户脱口而出肯定性的答案，到最后，当销售人员提出签合同的提问时，对方则会按照既定的思路也表示肯定，从而让交易顺利地完成。例如：销售人员可以对客户说道："按月付款和按季度付款的方式，您愿意选择哪一个呢？"这样就限定了客户的思路，从二者中选择其一；再如："您觉得我下一次的来访时间在哪个时间段比较合适呢？下个周末，或者下下个周末？"

诱导性提问是说服客户的重要方法，但是在使用这个方法的时候，一定要对每一个诱导环节都进行详细的推敲。毕竟，在对客户的说服过程中，任何语言色彩的转变都有可能会造成截然不同的结果。所以，在说服对方的时候尽量避免诸如"愤怒"、"生气"、"怨恨"等消极类别的词语，做积极的、正面的引导，如此一来，双方在沟通中也能够更快更好地达成合作关系。

谁都不会拒绝"自己人"

若想让对方赞同自己的意见，则需要结合对方的客观处境，为之找出确切可行的理由，这样一来便能够让对方对你产生一种亲近感，有一种"自己人"的意识。

销售人员要想让自己的业绩出色，则需要尝试着为客户考虑，"客户是上帝"，如果能够站在客户的角度考虑问题，那么商谈也就变得容易了许多。如果在推销过程中有客户愿意接受自己的商品，那么，销售人员要发自内心地表示感激，并对客户时刻保持尊重，所谓"以客户为中心"也

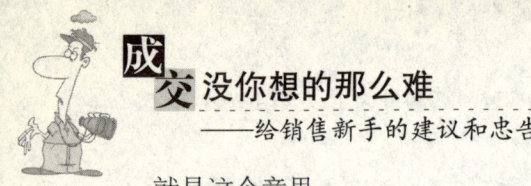

就是这个意思。

既然在服务的过程中,客户是真正的中心,那么销售人员就不可以过于随心所欲。将这种为客户着想的精神发挥到极致才是销售诀窍所在。可以说,为对方考虑不仅仅是推销的秘诀,更是拓展人脉的关键。在双方交流中,若想让对方赞同自己的意见,则需要结合对方的客观处境,为之找出确切可行的理由,这样一来便能够让对方对你产生一种亲近感,有一种"自己人"的意识,信任的产生能够让沟通变得越加顺畅。

每一个想要获得成功的人,都需要将着手要做的每一件事情都用心去做,在做事情的时候会经过细致的考虑,研究如何让事情能够朝最好的方向发展,为此当然也会采取一些必要的实际行动。销售人员为了掌握客户的情况,通常会在与之进行交流前进行必要的调查,比如说走访与之相关的人员,阅读有利于谈判的书籍资料,这样一来,在与客户面对面的时候就能够对其性格、爱好、职业、家庭和现实情况有一定的了解,通过对这些情况的分析便能够了解到客户最需要、最关心的究竟是什么,也能够将他们内心所担忧的事情推敲出来。所以说,真正顶级的销售人员无一不是合格的心理咨询师。

正如"推销之神"原一平所说:"一个杰出的推销员,首先是一位优秀的市场调查员,其次也是一位出色的新闻记者。他需要在与客户进行会面之前就全面地掌握其信息,如此才能够在与客户进行会面交流时将对方的职业、子女、家庭状况,甚至他本人的故事细细道来,越是准确、越是逼真,越能够让双方的心理距离拉近。"

有一次,原一平准备走访某客户,于是便提前对这名客户的信息进行调查,但是以哪里作为切入点呢?一次偶然的机会,原一平了解到这名客户常常光临一家服装店并订购那里的西装,于是,他想到先从那位服装店老板下手来摸清客户的情况。为了获得老板的好感,原一平特意从该服装店订购了一套与客户的一模一样的西装,不但衣袖、扣子一样,而且连领带都毫无差别。在约见客户的时候,原一平特意换上这套服装,双方一碰面,客户感到非常吃惊,尽管这是二者第一次会见,但是因为看到原一平就如同看到镜中的自己，所以客户不但没有丝毫的拘束感，反而觉得格外亲切，也更将这次的"撞衫"视为"英雄所见略同"的缘分。于是，一份高额保单便诞生了。

每个人对自己的切身利益都倍加关注，所以，站在对方的角度考虑问题，往往能够起到事半功倍的效果。当然，这样做要以真诚为基础，如果只顾削尖了脑袋与客户成为"自己人"而不顾职业道德，则是南辕北辙的行为了。

应对客户拒绝有妙招

销售人员应当领悟到客户用拖延来表示推辞的惯用方法，所以应尽可能地将会见时间明确下来，当然，越是提前越有利。

很多销售人员不知道如何应付客户的拒绝，以下为大家介绍几种常用的应答方案，对于销售实战来说大有裨益。

1. 客户拒绝之一："我现在没有时间！"

销售人员首先要表示赞同，比如说："我理解您，因为我和您一样也经常感到时间不够用。所以我一定会节约您的时间，您只要给我三分钟就足够，请相信这三分钟会让您得到一个重要的议题。"

2. 客户拒绝之二："不好意思，我没有那么多的闲钱进行投资理财。"

销售人员应答："是的先生，您的财务支配情况只有您自己最为清楚。无论有多少财产想必您也会在心中进行合理的规划，我们能够为您提供全盘规划的方案，从长远来说对您是有很大益处的……（引向自己的话题）"或者说："是的先生，很少有人要什么有什么，正是因为我们的钱财有限所以更要寻找到一种方法，让有限的资金创造出最大的利益。这样

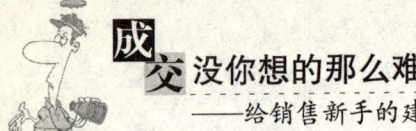

一来，我们的未来也就有了保障……（引向自己的话题）"

3. 客户拒绝之三："我对你所说的不感兴趣。"

销售人员应答："是的先生，我对您现在的心情完全能够理解，没有谁愿意将自己的信任托付给一个陌生人，面对一种陌生的事物，很少有人会立刻产生兴趣，心中存在疑虑是合情合理的。但或许当您对它有所了解的时候，您会觉得它真的很有意思……（引向自己的话题）"。或者是："我非常理解您的感受，让一个人去接受一件自己都不知道它的好处在哪里的东西确实是强人所难的。也正是因为这样，我才想对您做进一步的解说，毕竟兴趣都是产生在了解的基础之上。您说呢？"

4. 客户拒绝之四："解说就不必了，把你们的资料放在这里好了，有空我会看。"

销售人员应该明白客户一旦说出这样的话，资料的命运往往是石沉大海，所以一定要趁热打铁，可以做如下应答："先生，我们一定会将资料留给您的，因为它是我们精心设计而成的，但是因为这些资料都是纲要和草案的形式，所以最好能够有相关人员加以说明。另外，我们会按照每一位客户的具体情况来对资料做修订，真正达到量体裁衣的目的……（引向自己的话题）"。

5. 客户拒绝之五："我会考虑的，下周有空再同你联系。"

销售人员应当领悟到这是客户用拖延来表示推辞的惯用方法，所以应尽可能地将会见时间明确下来，当然，越是提前越有利。比如可以做如下回答："好的，先生，我随时等待您来电话。您觉得我们下次的会面时间是定在下周三呢，还是下周四比较好呢？"

6. 客户拒绝之六："我们暂时不能确定业务发展的方向，所以将来有机会再同你进行联系。"

销售人员可以做这类的回应，诸如："先生，贵公司业务的发展是一直备受期待的，我也会一直关注的。您不妨先参考一下我们的供货方案，其中的优势或许会对该项业务的发展有所帮助。"

7. 客户拒绝之七："这个决定我不能自己做，还是需要跟合伙人商量的。"

第九章 做销售如何面对客户的拒绝？

销售人员此刻应当抓住机会，套问出客户的合伙人情况，或者确定下次会谈的具体时间。可以这样回应："是的，先生，我完全理解，我们什么时候可以同您的合伙人会面呢？"

幽默让客户的警惕心放松

在销售中，幽默能够让客户的警惕心逐渐放松下来，亲切感越来越浓，对销售效果有着重要的促进作用，但是这并不意味着幽默感可以滥用。

幽默的谈吐在任何场合中都不可或缺，它能让重大社交场合中的严肃紧张气氛向轻松和谐氛围转变，也能够让日常生活中人们内心的温厚和善意流露出来，如此一来自己所提出的观点也能够被众人更好地接受。

将语言变得幽默丰富还能够调节局促、尴尬的场面，让拘谨或不安逐渐淡去，交流者之间的矛盾也能够很好地化解。比如说，一个人有着很大的鼻子，小孩子看到了，充满好奇心地叫道："大鼻子叔叔。"倘若这个人缺乏幽默感，或许就会因为孩子的一句话而感到不开心，甚至对孩子大加说教，不但伤害了孩子幼小的心灵，也会让孩子的父母感到难堪。但是，如果这个人充满幽默感，他则会对小孩子的无心之失开怀一笑。

在销售过程中尤其需要注重幽默的作用，销售人员应该尽可能地激活自己的幽默细胞，掌握一些幽默的技巧。原一平作为日本的"推销之神"曾经将自己的故事和大家分享，其中他着重提出销售人员要对幽默感重视起来。

有一次，原一平去对一位客户进行回访，客户打开门后看了一眼原一平没好气地说："敲门的总是推销保险的，贵公司的推销员已经让我倍感

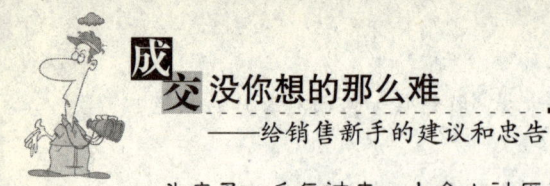

成交没你想的那么难
——给销售新手的建议和忠告

头疼了,反复过来,太令人讨厌了。"面对这样的斥责,原一平温和地笑道:"有这种事?不过我可跟以前的推销员不同啊,我比他们可要英俊潇洒得多。"客户打量了一番眼前这个个头矮小、长相平平的人,忍不住地笑了起来。

"我看你不像英俊潇洒之人,倒像是小辣椒。"客户说道。

"您说得对极了,个头越是小的辣椒味道越是辣,地道极了,您不想尝尝吗?我保证在半小时之内让您感受到我与先前销售员的不同。"原一平趁机说道。他开始发动脑筋思考能够逗乐客户的妙计,一边想着一边说着一边手舞足蹈,不一会儿两个人就开始敞怀大笑起来,笑声让陌生感顿时消失,二人针对保险问题谈论了很久,最终客户紧闭的心门被原一平打开。

在销售中,幽默能够让客户的警惕心逐渐放松下来,亲切感越来越浓,对销售效果有着重要的促进作用,但是这并不意味着幽默感可以滥用。在运用幽默感的时候要特别注意以下几点:

第一点,不可哗众取宠。过于刻意的油腔滑调会让幽默的本质发生改变,不但会让人觉得当事人是在哗众取宠,也会让人觉得这个人过于油滑,不够真诚。

第二点,在发表幽默的言论时需要留心声调和表情的和谐,否则会给人"皮笑肉不笑"的扭曲之感,让人觉得幽默是一件虚伪的事情,不利于双方的交流。

第三点,依据对方的品位来选择幽默的方式。有的人天生严谨、不苟言笑,这时候需要用幽默以外的另一种方式来与之进行沟通。

那么,销售人员怎样才能拥有良好的幽默感呢?以下几点可供参考:

1. 高尚的情趣与乐观的信念是基础

幽默的谈吐与健康的思想、高尚的情趣密不可分,正如恩格斯所说:"幽默是表明工人对自己事业具有信心并且表明自己优势的标志。"只有那些品德高尚、心宽气朗且对生活充满信心的人,才能够让幽默感由内而外地表现出来。比如说,经历过战争年代的革命家们在与群众交流时,常常

言辞激昂,话语间的幽默感不自觉地流露出来,不但能够将自己的热情、亲切传递给对方,而且能够获得众人的认同和拥护。

2. 具备高度的观察力和丰富的想象力

想要具备幽默的谈吐风格,则需要留心培养自身反应的灵敏度,也就是说要求当事人能言善辩、思路敏锐。敏锐的思路来自于对生活的留心,只有对生活和工作格外关注,才能够让自己的观察力得到提高。想要提升想象力,则可以多尝试使用比喻、夸张、双关、移时、引用、拈连、仿似等修辞模式。

3. 拥有较高的语言表达力与个人素养

幽默在一定程度上能够反映当事人的智慧,文化素养越是高,则驾驭语言的能力就越是强,加上个人知识层面的拓宽,在交流中能够任意引用古今中外的故事,对历史典故熟知于心,各种风土人情都有所涉猎,再润色于灵活多样的语言方式,那么在日常交流中就能够得心应手,表达过程也能够更好地向幽默的层面转移。

需要注意的是,在销售过程中,幽默仅仅是一种手段和工具,绝非最终的目的所在。另外,销售人员也不可为了幽默而幽默,要争取做到幽默与具体的环境相结合。如果销售人员着实没有幽默的天分,则需要另谋销售的路径,不可强求而为,否则反而会弄巧成拙。

第十章

做销售如何做好电话销售?

  电话销售作为常见的推销形式之一,在销售的方式中占据了相当重要的地位。不可否认,电话销售同现场销售具有一定的差别,至少在电话销售中的初次交流很难将具体的销售策略铺展开来,销售人员更加需要耐心和随机应变的能力。"无约电话"虽是挑战,但实际上任何人都能够拨打,只不过销售功力的区别就在于优秀的销售人员能够将"无约电话"变成"有温度"的电话,让它成为一种为自己拓宽销售道路的工具,掌握更多的潜在客户信息。这一章主要介绍电话销售的重要性、主要形式以及注意事项。

第十章 做销售如何做好电话销售？

出色的销售都是从电话开始的

每一个出色的销售人员，都是通过一步一步锻炼出来的，他们的艰辛，是常人所无法体会的，通常情况下他们都是从电话销售开始的。

在进行电话销售时，销售人员一开始往往羞于表达，不敢去说去做，因为他们不自信，他们往往先是面对着墙一遍一遍地练习，当他们敢于说时，就要拿起电话，去寻找身边的潜在客户，但不可避免会碰壁，没等介绍完，电话就会挂断。电话传递的是声音，要能通过声音传递微笑，传递温暖，拉近与客户的距离，增加话题，在不经意中销售，才能增加成功的概率。

每一个出色的销售人员，都是通过一步一步锻炼出来的，他们的艰辛，是常人所无法体会的，通常情况下他们都是从电话销售开始的。

首先作为一个销售人员，要了解自己的产品，产品的性能、档次以及特色，它与同档次产品相比优势是什么。比如说一个儿童玩具，它与同类产品比有哪些不同之外。

其次作为一个销售人员，要善于去了解客户，了解他们的生活、家庭、工作等，去寻找话题，电话销售也不例外。只有与客户有了共同的话题，才不至于尴尬而无话可说，才能让客户不挂断电话而继续聊下去，通过聊天，聊出对方的需求点，知道了对方的需求点后需要了解对方更详细的需求。比如一个汽车销售，你就要去了解客户，他是白领还是蓝领，如果是白领，他需要的就是豪华版的，如果是蓝领，他需要的就是实用型的；他需要的是商务车还是家庭用车，如果是家庭用车，就要了解他的家庭成员，看他需要的是宽敞型的还是两人型的；还有要看他的业务范围是山区还是平原，如果是山区就要考虑越野车；等等。

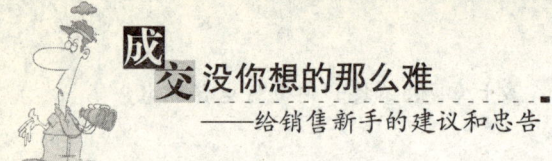

再其次，作为一个销售人员要主动联系客户，创造销售的机会。主动打进电话的客户少之又少，既然对方不打，你就一定要主动致电。无论什么时候，"主动"和"积极"都是销售人员最基本的职业素质。

再再其次，作为一个销售人员要挖掘潜在客户。只有挖掘到潜在客户才能创造更多的销售机会。一些人看起来与自己的产品毫无关联，但是或许下一秒他们就能成为你的客户，只要你能够发掘出对方与产品之间所存在的隐形联系。销售人员要时刻注意在电话销售的过程中积累自己的人脉关系，人脉网络越是密集，潜在客户浮出水面的概率就越大。

最后作为一个销售人员要有耐心。并不是我们每打一个电话，别人都会接，别人都会听下去，一次不行两次，两次不行再接着打第三次，要不厌其烦。不要跟客户对峙，要善于倾听，对待不同的人要对症下药。销售人员还要善于跟进。如果电话销售成功后，就要跟客户约见，把事情确定下来。

让电话由冷变热

初次进行销售的那一通电话，历来有着"冷电话"的称谓，所以销售人员要做的第一件事是让电话由冷变热，寻找一种策略让客户放松戒备，让他们将你视为自己的"熟人"。

一些销售人员在介绍自己的产品和公司的时候，为了将它们的特长和益处凸显出来往往采用这种方式："先生您好，我们公司以高品质标准而在行业中知名，我们希望可以获得为您解决问题的机会，我们会用最佳的产品和服务来为您服务。"

这样的介绍词听起来也不错，但是如果站在客户的角度来听，这样的介绍词却似乎并没有任何谦逊之感，不像是出自一个为自己招揽客户的销

第十章 做销售如何做好电话销售?

售人员之口,倒更像是在听一个著名企业家的演讲:"我们企业因……而闻名,我们具备最好的……我们希望有机会……"或许客户还没有听完你的介绍便会回答:"不必了,谢谢你,我们已经……"

看起来不错的介绍词竟然会以失败而结束,原因何在?除了言辞间缺乏谦逊之感外,销售人员也忘记了给客户创造一种熟悉的气氛。实际上,这种一蹴而就的心态本身就是过于急切的,"欲速则不达",按部就班地前进,步步为营才是销售人员应该走的道路。在推销电话拨通后,销售人员不但要将自己打电话的原因说出,而且还要挑选一种能够激发客户兴趣的方式来阐述,时刻引导着对方迈出向你靠近的下一步。

尤其是初次进行销售的那一通电话,历来有着"冷电话"的称谓,所以销售人员要做的第一件事是让电话由冷变热,寻找一种策略让客户放松戒备,让他们将你视为自己的"熟人",让其周围的人明白你是已经获得"入场券"的幸运儿。

每一个人都更愿意和熟人进行交流,那么销售人员就要想方设法将自己变成客户的"熟人"。有这样一种现象:当你已经有一份工作时,想要找到另一份新工作不是难事;当你已经有了伴侣的时候,想要获得更多约会的机会反而会更加容易。同样的道理,当你掌握了大量潜在客户的信息时,一个不小心你的客户群便能够得到成倍的增加。当然,前提是你要融入这些客户之中,成为他们中的一员,成为客户的"熟人"。我们不妨来分享一个成功推销员的案例:

亚特兰大的西北互助人寿保险公司的最佳员工之一奇普·格雷迪有着突飞猛进的销售业绩,当人们问及他成功的原因时,他脱口而出"创造熟悉感"。比如说他在与一位陌生客户打电话时会这样说:"史蒂夫您好,我是奇普·格雷迪,来自西北互助人寿保险公司。不知道弗雷德·汤姆金斯是否告知您我会打电话来?"

"是的,他曾经提过。"对方回应道。

"弗雷德是我的客户,但是,他更是我的挚友。我常常听他提到您,只要一谈起您的名字,弗雷德便会变得格外兴奋,每每都会对您称赞有

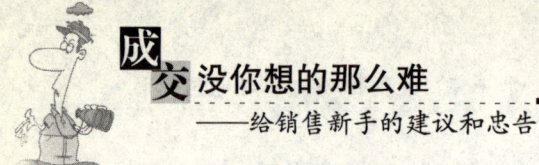

加,并且他一直希望我能够认识你,他向我打过保票说我一定会被您的风采迷住。您愿意用几分钟的时间来让我达成弗雷德的心愿吗?"奇普·格雷迪会这样提问。

不难想出这样的一番对话后二者的交流情况,很快地二人便成为真正的熟人。对奇普·格雷迪来说,电话销售过程中最关键的环节不是对产品的介绍,而是留给客户的第一印象。当然,如果能够有一个强大的人脉网络,有熟人进行相互间的推举,那就更加完美了。一个有说服力的推荐人能够给予销售人员重要的一臂之力,潜在客户在熟人的影响下通常都会给出几分颜面,为销售人员留下几分钟的交流时间,这样条件下的交流也更加具备信用度。

起关键作用的无约电话

不招人喜爱的"无约电话"既是一个销售人员成功的第一步,也是最基本的职业底线,任何一个合格的销售人员都必须闯过"无约电话"这一关。

电话销售往往能增加销售机会。改善现状的机会如果一旦被潜在的买家发现,他们就会出现在你的门前。当没有潜在客户出现时,你主动联系他们才能创造更多的商业机会。

但是,联系是不容易成功的。为电话销售感到困扰的往往是公司的决策者,他们通常是在现有的销售关系上进一步跟进,来了解他们更新的产品。往往潜在的客户没有很多的时间来听打进的电话。

一般会有2%~5%的潜在客户能成为你的真正客户,而95%~98%的客户会拒绝你的电话销售。通过这些数据不难看出,大多数的潜在客户对

第十章 做销售如何做好电话销售？

"无约电话"存在逆反心理，一方面有销售人员自作主张之嫌疑，另一方面客户们会觉得这是对他们宝贵时间的浪费。当然，从客观上来说，关键客户的确常常被各种会议所包围，他们确实需要对日常事务进行管理，没有过多的闲暇时间来听销售人员的自我介绍，更何况是没有预约而不请自来的电话或访问。

从另一个方面来说，客户即使有时间来倾听销售人员的解说，但是心中也会存在过多的疑虑，因为当潜在客户将电话拿起时对于自己将要谈话的内容全然不知，对于电话另一头的人物也是陌生的，这样的一场谈话客户自然有不适的感觉，这是可以被预见也是能够理解的。

所以说，"无约电话"对销售人员来说是巨大的挑战，他们一方面需要用"无约电话"来打开自己推销的大门，尽一切可能让客户对自己所述内容感到新奇，另一方面要利用一切能够利用的人脉关系，在最短的时间内让客户对自己产生信任之情。

实际上，完全可以将"无约电话"视为一个销售人员此次推销成败与否的关键，也就是说，当你通过"无约电话"获得了客户的好奇心，那么你便有机会与之进行接下来的进一步交流，甚至获得登门拜访的机会，为客户提供具体的解决问题方案；但是，如果你的"无约电话"获得的是拒绝，那么你离出局就不远了。由此可见，不招人喜爱的"无约电话"竟是一个销售人员成功的第一步，也是最基本的职业底线，任何一个合格的销售人员都必须闯过"无约电话"这一关，否则这条职业道路将走得格外吃力。

很多成功的推销人员都表示，自己最初的"无约电话"并没有太大的效果，但是他们更善于从细节中为"无约电话"创造有利的条件。

当他们拿到潜在客户的名单静坐于电话前时，总是要用深呼吸的方式来让自己平静下来，然后无论心情多么恐惧都要让声音转换成一种自信而亲切的语调。他们还会在失败的"无约电话"名单上做好标记，随时准备二次甚至多次拨打。这是一种内心强大的坚持，因为你不能确定是否下一次的拨通就有了打动对方的机会，因此，任何时候都不能气馁。

当然，成功之前，挫败感必然会成为家常便饭，或许客户不但没有被

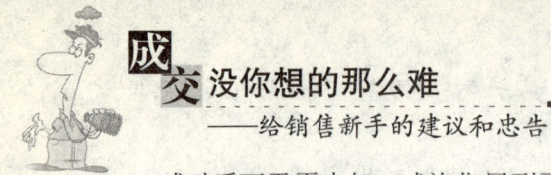

感动反而雷霆大怒；或许你尽到了一切努力进行预约，而对方心中所想到的却是尽快挂掉你的电话。这样的情况一旦持续不断，这就意味着：销售人员适当改变自己的时候到了，老路成了死胡同，另辟蹊径为妙。

比如说当有的销售人员感觉到客户态度冷淡的时候，他们不会被对方的情绪所影响，而是会让自己变得更加热情，让心中的热情和真诚通过话筒传递到对方的耳朵中，给话筒升温，对方的冷漠也会逐渐被融化。总之，在拨打"无约电话"之前，销售人员要做好充足的心理准备，在有限的时间中将自己的独特之处用声音展示给对方。

成功电话销售五步走

电话销售人员应当在心中明白，电话销售的过程不是一蹴而就的，它是由很多个环节拼接而成的，每一个环节当中都要考虑下一步的方向。

进行电话销售的时候，在拨通电话的一瞬间，你的心中一定非常紧张，这是一种很真实的心理感受，因为无论对方会给出怎样的回应，这都是决定成败的关键一步。或许当你刚刚报出自己名字和身份的时候，就遭到了对方的拒绝，你甚至连一个向中心靠拢的关键词都还没有提及，就不得不说一句"抱歉，打扰您了"。所以，自信是电话销售的第一关，你要充分地相信自己，相信你的产品和服务，凡事做最好的努力。

第一步："找对人，做对事"。

找到有权做决定的人，否则再好的电话销售技巧都是白费周折。销售人员在第一次打出陌生电话时，切记不要忙于介绍自己或介绍产品，而是找到有的放矢之"的"，确定与自己通话的人就是你要找的关键人物。这一点说来容易，实际上在操作中，确实有七成以上的无约电话找不到关键人物而以失败告终。关键人物往往具备以下特征，销售人员须留心：有

钱,能够有资金来购买你的产品;有权,在企业中具有独立采购或决策权;有需求,他需要你的产品。

第二步:自我介绍。

这个阶段相对来说简练为好,持续时间控制在 15~40 秒之间,但是简练并不是不重要,一个精彩的开场白恰能够起到画龙点睛的作用。自我介绍的目的应当是明确的,想办法让自己的一只脚踏进客户的心中,即使是引起对方几分钟的注意或许也能够成为日后深交的起点。不可否认,"无约电话"的自我介绍更是不容易的事情,正所谓"万事开头难",稍有差池便有可能会吃上闭门羹。因此,开场白一定要出彩。

第三步:对客户需求的发现。

在这个过程中需要颇费工夫,周转时间可控制在 20 分钟或 30 分钟之内,如果对方在潜意识中将你作为一个推销人员,他或许不会将这么长的时间留给你,他真正愿意留给你的时间不过是 30~60 秒而已。客户有需求才会愿意与你交流下去,所以当你还没有发现客户的需求点时,不要急于将自己产品的优势或服务的独特之处罗列出来。之所以说销售活动中需要花上 70%的时间用来聆听,聆听的是什么?正是客户的需求。

客户的需求通常分为明确需求和隐含需求两大类。幸运之神如果眷顾,客户直接对你讲出他的需求也是未尝不可的,当你遇上了有着明确需求的客户,那么你就可以直接对自己的产品与其需求的吻合程度进行分析,交易也能够顺理成章地达成。当然,明确需求的比例在销售过程中是很低的,大约占到千分之一的比例,更多的是客户的隐含需求,是需要销售人员进行揣测分析的。

在应对客户隐含需求的时候,尽可能让客户处于放松状态中,使其防备心理减弱,让他知道你是值得被信任的,这样他才愿意将隐含需求转化为明确需求。如果对方实在不愿意提及自己的明确需求,那么销售人员可以用多选或单选的方式来暗示客户,比如说:"那么,我觉得××是不是更加适合您呢?"或:"××的质量不错,广受客户好评,您是否也考虑使用?"这样就给了对方选择的机会,如果你对其需求的猜测是正确的,那么他也会欣然接受你的提议。

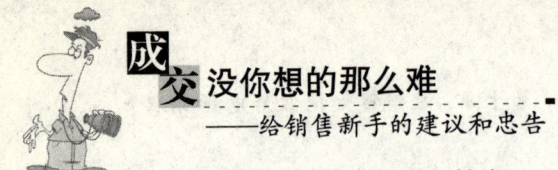

成交没你想的那么难
——给销售新手的建议和忠告

第四步：与客户进行协商。

经过对客户需求的讨论，并将客户能够获得的利益详细阐明后，电话销售便可以进入协商的环节中。电话销售中的客户协商要比当面拜访中的协商要难处理些，因为销售人员无法通过客户的表情来分辨其真实的意图，对方所表现出来的异议也无法进行立体揣测。

比如说当客户那方接电话的人提出"我们要考虑一下"或"和我的合伙人商量下"或"这次的采购要获得老板特许才行"时，这类的话明显带有拖延之意，如果电话销售人员想要避免这种拖延而索要其老板或合伙人的联系方式时，很有可能会将电话那端的客户得罪。那么面对这种拖延的措辞，销售人员应当如何处理呢？首先在电话中一定要对客户那端的这种情况表示理解，其次要敢于提出直接与其上级沟通的请求。如果遭到对方拒绝，那么一定要想办法将电话另一方的人发展成为自己的"推销代理"，也就是努力让对方为自己向其上司或合伙人传话。突出产品亮点，保持与对方良好的关系。

当解决了异议之后，销售人员需要想办法获得客户的某些承诺，这里的承诺即下一步进行中时间地点的具体约定。当然，客户不会主动为销售人员定下承诺，这需要销售人员主动对其进行引导，比如说："王经理，那我下周二下午再给您打电话，看看您这边的进展怎样，好吗？"这样的约定比较委婉，也将客户放置在备受敬重的地位上，使其有被重视之感，较为容易获得同意。

切忌在谈判将要结束时说"王经理，那我们有机会再联系，再见"这类的话，这样的结尾没有起到任何推动电话销售进展的作用，是一种含糊不清的表达方式。电话销售人员应当在心中明白，电话销售的过程不是一蹴而就的，它是由很多个环节拼接而成的，每一个环节当中都要考虑下一步的方向，否则下一次你同客户的联系又将成为无约电话，即使是获得了客户的约见时间和地点的承诺，对方也是很容易发生改变的，更何况是无约之谈呢？

第五步：与客户达成交易。

在销售对客户一步步激发兴趣后，产品和服务的价值也逐渐透露了出

来，客户的疑惑也在交流的过程中得到解决，接下来就迈进了一个更为关键的阶段中，即达成交易阶段。电话销售人员在这个阶段中应当从容不迫，不可以过于急促，但也要避免拖拖拉拉，应在火候适当的时候尽快提出成交的要求。毕竟在电话销售中机会往往是稍纵即逝的，所以，电话销售人员最好采取灵活多变的方式来安排成交方式，注意不可以对客户施加过大的压力。

假定成交是常用到的达成交易法，也就是在电话中虽然不提出让客户签单的事项，但是话语之间都将客户放置在已经成交后的待遇上，在讲述具体细节的时候也按照"标准客户"来对待，比如说："王经理，您明天下午在办公室中吗？我到时候给您安排送货。"当然，假定成交法只可以在火候不错时才能够使用，否则适得其反，反而产生"替客户做主"的嫌疑。

总而言之，一个良好的电话销售过程不仅能够提升电话营销的效率，而且还可以磨炼销售人员整体的交流技巧。以上提及的五个电话营销步骤可以根据具体推销情况酌情使用。

电话销售过程五忌

电话销售是销售人员必然会遇到的一项工作，而在电话销售过程中也有许多禁忌。

禁忌一：在电话销售中"背台词"。

通常情况下，每个公司的销售人员都有一套自己介绍产品的销售说辞，有的公司在进行电话销售培训中，还要求销售人员将这些固定模式的台词背诵下来。这是训练销售人员的常见步骤，而有很多销售人员却将此作为电话销售的唯一途径。电话销售中，一方面销售人员无法看到客户的

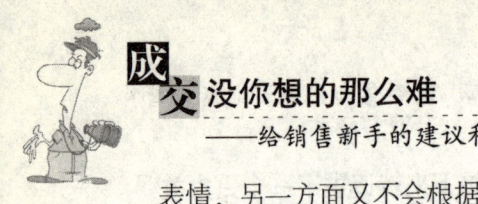

成交没你想的那么难
——给销售新手的建议和忠告

表情,另一方面又不会根据客户的反应来转变谈话技巧,只会一味地背诵台词,其推销的后果可想而知。

不同的客户会对产品产生不同的需求,销售人员只有抓住了明确性的购买动机才能够实现有的放矢。举个例子:一个家庭来到汽车销售处挑选汽车,销售人员与不同的家庭成员在交流中就需要有不同的侧重点,不可按照一个模式来沟通。通常,丈夫对汽车的性能、耗油情况等功能感兴趣;妻子更看重汽车的舒适性、安全性等特点;孩子最关注的是汽车的外形与颜色。所以,销售人员应当根据不同的客户类型来选择电话销售技巧,切不可千篇一律地用那套"台词"来应付。

再比如,不同的人来挑选机器设备,他们所关注的点也不尽相同。企业老板更看重机器设备的运作效率,是否能够为其赚到钱;财务部门侧重于设备的价格,力图省钱;技术部门对设备技术的先进性更为关心;一线员工则更关注设备在使用中是否便于操作。所以,面对不同的客户群体,销售人员应该有不同的说辞,正所谓"见什么人说什么话",这正是电话销售的基本原则。

禁忌二:被客户牵着鼻子走。

电话销售中常见的通病之一就是被客户牵着鼻子走,这样的商谈建立在一种不平等的地位之上,销售人员会变得被动,最终难以达成交易。这种情况对于新入职的销售人员来说更为常见,他们因为对经验的缺乏而无法从客户的言谈中听出对方的真实想法,只能让自己在被动的位置上沦陷。

比如,当与客户在沟通中,听闻客户提出"产品质量欠佳"时,销售人员就信以为真,觉得客户最看重的是质量,又认为自己产品的质量很次,在没有经过慎重思考的情况下便针对所谓的"质量问题"进行辩驳。但是无论销售人员提到先进技术还是先进设备生产等,客户的反应都很淡漠。实际上,这时销售人员最好的做法是,询问客户觉得产品质量的"差"具体表现在哪里,如此一来,销售人员便能够接过话语的主动权,让客户按照自己的提问往下回答。通过对客户言语的分析就能发现其真实的意图,或许真的是"醉翁之意不在酒,在乎山水之间也",有可能对方之所以拿质量说事,是为了将产品的价格再降低些。

禁忌三：电话销售中过多使用专业术语。

电话销售中，在适当的情景下使用一些专业术语是有利于推进双方商谈的，同时也能够凸显出产品的科技形象和销售人员的专业素养。但是，如果在对客户讲解产品的时候，销售人员满嘴的专业术语，恐怕会带来负面的效果。客户因为听不懂专业术语，或是对产品失去兴趣，或是感到自己很无知产生挫败感，或是认为销售人员过于卖弄，心生反感。

电话销售中双方不见面，沟通较困难，销售人员在介绍产品的时候对专业术语要酌情而用，最好能够用一些生动形象的比喻来将产品的性质和利益描绘出来，如此一来也能够给客户一种亲近感。

禁忌四：情急之下出现争辩和质问。

与客户沟通时难免出现意见相悖的情况，这时候销售人员切不可同客户出现争执，要时刻明白自己的目的是将产品销售出去，在整个过程中要能屈能伸才行，更何况辩解往往起不到解决问题的作用，反而会让客户感到销售人员心胸狭窄。出现争执的苗头时，销售人员要及时悬崖勒马，尝试着用平静的心态来理解客户对产品的见解，根据对方提出的问题给出有解决性的答案。

另一种常见的争执情景是：当销售人员热情地讲解了大半天，客户却决定放弃合作，情急之下，有的销售人员会用质问的口气来对客户步步紧逼。比如，"您为什么不买"、"难道您对我们的产品有成见"、"您有证据说我们的售后服务不到位吗"等等。这种质问的口气既是缺乏礼貌的表现，也会在一定程度上伤害到同客户的感情，所以一定要避免。

禁忌五：同客户沟通过于直白。

沟通是一门艺术，尤其是对销售人员来说，可能要同成千上万的不同客户打交道，因为各自所处的阶层不同、专业特长各异、知识见解有所差别等因素，在相互沟通的时候语言不要过于直白，根据客户的语言风格来选择自己的交谈风格。另外，说每句话都最好三思而行，不要让自己的某句无心之言毁灭掉一个本该成功的交易。如果在沟通中发现客户在某些观点上有着错误的认识，也不要直白地将其错误指出，否则对方可能有颜面尽失的感觉，可以进行委婉的忠告，使对方会意。

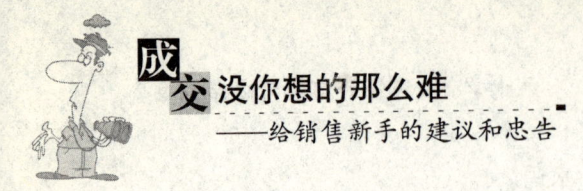

电话销售的注意事项

在通话过程中,应当根据对方提出的要求来及时调整自己的交流方式,保证自己在表达的时候语气和蔼、态度真诚、语言有条理。

要想获得良好的电话销售成绩,仅仅掌握电话销售的步骤是不够的,销售人员更要在语言上进行提炼,同时还要调整自己的心理状态,以下对电话销售在语言上和心理上的注意事项进行阐述:

1. 心理准备

销售人员应当坚信,任何一个电话都有可能成为改变命运的时机,所以每一通电话都要抱着认真、负责和坚持到底的心态来对待,这种内在的积极动力能够在很大程度上激发销售人员的潜能。

2. 内容准备

为了避免通话过程中出现表意不明的情况,销售人员在拨通电话之前应当将自己所要表述的内容进行整理,可以用大纲的形式罗列出来,将重要的几点记录在手边上的纸条上,如此一来,即使电话拨通后心理上出现波动,也不至于因为紧张或兴奋而出现"忘词"的尴尬场面。另外,在通话过程中,应当根据对方提出的要求来及时调整自己的交流方式,保证自己在表达的时候语气和蔼、态度真诚、语言有条理。

3. 电话时机

推销电话不是随时都能够拨打的,除非你不想获得客户的认可,所以,掌握拨通电话的时机非常重要。销售人员应当避开吃饭或睡觉的时间点去电话,否则很有可能会造成对客户的打扰。最好是在工作时间内拨通电话,然后有礼貌地征询对方是否有时间和方便接听,比如:"王经理,您好!我是××公司的××,这个时候打电话给您没有打扰您吧?"如果对方

第十章 做销售如何做好电话销售？

回应自己正好要去赴约或有客人在等候，那么销售人员不宜强行挽留，应当有礼貌地表示理解并确定自己下一次通电话的时间，然后挂断。

4. 语言巧妙

电话接通后销售人员勿忘自报家门，然后明确对方的身份，继而进行业务商谈。比如："您好，我是××公司的××，请问×经理在吗？"或："×经理您好，我是××公司的××，关于……"

因为长时间的电话联系容易给客户造成占线的困扰，所以销售人员应尽可能将交谈的过程变得简洁明了，必要的寒暄客套之后明确下一次的当面会谈时间，尽量少提及关于业务的话题。在电话挂断之前销售人员应不忘对客户致谢，如此能够加深客户对自己的印象，比如说："非常感谢您倾听我的介绍，希望我们能够进一步地合作。"还有"谢谢"、"再见"这样的礼貌用语不可缺少。

5. 挂断电话

挂电话的主动权一定要留给客户，当对方挂断电话后销售人员才能够将电话轻轻放下，这是对客户的尊重。一些销售人员在挂断电话后，习惯于立刻从口中说出自己的抱怨或对客户进行负面评价，这个毛病一定要改正。作为一个专业的电话销售人员，言行举止都应当表现出对客户的敬意，即使在背后也不可进行语言诋毁。

销售人员除了需要注意以上五方面的内容外，尤其在语言的表达上需要格外用心。在电话推销中要保持自信的语言，同时在动作上也要充满自信。如果是与客户面对面的交谈中，销售人员的动作姿态则能够起到重要的作用，敢于直面客户的双眼，大方地伸出自己的手，充满信心地将自己的名片递出，客户在潜意识中也会受到你的指引，他们也乐意将自己的手伸向你。在电话推销中，客户看不到你的动作，但是你大可不必为此而将这些省略，它们会在无形之中让你的语言倍添自信的力量。

在销售电话拨通后，最好不要进行过于简略的寒暄，这样不易给客户留下深刻的印象。有一个优秀的销售人员这样介绍自己的经验，他说当他与陌生客户打交道的时候，会直白地将自己内心的感受表达出来，他会告诉客户："我试图获得您的喜欢，因为我渴望卖出自己的产品，请原谅我

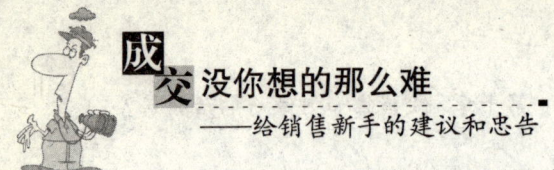

成交没你想的那么难
——给销售新手的建议和忠告

只会说实话。"这样反而更好地让客户打开心门与之进行交流。

另外，一定要使用谦虚的语言，无论你所面对的客户是新客户还是有过交流的客户，谦逊的语言来开场更能够拉近双方内心的距离，在介绍完自己的情况后可以顺便提及一句："我是否打扰到您了？"不要小看这句话，它能够将销售人员置于一种非常有利的地位上，为什么这么说呢？

假设你的潜在客户确实在开会或者在会客，他会毫不犹豫地回应你："不好意思，我现在确实有要事在身，我这里来了贵客。"这是一种拒绝的话，但你可以为自己赢得下一次的机会，因为你可以回应："非常抱歉打扰您了，那么，我什么时候再打来比较适合呢？"或者你指定一个时间让对方选择，比如说："那么，我下午再给您来电话如何？还是明天上午呢？哪个时间段您比较方便呢？"这时候潜在客户便会在你的引导下从中挑选出一个他比较方便的时间。

假设在你问过了"我是否打扰到您了"这句话之后，潜在客户回应："没有打扰，需要我做什么吗？"这是一个好兆头，说明他在心中对你的电话表示接受，并且乐意听你继续讲下去。你所说的那句"打扰与否"不仅能够表现出你的礼貌，还表达了你对客户格外的尊重，他们会因此对你心生好感也是大有可能的。

假设你在问过那句"打扰与否"之后对方没有客气地回应你，而是生硬地甩来一句"怎么了"或"什么事"，这时候销售人员需要引起注意，对方的话语中对你的寒暄有着质疑的成分，潜在客户已经处于一种内心防御的状态下。不难看出，他不想与你进行任何周旋，而是直奔主题而来。很多销售人员会因为客户语气的冷漠而不知所措，以至于被客户所牵引，按照对方的意图进行接下来的表述，不假思索地将自己推销产品或服务的意图说出。然而，这并非详细介绍产品的最好时机，客户很有可能不耐烦地表示拒绝。那么，遇到这种情况销售人员应当如何是好？当然要给出对方回答，但是在回答中突出关键词，越有特色越好，最好是能够让客户一下子铭记于心，即使对方用拖延的方式表示拒绝，但是日后还有进一步交流的机会。

比如说，当客户问道"你要做什么"时，你可以简练地回应："您好

先生,您所在行业中很多客户遇到的一系列问题的解决方案已经被我们找到了,我想知道我们是不是能够交谈一下。"这样的回应不会给人拖沓之感,而且也起到了"饵"的作用,将客户的胃口吊起来。

毫无新意的电话留言是销售最大的敌人

销售人员都想要跟客户进行直接对话,但是电话留言却会拦住销售人员"进攻"的步伐。因为现在大多数客户都不太在意销售人员的留言,有的甚至听到开头就会直接挂断。

有些老销售告诉新销售,当听到是电话留言后就挂掉电话,之后不断地打电话,直到对方把电话接起来。然而,潜在客户越忙,或是越厌恶接到推销电话,这种策略就越没用。

另外一些老销售认为应该留下强势的留言,使潜在客户觉得有责任给你回电话。问题是,这些信息成了客户们在心里腹诽的段子,因为最后那些销售人员总是留下千篇一律、毫无新意的留言。

销售人员要将自己与其他的电话销售人员区分开来,不是为了不同而不同,而是通过差异化提高你的效率。这需要你通过电话留言来激起客户的好奇,使客户回复,最终引领潜在客户进入高效的销售对话。

当销售人员学会如何激起潜在客户的好奇心之后,电话留言就会成为你的好朋友。实际上,很多金牌销售的成功秘诀之一就是非常高的反馈率——他们所留的电话留言有95%会得到客户的回电。也就是说,他们通过电话联系的客户中有95%会给他们回电。为什么他们会得到客户的回电呢?就是因为这些金牌销售在留下电话留言的时候,从来不会想说些产品的特点、价值、解决方案、客户需求和关系等。金牌销售的脑海中只会想一件事,那就是怎么说才能激起客户的好奇心,让客户给自己回电话。

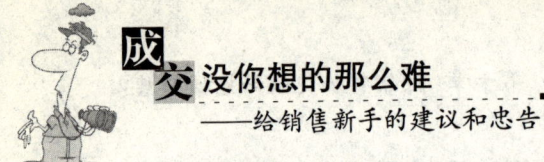

激起潜在客户的好奇心非常需要认真思考和创造力。没什么魔法可以保证你的每一个电话都能成功。当进行电话留言的时候,你有很多方法可以激起潜在客户的好奇心,使潜在客户进入高效率的销售对话之中。以下有几种方法:

1. 问一些只有你才能回答的问题

销售人员并非总是给陌生的客户打电话,有时也会给已经熟悉的客户打电话——例如,合作过的客户,拜访过几次的客户,本行业的其他朋友。给熟悉的客户打电话比给第一次接触的客户打电话要容易得多,但你还是要想尽办法来争取潜在客户的时间和关注。所以,抛开老套的电话留言,你可以这么说:

销售人员:"王太太,您好!我是××公司的销售人员××。希望您下午可以给我几分钟时间,因为我有一个关于……的问题(客户关心的问题),只有您才能帮我解惑。如果您方便的话,可以给我回电话,今天下午五点以前我都会在办公室,等您电话。"

王太太会给你反馈吗?如果你的留言激起了她的好奇心,她就会给你回电。这个技巧十分有效,因为这个问题既不会冒犯到别人,还能表现出紧迫感,因为"只有你能回答的问题"一定是非常重要的。这个技巧应用起来也非常简单,在你打电话之前只需要想出一个只有你的客户才知道的问题,比如"王太太您觉得××怎么样"或者"您对××怎么看",这些提问只有王太太本人才能解释和回答,因为你是在征求她的想法和看法。而大多数人(你熟悉的人)都会乐于给出自己的观点,你去征求他们的意见会让他们很高兴,这会使他们产生满足感和帮助别人的成就感。

2. "有件事让我想到您"

通过使用类似的方法,你可以引起已有客户的好奇心,这样他们就会回复你的电话。你在留言的时候可以这么说:"李先生,您好!我今天给您打电话是因为有件事让我想到了您,如果您有时间回电的话,我今天会等您的电话,我的电话号码是……"

如果你是李先生,你会回复这个电话吗?大多数人会回复,特别是如果他们在晚上下班之前收到这条信息。他们想知道究竟发生了什么事情让

你想到了他们。注意：当他们给你回电话的时候，要准备好一个故事或者趣事，能够将谈话引到销售上。

3. 建立关联推荐

什么是关联推荐？它是指你在目标新客户中的联系方可帮助你有理由去拜访主要决策者并展开对话。实质上，关联推荐传达的是一种熟悉感，有助于你引起潜在客户的好奇心并促使他们想要进一步参与进来。

当确定了目标客户，寻找合适的关联人接近客户是一个不错的想法。可能你已经与客户公司的其他部门有过联系，那么你可以利用它接近主要决策者。能够进入就是你的优势。如果你没有和目标客户的关联部门产生联系，那么你可以使用提问销售法来解决这一问题。

提问销售法采用了不同的方式，销售人员不可能总是指望拥有现成关系或推荐为他们发掘新客户打下基础，但他们可以一直创造并利用"关联推荐"。

例如，假设你想到某超市内部推销，但你没有渠道。当然，你可以拿起电话向部门总经理（假设他叫泰亮）拨打令人讨厌的销售电话。但优秀的销售人员绝不会这样做，因为很可能他们已经接到过你其他同行打来的无数销售电话。

此时，那些优秀的销售人员会另辟蹊径，不会直面终端客户，而是打入采购部门。从采购（或其他部门）开始是一个很巧妙的办法，因为它们常常产生关联推荐。

因此，你可以致电该超市的采购部门。电话铃响后，通常是语气生硬的人接电话（假设她叫作左志芳），她接电话的语气生硬，并且通常脾气不好。可能你有机会与她交谈。下面即谈话通常进行的方式：

采购："这里是采购部门，我是左志芳！"

销售人员："您好，左志芳女士，我叫××，来自××公司，我遇到了一个生产问题，希望你能帮助我，你方便吗？"

采购："方便，我能为你做什么？"

左志芳提供了大量的信息——在你们的对话中，你可以得到将到来的项目的信息并找出决策者。然后，当结束通话后，你可以给泰亮打电话并

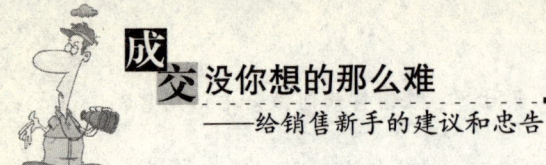

没你想的那么难
——给销售新手的建议和忠告

留下以下语音信息:"泰亮先生您好,我是××公司的××,我刚才与贵公司采购部门的左志芳女士通过电话,目前一个问题需要解决。如果方便,请回复×××,我会在办公室恭候你的电话。"

你认为泰亮会回复电话吗?如果他想知道左志芳发生了什么事,他就会回复。这种方法十分有效,并且准确率达到100%。因为你确实与左志芳通过电话,并确实有问题,但是,如果泰亮问你为什么要与左志芳通话,你该怎么说呢?这也很简单——你告诉他为什么要这么做:"泰亮先生,您好,感谢您回复电话。正如我在语音留言中所说的那样,我是××地区××公司的区域销售经理。我最近听说贵超市准备资助东北的一个公益项目,我不知道该联系谁,所以给采购部门的左志芳女士打了电话。因为她似乎不太了解该项目的详细情况,我想与您联系。看看是否能就项目及方案进行会谈,我可以与您谈谈吗?"

采购部门的左志芳是关联推荐,她不是终端用户,不做实际决策。她甚至不太可能帮你确定合适人选。但无论任何时候,当你留下信息说明"刚刚与采购部门的左志芳女士通过电话"时,接收人都会回复,因为他们想知道发生了什么事。

关联推荐并不一定非要来自采购部门,此方法也可有效用于联系同一公司的其他决策者。例如,与左志芳交谈就创造了你给另一部门总经理廖春明打电话的机会。那么你可以采用同样的方法留下语音信息:"您好,廖春明先生,我是×××公司的××,我刚与采购部门的左志芳女士通过电话,在我们的交谈中产生了两个问题,我想它应该在您职责管辖范围内,您能在下午给我回电吗?"

利用好奇心给销售人员提供了很好的机会去发挥想象力,但要注意的是,销售人员不能做出过分的事情。如果你富有想象力和坚持之心,你根本不必违背自己的诚实去引起客户的兴趣。要记住,高调并旨在引起好奇心的电话留言策略只有在100%准确时才有效。

第十一章
做销售如何运用促销方式？

  与其说店铺促销属于一种非战略性的营销工具，倒不如说它是一种战术性的营销方式。任何一个销售人员想要将促销活动做到精致，仅仅依靠适销对路的商品和有吸引力的价格还不够，他必须着手塑造自身店铺在市场中的良好形象，通俗来说也就是对店铺进行立体的包装。将自己店铺和产品的外观、特点、购物条件以及独特优势和客户利益等关键信息进行巧妙设计并传播开来，宣传工作格外重要，它是客户对店铺和商品有所了解的重要途径。

第十一章 做销售如何运用促销方式？

促销打折的优势与形式

一般情况来说，降价打折幅度小于 10% 时，打折促销的效果不会是那么明显，所以降价幅度至少要在 15% 或 20% 以上，这样才能有明显的促销效果。

随着社会经济的发展，竞争不断地加强，扩大销售量、占领市场的有利地位是每个销售人员所向往的，可以采取为产品降价的方法，也就是所谓的打折促销，此举能够有力地提升产品在市场上的占有率、扩大销售额。物美价廉的产品是每一个客户所喜爱的，当客户听到打折促销的消息后，便会蜂拥而至，这时便是销售人员大赚特赚的绝好机会。

通常来说，打折促销有如下几个优势：

1. 打折促销便于操作

打折促销不像其他经营策略那样需要精心的准备，只要销售人员有打折的意愿，便可以即刻行动。当然，销售人员也一定要确保在促销预算的范围内进行促销，否则可能会出现赔本的现象。

2. 打折促销的效果立竿见影

打折对于每一个客户来说，都是具有杀伤力的销售手段，客户出于花钱买实惠的心理，每每甘愿掏腰包。鉴于折价的促销效果如此明显，所以，销售人员可以通过打折促销来扩大自己的市场占有率，进而提升销售额，最终取得绝佳的经济效益。

3. 打折促销可有效培养和提升现有消费群体

打折促销活动其实也能起到一种十分有效的广告效益。它可以为销售人员在广大客户群体中间树立一种产品质优低价的形象，从而促使客户进行重复购买，进而形成一个稳定的现有客户群体，同时还可以带动周边客

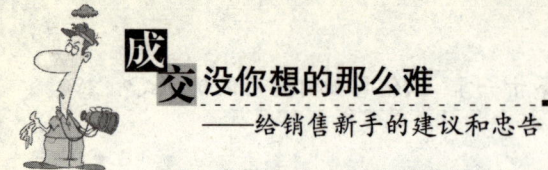
成交没你想的那么难
——给销售新手的建议和忠告

户的消费冲动，如此销售人员的纯销售额也就不断提升，在竞争中有效地冲击竞争对手，提升自己的抗击打能力。

打折促销一般有如下形式：

第一，直接打折。直接打折可以直接刺激客户的购买欲，促使客户进行购买，也能带来一定的广告效应。

第二，价格折扣。可以按照客户购买的数量进行段位的价格折扣，客户购买的数量越多，折扣就会越大，这样更能刺激客户大购特购的心理。

第三，赠送优惠券。优惠券便是折扣中再次进行折扣，消费越多折扣越多，同时还赠送优惠券，这样优惠券又能带来再次消费。

第四，赠送礼品。销售人员可以规定在客户消费一定数量或者消费一定的金额后赠送的礼品，消费越多赠送的礼品越好，这样就能进一步提高消费额，进而带来更大的经济效益。

除此之外，销售人员还应注意，对有些商品进行大幅度降价，要比对很多种商品进行小幅度降价的促销效果好。

一般情况来说，降价打折幅度小于10%时，打折促销的效果不会是那么明显，所以降价幅度至少要在15%或20%以上，这样才能有明显的促销效果。同时要注意的是当降价幅度超过50%以上时，客户就会质疑产品的质量问题，从而达不成打折促销的效果，并且有可能带来负面的效应。

可以把降价标签直接挂在商品上，这样最能刺激客户的购买欲。因为，客户不但一眼能看到降价金额、幅度，同时还能看到降价产品。这样，更能促使客户购买，也能有效地体现出打折的程度，有效地带动其他产品的销售。

可以在降价标签或降价广告上注明降价前后的两种价格或标明降价金额、幅度。把前后两种价格标签挂在商品上，以证明降价的真实性，这是很明智的做法，销售人员可以借鉴。

以上我们讲述了打折促销的方式和重要性，如果留心不难发现，花样繁多的打折活动往往会在节假日中举办，为什么商家喜欢将打折的时机定在节假日中呢？节假日期间人们有了自由活动的时间，外出几率大大增加，商场店铺中人来人往，正是产品销售的大好时机。这时候店铺中举办

第十一章 做销售如何运用促销方式？

打折促销的优惠活动能够在第一时间吸引更多的客户光临，人们想要获得质优价廉的商品，都愿意进入店铺中一探究竟，店面日进斗金也是可以实现的。

火越烧越旺，人越"吵"越红

想要获得更广泛的客户资源，想要让现实销量和所得利润都获得最大化，就一定要将自己促销的宣传做得够充分。

许多销售人员都有这样的烦恼：想在淡季促销但又得不到同行们的投入，因为此时大家都担心赔本。如果自己先发制人将先机占住，又难测这场促销活动的宣传费用深浅，如果宣传费用投入过多，经过一段折腾也没有什么利润，反而浪费钱财和精力。所以，很多人对淡季促销做出这样一种通俗的总结："不做等死，做了找死。"

很多销售人员在做促销活动时心中还会有这样的担忧：他们既怕自己孤身奋战，又怕竞争对手跟自己来争抢客户。所以在每次促销活动之前销售人员都会对竞争对手的动向分外留意。如果发现竞争对手也在策划着促销来与自己相抗衡，那便会有如临大敌般的慌乱了。但是，面对瞬息万变的市场，这种被同行分走客流的危险是无法完全避免的，旺季有被争抢客户的担忧，更不必说淡季的惨淡情况了。

实际上，销售人员大可不必将自己装在套子里，在促销前掩人耳目，毕竟促销的根本目的还是为了让更多的人知道自己的产品。想要获得更广泛的客户资源，想要让现实销量和所得利润都获得最大化，就一定要将自己促销的宣传做得够充分。如果对手想要过来跟风，销售人员也要放宽心，毕竟一个巴掌拍不响，众人鼓掌声震天，越是有竞争对手过来对抗，自己的促销越是应当富有创新活力，用最大的激情投入到促销活动中，客

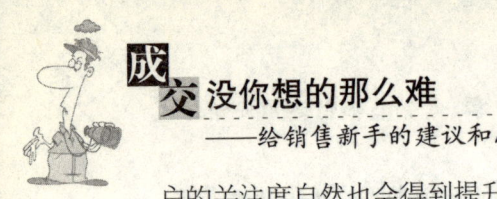

户的关注度自然也会得到提升，越是如此促销才能迸发出更多的潜力。倘若仅仅是自己一家唱戏，反而减弱了客户来围观的欲望。

每个人都有着强烈的好奇心，越是热闹的地方越是愿意凑上前去一探究竟，平平淡淡的促销活动反而少有人问津，人们甚至会将其忽略，更不必谈满怀激情地前往参加了。正如我国流传的那句老话："好事不出门，坏事传千里。"在一些活动中发生的违背常理的、负面的、冲突性的事件反而越传播越快，人们也会产生浓厚的兴趣去聆听，可以说这种想探究负面消息的欲望，丝毫不比渴望获得好消息的期望弱。这一点销售人员在进行促销的时候也可以在不违反法律法规、不违背职业道德的基础上加以利用。

当前流行"走红"一词，一些人或事为了走红而费尽心思进行炒作，这样一来便会达到一种"火越烧越旺，事越传越神，人越'吵'越红"的效果。促销活动更讲究艺术性，它不仅仅需要有充实的打折促销内容，更要让这样的信息传递得足够广泛。试想，如果与同行之间产生竞争的话，是不是也是一种宣传呢？

促销活动主题设计要新颖、有趣

一次促销活动成败与否，在很大程度上也是由其所选的主题所决定。在确定促销主题的时候，不能仅仅要求其响亮易记，更需要为客户提出一个消费的合理理由。

想要在当今的市场中做出一个令客户和销售人员自己都满意的促销活动，首先必须有一个良好的促销时机，当然优惠的内容是不可缺少的，除此之外还需要加入一些新鲜"血液"增添促销活动的活力，这些点睛之笔需要充满新颖性、趣味性。促销前的准备工作不可小觑，这些灵巧之处恰

第十一章 做销售如何运用促销方式？

是让促销显得标新立异的关键因素。另外，销售人员需要将客户、零售商、批发商等之间的关系处理妥当，在降低成本的情况下实现产品促销。

首先需要明确，凡事都是事出有因，打折优惠也需要一个合理的理由，如果可以，不妨为自己的促销活动制定一个响亮的口号和标题，让人一下子能够记住。在设计促销方案的过程中，一些人将重点放在对产品体系的熟悉和团队运作的协调上，但是对于活动的宣传范围却马马虎虎。他们认为活动的主题仅仅能够起到口号的作用，大可不必费尽心思去斟酌，他们认为真正能够促进销售成功的是活动的力度和员工在现场的执行力。甚至有的企业每次在做产品促销活动的时候都使用同样的一条主题标语，诸如"艳阳三月，实惠共享"、"夏日激情，倾情特惠"等字样，毫无新意。

实际上，认为"促销活动的主题不重要"并非正确的观点，举个简单的例子，人们在写同一主题的文章的时候从内容上看起来通常是大同小异，但还是有一些能够脱颖而出，这正是因为作者能够选择一个好的标题来吸引读者的眼光。同理可知，一次促销活动成败与否，在很大程度上也是由其所选的主题所决定。在确定促销主题的时候，不能仅仅要求其响亮易记，更需要为客户提出一个消费的合理理由，否则不免会有客户认为这些促销主题不过是文字游戏而已，并不能投入一种信任之情。

之所以要在促销主题中透露出打折优惠的目的，一方面是为了呼应促销活动的举办，另一方面也能够在一定程度上消除客户心中的疑虑（无缘无故为何降价？一些人会认为其中可能有"文章"，而对促销活动望而却步）。如今的促销活动花样繁多，其真假性质也难以分辨，一些不法商贩甚至打着"促销降价"的幌子来欺骗消费者，这种谋取私利、损人利己的行为使得很多客户深受其害，以至于他们对促销活动感到厌恶。遭遇过商家欺骗的客户每逢其他商家做促销活动时，也会认为这不过是"便宜无好货"的说辞而已，他们更相信"天上不会掉馅饼"，这些认识都不利于促销活动的展开。

对于商家所作出的促销宣传，一些客户或持一种偏激的态度来看待，他们会彼此会意"商家不会白白给实惠"，这些质疑都说明客户心中是很

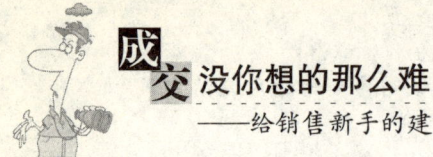

想弄清楚促销活动原因何在，并迫切想了解这样的打折促销是否是虚假性质的。客户当然希望对自己有利的这些活动是真的，但是还是在等待一个能够说服他们进行购买的理由。

由此可见"名正才能言顺"，商家以及销售人员必须为自己的促销活动给出一个合理的理由，唯有如此才能够获得客户的认可。这个理由通常可以糅合在促销主题中。如果在设计促销主题时没有提及打折降价的理由，很有可能会让客户感到这仅仅是一个"饵"而已。所以，在制作促销主题的时候千万不要让其变成纯粹吸引眼球的摆设，务实的内容是不可或缺的，主题上的每一个字都要经过细细思考。

促销也要顺时顺势

对于销售人员而言，根据不同的促销目的需要选择不同的促销时机，这样才能够做到有的放矢，方向明确后才能够获得如期的效果。

古人说："天时、地利、人和。所谓的"天时"便是凡事都要顺时、顺势，寻找到合适的促销时机，产品实现促销成功便不是难事。市场经济的快速发展致使各类店铺之间出现了日益激烈的竞争，每个商家都在思考在竞争中脱颖而出的策略，想要生存就要保证生意的兴旺，而如何让生意兴旺成为各行业间共同关注的话题。当然，不可否认一家店铺能够获得成功离不开方方面面的工作，然而想要找到一种短时间内见效的、快速的、直接的方法还是需要利用产品促销策略的。

我们不妨以零售业为例对促销活动进行分析：零售业的竞争涵盖的内容很广，不仅仅包括传统意义上的商品质量、商品品种、销售服务和商品价格，而且还包括信息搜集手段、信息传播手段和促销手段等。从前有着"酒香不怕巷子深"的说法，如今这种观念已跟不上时代的步伐了，如果

第十一章 做销售如何运用促销方式？

不懂得自我推销，不懂得利用营销策略，这种传统的销售模式必然会遭到打击。如今的销售行业遵循着"货好还须勤叫卖"的新观念，店铺仅仅有质优价廉的商品还远远不足，销售人员必须绞尽脑汁思考开展一切对自己有利的商品促销活动，唯有多变、创新才能够在市场中立足。所以，在当下这种市场状况中，销售人员想要取得显著成果的方法就是不断改善营销、促销策略与方式，努力扩大商品销售范围。

对于销售人员而言，不同的促销目的需要选择不同的促销时机，这样才能够做到有的放矢，方向明确后才能够获得如期的效果。

比如说，当以打击竞争对手作为促销目的时，促销时机则多可以考虑对方新店开业、周年庆等"非节日营销"之时，对方举办这些庆典，我方便可以举行促销，分享他们的客户，这属于隐形的竞争。当然要想在这样的促销活动中获得优势，则必须尽可能多地掌握对方的信息，诸如活动时间、活动方式等，然后针对这些具体点拟定竞争策略，这叫做"知己知彼，百战不殆"。

再比如说，当你举办促销活动的目的更加侧重于"消化库存"时，则在挑选促销时机时可以考虑双休日或者夏季的晚间，这样的时间段中客流量比较大、消费时间相对集中，这些对店铺的促销都是强有力的优势资源。想要抓住这样的时机，最好能够拟定出促销活动的主题，列举出产品中较有特色的典型，起到吸引客户的作用。

再比如说，当举办促销活动是为了烘托店铺在节假日的营销气氛时，则可以抓住各大节假日或者双休日的时机，这样能够满足客户想在节假日外出购物的消费心理需求，同样也能够让一种喜庆热闹的气氛来感染客户。

抓住了促销的时机是做好促销的第一步，那么想要将促销做到十全十美还需要在哪些方面注意呢？以下几点可供参考：

1. 在促销造势上下工夫

促销活动能够获得成功，除了与活动内容丰富与否、客流量充足与否等因素有关外，还与促销活动的有关信息是否及时地传达到潜在客户的身边有关。信息的传递是店铺与客户相互靠近的桥梁，在对活动进行宣传时

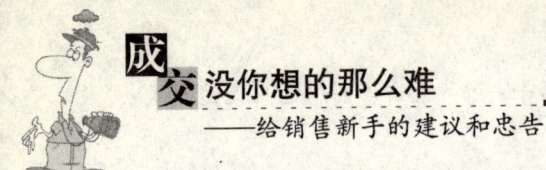
成交没你想的那么难
——给销售新手的建议和忠告

可以将海报、条幅、传单、短信平台等工具充分地利用起来,用一切途径向目标客户广泛传播,这是诱导其发生购买行为的基础。

当今的促销花样日益繁多,但是要想获得客户的认同仅仅在花样上努力还不够,更要考虑到客户的心理和根本需求。通常情况下,店铺在进行促销时可以将产品性质、独特之处、顾客购物习惯等因素相结合,糅合出最佳方式争取创新取胜。

当然,任何一位做促销活动的销售人员都抱着提高销售额的心愿,然而针对特定的一些产品来说,销售人员必须明确实现促销的手段,也就是说在促销活动中针对不同产品考虑不同的促销策略,因物而异。总而言之,销售人员期待目标市场对促销活动所做出的反应便是其所希望实现的促销目标,举个简单的例子:商场中正在流行的鼓励购物获取优惠券、返金券等活动,这些券类凭证虽有优惠成分,但是最后还需要将返回的金额再消费在该商场中才可有效,这就意味着通过这些优惠活动又实现了提高销售额的目的。

2. 店铺中必须存有适销对路的产品

即使宣传的效果再好,店内布局再吸引人,但是如果客户光临后发现这里并没有自己所需要的产品,他们还是会失望而回的,这样一来反而对店铺的名声产生负面的效果,在下一次举办促销之类的活动时,客户恐怕都不再愿意光临了。所以,店铺中的产品必须适销对路,这是销售业绩好的硬性前提。什么样的产品属于适销对路型呢?首先它需要与当地客户生活习惯相吻合;其次它符合大众审美眼光,产品如果过于另类反而缩小了客户的群体,不利于销售。因此,销售人员要时刻牢记把产品更好地销售出去是促销的根本目的,关键词在"产品"二字身上,不合时宜的产品纵然是再低的价格恐怕都将无人问津。

3. 挑选一个良好的促销时机

关于时机这一点,之所以会反复提及,正是因为它在促销活动中占据了不可低估的分量。选择一个好的促销大时机很重要,而那些促销小时机也不可忽视,将每一个小时机都充分利用起来,你会发现它们能够发挥令你意想不到的作用。那么什么样的时机算得上是小时机呢?比如说:在某

第十一章 做销售如何运用促销方式?

家新楼盘的发布会上举办家居、家电产品促销,在夏季向散步的人们推销驱虫水,等等。

4. 要有出彩的促销方法

好方法是促销获得成功的基础,促销常见的方法主要有打折、降价、买赠等类型,但是在具体操作过程中需要销售人员根据实际情况来实施。因为有的时候,客户并不会因为这些"打折、促销"之类的字眼就动心,销售人员需要找到尽可能多的方法来吸引他们。

比如说,当你想要开一家美容店的时候,你可以利用促销活动来提升自己在市场中的竞争能力。促销的时机一定要选择好,以开美容店为例来对促销时机进行分析:

首先,促销时间的选择。想要将促销活动举办得成功出彩则销售人员一定要掌握好时间,在正确的时间内促销能够让自己的产品销量大涨。在特定的时间将自己的主打产品和最好的服务推出,能够回报老客户、吸引新客户。尤其是在重要的节日即将来临的时候,销售人员一定要做好充分的促销活动准备,诸如元旦、春节、妇女节、母亲节、教师节、中秋节、圣诞节及周年庆典等,这些节假日市场上会出现很多客户群体,人流量多、购买需求大,所以这样的节假日也被很多店面视为促销的时机,所以此时,销售人员应尽可能将自己的促销举办得具有特色,与其他店面区别开来。

其次,促销次数(周期)的选择。一方面,对于美容店来说,在一年之中举办多次促销活动是不恰当的,因为其成本高、劳动强度大等特点,会带来较大的成本压力。从另一方面来说,一个美容院在一年之中举办了多次的打折促销活动,反而会给客户一种"产品质量不好"的印象,也难免会被认为是在同行业的竞争中长期处于弱势地位。所以说,对于美容店来说促销活动不在于次数的多,而在于促销质量的精,真正做到"敌无我有,敌有我优"。

以上对促销时机的分析主要是针对个例(美容店)来谈,在不同的店面、对不同的产品进行促销的时候要根据具体情况来拟定促销的方法。

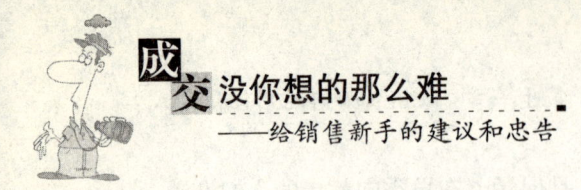

站在客户的角度上选择促销方案

销售人员不妨对客户的心理细细研究一番,站在客户的角度上来选择促销的方案,所谓"攻心为上"正是这个道理。

促销活动所能够带来的效益被越来越多的商家所发现,这种招揽客户的方法在市场上也逐渐变得司空见惯,正是因为它的普及性才使得促销活动做起来越来越难。有时候即使所有准备都已经妥当,但是最后的促销结果却也难以让人满意,这样的情况被一些销售人员归结为"客户刁钻"之类的客观因素,实际上,这样的促销结果难道真的需要客户来负责吗?

销售人员不妨对客户的心理细细研究一番,站在客户的角度上来选择促销的方案,所谓"攻心为上"正是这个道理。以下我们不妨来分析一下客户的哪些心理可以被利用。

1. 利用客户的好奇心做促销

人们对于未知的事物都会存在一种好奇心理,想要更进一步地探究它。所以,古今中外的一些成功的经营管理者,为了获得客户的好奇心,不惜花费重金、绞尽脑汁制定出匠心独运的经营策略,让客户的眼光在第一时间被吸引。

国外有一家小店为了利用客户的好奇心理想出了一条妙计:设计者在橱窗的玻璃板上打出很多小孔,外面的人能够通过这些小孔看到室内的情况,再将小孔周围的部分涂抹上其他颜色的颜料,小孔就显得更加突出。设计者在玻璃镜面上写了四个大字:"不许偷看!"事实证明这确实是一个妙招。路过的人看到这些小孔和玻璃上的字都忍不住走近向室内窥视,结果纷纷被室内的景象所吸引,忍不住顺着通道走进店内。原来,设计者

刻意将橱窗内布置得精美绝伦、新颖奇特，看过的人都对这样的景象和饰物难以拒绝，才会情不自禁地走进小店中。仅凭这些引发人们好奇心理的小孔，这家店铺便获得了顾客的口碑相传，很快地这家布置精美的小店一传十、十传百，成为全城中的一颗明珠，很多市民闻讯特意赶来一窥究竟，当然，此家店铺的产品销售量也激增。

2. 抓住客户讨巧求廉的心理，事先制定一个欲取先予的促销方案

俗话说"十个便宜九个爱"，客户在购买商品的时候往往货比三家，但是价格因素同样是他们最为重视的因素之一，这种追求物美价廉的心理是普遍存在于客户中的。因此，销售人员便可以巧妙利用这种讨巧求廉的心理，在促销中采用折扣价、跳楼价、零利润等销售策略来吸引客户，当客户看到这样醒目的让利字眼便会对产品产生购买的欲望，门庭若市也是指日可待。

3. 利用客户的虚荣之心，在其挑选商品的时候投其所好

虚荣心理在每个人身上都或多或少存在，客户在购物的时候也会有虚荣心理。有的客户为了体现自己财产的丰富，在购物的时候不会和销售人员进行讨价还价，这种"不差钱"的观念能够让销售人员获得更多的收益，当然，你要首先了解客户的喜好。比如当你发现客户对高档品牌的服装感兴趣时，你就可以顺水推舟地介绍品牌服装的优势，让他意识到购买品牌服装对他来说有重要意义：一方面能够彰显自己的品位，另一方面又能够获得别人的刮目相看。通过这样投其所好的介绍，客户便会在内心产生一种大大的满足感，更愿意接受这样的产品。一些有心的服装销售人员考虑到客户的这种心理需求，会特意设置一个名牌商品柜台和精品屋，这样对产品分类的方式能够吸引到不少的客户。

4. 分析客户的求实求质心理，可以采用错觉促销策略

"一分价钱一分货"，客户在消费的过程中大都讲求实惠，也就是说他们对产品的实际价格格外在乎。这样的心理也能够被销售人员加以利用，"错觉效应"是常用到的方法。当事人对外界事物产生不正确的知觉被称为错觉，但是在推销中"错觉"也可以被理解为转移注意力。销售过程中

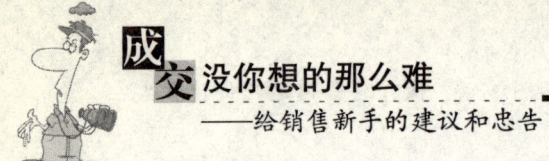

也有"买椟还珠"之说,其含义是客户因为商品的外在包装太过华美而忽视了商品本身,最后居然只带走了包装而将商品退回。可见产品包装设计方面的重要意义,一般来说宽大的图形、浓重的色彩更容易让人们产生视觉的错觉,这样的包装能够让产品在分量上显得愈发沉重。在对食品进行包装的时候,圆柱形的包装则不及扁圆形的有分量感。

5. 一些客户在购物时的逆反心理,也是可以被利用的

客户在消费活动中难免会产生各种逆反表现,产生的原因各种各样,销售人员如果能够对这样的心理加以利用,反而能够起到欲擒故纵的促销效果。

日本山田咖啡馆非常著名,这样的成绩与该店老板的巧妙经营不可分离。实际上该咖啡馆在成立之初生意并不好,但是老板却非常用心,他尝试了各种有利于店面发展的方法,后来他将重点转移到对客户心理的研究上。

有一次,他去请教一位心理学家关于经营的策略,心理学家对他说:"你有没有发现路边的广告泛滥成灾,但是真正迈进自己店中的客户却依然如旧?"他听后若有所思,连忙追问原因何在,心理学家回答:"公路上车辆行驶的速度可谓是风驰电掣,司机又怎么会对这样的小广告牌留心呢?就算是留心了,这般的'乱花渐欲迷人眼',又该选择哪一家呢?他们只能被夺人眼球的事物所吸引。"

正所谓"言者无意,听者有心",该老板将心理学家的一番告诫记于心中,并突发灵感:他决定将自己的咖啡馆移到公路旁,将其外形设计成独特样式,室内装潢大多设计成倒置的样子,比如说室内的花盆被粘贴在上方,制造成花朵向下绽开的独特景观。人们从未见过这么别致的建筑,纷纷被其所吸引,有的人不远千里赶来只为亲眼目睹这举世无双的咖啡厅。公路上的来往车辆也将其视为中途的驿站暂歇片刻,终于,从前门可罗雀的咖啡馆变得门庭若市。

《孙子兵法》曾经提出过"谋定而后动,知止而有得",当今社会中市

第十一章 做销售如何运用促销方式？

场竞争日益激烈，各种销售人员为了吸引客户的眼光绞尽脑汁凸显自己的优势，各种各样的促销方式被客户们司空见惯，他们也会产生审美疲劳。传统的折扣、赠礼与人海战术都不足以满足当今客户的口味，所以越来越多的销售人员发现，只有站在客户的角度上大胆创新，才有可能使促销产生理想的效果。

让打折促销产生的效应延伸

在促销活动开始之前，销售人员需要明确产品打折的幅度，如果能够给打折制定一个合理的程度，这样不但能够吸引客户光临，而且也能够让自己保住利润。

价格促销捕捉的时机得当，销售人员能够广泛招揽客户，创造丰厚利润。但是如果销售人员既没有抓住促销时机也没有良好的促销策略，那么价格促销反而成了多余之举，甚至有自跌身价之嫌。由此可见，价格促销本身是一把双刃剑，想要让它发挥积极的作用，销售人员则需要经过一番深思熟虑。

销售人员要掌握价格促销的最佳时机和活动频率，在这两方面不可以过于随心所欲。试想，如果促销活动举办的频率过高，客户难免会产生心态上的疲劳，产品对客户的吸引力也逐渐丧失，甚至可能会被怀疑为店铺生意低迷唯有如此才能够招揽客户，在这些偏见下客户更愿意采取一种观望的态度。加上消费者的消费观日益理智成熟，但凡他们对产品没有绝对的需求，他们也不会盲目地进入店中进行选购，即使店铺中打出了"打折促销"的字样。纵然打折促销能够在一定时期吸引一部分客户，但是从长远来看这样的吸引仅是暂时的，是有着一些泡沫效应，既然是泡沫，便有破灭的一天，那么，销售人员如何让打折促销所产生的效应延伸得更长

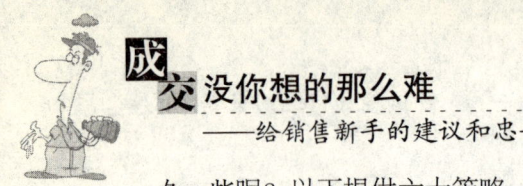

久一些呢？以下提供六大策略，可供销售人员参考。

1. 促销时机策略

想要在促销活动中获取最大的效益，销售人员找准促销时机尤其关键。普遍的打折促销时机有五一、十一、元旦、春节等国家法定假日，将市场上客流量多、消费欲望强的特点加以利用，往往能够创造出销售高峰。这样的促销时机往往被大多数商家所采用，当众人都在同一时间段开展打折促销的时候，这就意味着自己的客户会有一部分被其他店铺所共享，销售人员除了在这些众所周知的假日时节中打折以外，还可以制造出一些特殊的新闻或者事件，以此为由开展打折活动。另外，在销售的清淡季节可以考虑"淡季清仓大酬宾"等活动。

2. 促销范围策略

销售人员需要明确店铺中哪些产品进行打折，并对于其实行打折的原因进行解释。打折的范围和原因很重要，也是客户所关注的内容，比如说，销售人员可以考虑将一些新品实行打折，或者一些区域性明显的产品推行打折，总之需要考虑天时地利与人和的各种因素，做到因地制宜，因时制宜。

3. 打折程度策略

让利于客户也要有一定的限度，在促销活动开始之前，销售人员需要明确产品打折的幅度，如果能够给打折制定一个合理的程度，这样不但能够吸引客户光临，而且也能够让自己保住利润。打折幅度太低会让客户感到实惠甚微，打折幅度过高又会有人认为这不过是廉价低端产品抛售而已，这两者都会对店铺和产品造成负面的影响，可见，销售人员在打折程度上一定要酌情确定。

4. 活动期限设定

打折应当持续多长时间才能够取得更好的效果呢？有的销售人员有这样的误解，他们认为打折时间越是长久，就越能够吸引更多的客户前来光临。实际并非如此。倘若打折活动的持续时间太长，客户立即购买的决心反而会被减弱，人们也没有了购买的迫切性。活动期限设定在五至十日内较为合适，还要提醒客户店中产品的有限性，传递给对方"时不我待"的

信息。

5. 活动方式策略

想要吸引更多的客户，可以丰富打折促销的方式，将降价与其他的活动（比如抽奖等）相结合，这样能够激发客户购买的动机和频次。在制定互动策略的时候一定要讲求创新，往日打折促销的陈旧方法和众所周知的促销策略已经被客户司空见惯，想要让自己的促销成为真正的亮点，销售人员则需要时刻牢记求新求变的重要性。

6. 反季节促销策略

诸如衣服、鞋帽之类的商品通常具有季节性的特点，同一件衣服在不同的时节中也会出现不同的价格安排，因为这些实用性的商品对客户而言，在不同的时间段中有着不同的被需要程度。正如一条水中之鱼，清晨时分生猛鲜活，傍晚期间无精打采。服装鞋帽类的产品因为季节的更换，被需要的程度发生改变，所以冬衣价格在夏季水降船低，这时候为了避免出现产品积压，"反季节促销"却也是一条可行之路。

精心布置促销现场

心理学中反复强调"第一印象"的重要性，当客户走进店铺时，所看到的肯定是该店铺整体的布置情况。气氛欢快、热闹，布置宽阔、整洁，这些外在条件一定要让客户感到舒适，在舒适的基础上他们才会考虑选择购买。

聚集人气是促销的根本目的，对于一个店铺来说只有客源不断才能收获到最大的利润。一个终日无人光临的店铺是不可能大赚特赚的。对于销售人员来说，如果能够用最少的钱获得最好的促销效果那就再好不过了。

实际上，这并不是一个不可能实现的愿望，销售人员只要多花心思就

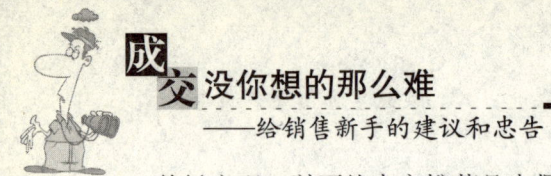

成交没你想的那么难
——给销售新手的建议和忠告

能够实现,以下给大家推荐几点促销建议:

1. 策划一个完美的主题是成功促销的点睛之笔

客户只会在令他们感兴趣的事物面前停下脚步,所以,这个促销的主题一定要围绕着客户的兴趣来制定。促销主题所能够传达出来的信息一定要简洁明了,令客户一目了然,只要是其兴趣之内的事情,他们定会了解参与。除此之外,主题言辞的拟定最好通俗易懂,朗朗上口,这样一来客户也能够很好地铭记。销售人员应当时刻牢记客户永远只会对那些有益于自己的事物感兴趣,那些令人一头雾水的事物是难以引起人们好感的。

2. 精心选择促销活动的场所,找到"天时地利"因素

如果你想让自己的店铺在当天人气聚集,那么将促销活动现场设置在店内也未尝不可。当然,也可以在店铺以外的地方设置促销点,一个合适的地点能够招揽更多客户的目光,让店铺的名气大噪。最好的选址场所需要具备如下特点:交通方便、场地开阔、人群聚集。顾客不用花费太多的交通费用就能够临场并享受促销的优惠价,那么他们何乐而不为呢?

3. 为了聚集人气扩大声势,利用各种宣传手段

促销活动开展的前几天会非常繁忙,相关人员需要做好宣传策划工作。通常情况下在活动开始前的三到七天之内至少要对客户预告宣传三次,让此次的促销活动被尽可能多的人知道。宣传的方式多种多样,最节约成本的宣传是张贴海报,在社区的告示栏、宣传黑板报、楼道入口以及商场出入口、超市出入口、菜市场出入口等地方张贴。这些场所中人员来往较为密集,能够让更多的人知晓活动的情况。

4. 将促销现场的气氛进行渲染,夺人耳目

这是一种规律:一个地方聚集的人越是多,越会有人愿意前往凑热闹,这是由人们的从众心理决定的。基于人们的这种心理,店面在进行促销活动的时候才更要将现场的气氛渲染一番,拟定一些夺人耳目的亮点吸引客户。客户越多,成交的概率就越大。以下对渲染现场气氛的技巧进行解说:

(1) 利用视觉手段。让气球、巨无霸充气模型派上用场,另外横幅、条幅等外挂品也能够起到造势的效果。购置一些小气球在其上面印上此次活动的简要说明,将其散发给带孩子来的客户;给光临的客户散发一些小

第十一章 做销售如何运用促销方式？

型精美宣传品。

(2) 利用听觉手段。在店铺外放置麦克风、扩音器，播放欢快的曲子。或者用电视重复播放录像录音。但凡是能够吸引客户前来的声音都要利用起来。欢快的节奏能够让客户的心情愉悦，在一定程度上有利于对方积极参加促销活动的一些环节，提升自我表现欲。

5. 布置现场很重要，任何细节都要留心

心理学中反复强调"第一印象"的重要性，当客户走进店铺时，所看到的肯定是该店铺整体的布置情况。气氛欢快、热闹，布置宽阔、整洁，这些外在条件一定要让客户感到舒适，在舒适的基础上他们才会考虑选择购买。以下来介绍布置现场的参考方案：

(1) 充满季节特性的现场布置。春夏秋冬一年四季这样的主题在卖场中凸显出来能够给客户一种"紧跟时间"的感觉，比如"春节换季大减价"、"店铺周年庆"、"中秋酬宾"。所选场景明确后，相应的主题吊卡不可或缺，其位置较适宜选择在大门处、橱窗内，根据特定的季节或节庆特色来挑选适当的颜色。

(2) 充满特色的饰物装扮。如果促销时间恰值春天，则可以在店铺中用风筝、柳树枝、昆虫等具有象征性的饰物来进行现场布置，增添促销的活跃、生动之感。相应的，如果是夏季则可以选用花朵、裙摆等饰物，秋天和冬天则可以分别用枫叶和雪人。这些装扮的小饰物虽然不起眼，但是却能够从整体上调和现场的促销氛围。

处理换季产品坚持"快、狠、准"的原则

换季产品出现货物积压在日常经营中是难以避免的一种常态，遇到这样的现实问题，销售人员一定要沉着冷静，万不可以有"任由其积压"的心理。

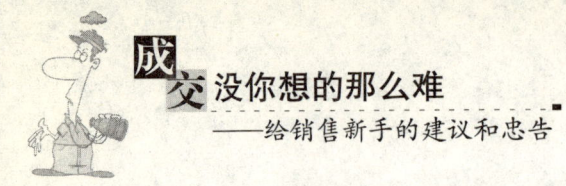

换季时节是产品促销的良好机会,销售人员为了将库存货物一售而光可以采取低价甩货的方式。然而,因为是低价甩货,所获利润甚微,加上换季时节,客户对产品的需求量不高,这样一来即使产品能够被销售完,这些被换来的流动资金中却也没有多少分量的利润,甚至有的销售人员为了避免库存的压力而采取折本销售。那么,是否有一种方法既能够将旧货库存很好地销售完,同时也能够保证从中大赚一笔呢?

我们可以以服装行业为例来进行分析。服装销售具有很强的季节性特点,这是众所周知的,每一位销售人员都希望在迎来下一个季节之前就将上一季节的服装全部销售完,否则一旦造成货物积压反而不易再售出。那么,如何将换季节的销售工作做好呢?

首先,换季时需要在销售上注意以下事项:

1. 将上一季节的产品销售情况作为下一季度销售时机的重要参考

如果上一季度的产品卖出速度较高,超出了预期的效果,那么销售人员可以考虑提前换季,起到换季产品的领跑作用。倘若上一季度的产品卖出速度较低,存在一些产品的积压,那么销售人员最好不要考虑提前换季,最为稳妥的是按照原定的销售计划来进行。

2. 需要根据下一季度新产品的准备情况来决定换季与否

倘若供货商无法在约定的期限内中将货物全部送达,那么这也会对换季工作造成影响。

3. 需要根据店中货物的周转效率来决定换季与否

如果店中产品的周转率较低,则可提前进行换季工作的安排;如果店中产品的周转率很高,也可以将换季工作向后推迟。此外将产品进行融合,也就是将周转率较低的产品糅合到周转率较高的产品中,将最后销售的机会把握住。

4. 需要考虑气候的变化情况

产品换季往往发生在季节更替、气候变化的情况下,这时的气候令人难以琢磨,如果能够有较大幅度的变化,那么下一季度的产品应当马上上市,上一季度的服饰因为时令已过也将会进入惨淡期。

第十一章 做销售如何运用促销方式？

销售人员在产品换季之前需要做充足的准备工作，比如说将服装店产品的容纳量进行统计，将卖场展示量和总库存量进行统计，对各个分设店面的产品进行组合计划，确定下一季节产品的风格和销售主题等。

从以上内容中我们了解了产品换季的注意事项，接下来对产品换季的处理工作的一些技巧进行分析：

仍旧以服装的销售为例，服装属于季节性较为显著的产品，其更新换代的速度较快，因此不少销售人员常为积压的库存犯愁，新一季节的产品必须上架，但上一季节的产品还没有销售完，不得不积压下来，一年四季如此累积会有所亏损。毕竟如果不能将这些积压的货物及时销售出去，时间一再拖延，产品会便陷入掉价的怪圈中，最终变得一文不值。那么，面对不断增加的换季产品应当如何处理呢？

1. 可以使用特价销售的方法

客观来说，很少有服装店铺能够创造零库存的纪录，因此只要能够将库存减少便是成功，对此，销售人员需要采取多种方法进行尝试。一般来说，只要能够掌握好促销的节奏，在适当的时间举办一些特卖活动，就能够让产品在短时间中得到迅速的出售。常见的方法有：团购、VIP 惠售、发行优惠券、时间段抢购、节假日促销等，这样的促销方法较为温和，既不会损害企业的形象和声誉，又不会对供应商和批发商造成负面影响，同时还能够获得良好的销售业绩，有望实现薄利多销。

2. 需要与批发商及时联系进行调货

在与批发商持续换货时，可以坚持"少量多款"的原则，比如说从进货商那里进来的货物在三天之后无人询问，或者是在五日之内没有任何出售，销售人员需要及时更换策略，与批发商联系进行调货。可以更换成其他款式和不同颜色的产品。当今的服装销售市场上存在着非常激烈的竞争，批发商们为了与销售人员保持良好的合作关系，一般情况下都会允许销售人员在特定的期限中进行产品调换，毕竟如果批发商不予调换产品，销售人员与之继续合作的概率将会降低。

3. 遇到淡季时，可以经营多种产品

在服装市场中有一个公认的销售法则：宁可亏欠钱，不可积压货。货

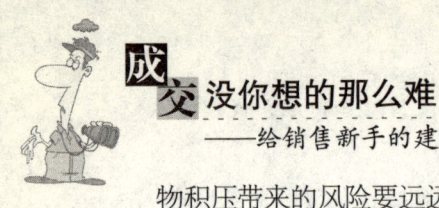

成交没你想的那么难
——给销售新手的建议和忠告

物积压带来的风险要远远高于一时的亏本。将货物甩卖出去保住租金还可以坚持两三个月，旺季一来便有翻身的时候。所以，销售人员为了防止货物积压，在换季即将来临的时候便可停进该季节的货物，转身投资一些旺季的产品，也可以尝试着经营多种其他产品。比如说，将一些没有时令之别的小饰品（耳环、项链、手链、脚链等）、小皮包（卡通包、帆布包等）摆放到显眼的位置上进行销售。永远不要小看这些不起眼的小货物，它们在换季时间中担任着店铺内桥梁过渡的作用，它们虽然貌不惊人，但是单个的商品利润却是不可低估的。

4. 寻找一切能够使用的途径实现销售

面对一些无法消化的库存，仅仅使用传统的销售渠道难以达成销售的目的，这时候可以考虑采用一些独特的创新手段来实现促销，在拟定促销方案的时候务必考虑目标消费群体的利益，坚持以客户为主的销售服务模式，不可以为了实现货物的促销而侵害客户的权利。另外，现在市场上出现一类专业收购库存产品的公司，他们能够提供特定的销售专场，合力将积压的货物出售出去，销售人员在遭遇货物积压的时候可以考虑同这类的公司进行合作。

小孙在武汉有一家服装专卖店，因为换季时节到来，他的仓库中积压了数百套款式过时的运动服饰，这些服装花费了小孙大量的成本，关键时刻小孙开始考虑出售商品的办法。在经过一番思考后他决定"对口出售"，小孙联系到一个在体育局工作的熟人，从中探听到多所学校体育协会的联系方式，经过电话联系他找到了各校体育系负责设备管理的老师，小孙开始了精心准备的推销谈判。一番周折后终于达成合作的协议，他以七折的优惠将运动服出售给学校，并主动给相关负责人10%的提成。很快地小孙在最快的时间中将积压的货物出售出去了。

5. 可以在广告上下工夫

投入广告、扩大宣传能够让店铺的知名度得到提升，这是毋庸置疑的，在市场运作中很多广告能够获得供应商在不同程度上的支持，一些媒

第十一章 做销售如何运用促销方式？

体也同意用货物来充当广告费用，这样有利于企业日后的经营顺利进行，其实质是相当于销售人员用未来的利益与眼前的利益相交换。

换季产品出现货物积压在日常经营中是难以避免的一种常态，遇到这样的现实问题，销售人员一定要沉着冷静，万不可以有"任由其积压"的心理，在处理换季产品的时候要以"快、狠、准"为原则。

所谓"快"，就是在处理换季产品时要迅速，不可瞻前顾后，毕竟对于即将过时的产品来说它也是有着市场保质期的，时间就是效益和金钱，一旦拖延了时间，当其他的商家反应过来奋起直追的时候，你的促销良机便要被别人一同分享了，甚至有可能会尝不到任何甜头。

所谓"狠"，就是在产品促销打折的时候要果断，敢于将产品的价格降下来，比如说，平时旺季价值三十元钱的产品，别人愿意降价到二十几元时，你要敢于将它降到十元八元，尽管是赔本出售，但是赔本与产品积压相比要好得多。大幅的降价也能够让客户意识到你是在自己的身上割肉，有真正的便宜可以讨他们自然是乐意掏腰包的。

所谓"准"，就是指在推行促销策略的时候为产品找准一个明确的定位。价格定位首先要明确，因为客户在发生购买行为前在很大程度上会考虑产品的价格情况，如果产品具有明确的价格优势那么会更容易引起客户的购买兴趣。另外，销售人员在促销活动中对自己的目标客户群也应当有一定的针对性，要明白自己的产品更适合于哪种客户群体，这样能够"对症下药"，故而销售过程也能够事半功倍。

第十二章

做销售如何运用网络平台？

现在互联网上网站如林，但是很多人在观看网站时仅仅停留在浏览的层面上，并不会深度地挖掘，这些人当中其实存在着相当多的潜在客户，如果销售人员能够将这些浏览者变成实际的购买者，那么自己的客户资源便得到了充实。倘若销售人员能够想办法获得客户的认同，他们便会对你产生信任，求得继续合作的机会便有希望成交。

第十二章 做销售如何运用网络平台？

网店营销，企业营销的第二渠道

销售人员应该认识到，网店营销并不是简单的营销网络化，但它又没有完全抛开传统营销的理论，它是传统营销与新型模式相结合的一种营销形式，它并非是孤立存在的。

随着电子商务的流行，越来越多的人开始投身于网店之中，越来越多的人开始创业当老板。相较于实体店，网店有着自己无与伦比的优势。据统计，截止至2012年，中国约有800万人在网络上从事网店经营，有3.5亿人有过浏览网店的经历，其中7000万人有过购买的行为。由此可见，网店营销已经成为当前社会营销市场上的一匹黑马。

而销售人员想要提高自己的业绩，通过网店进行销售是很有必要的。那么，网店营销相较于实体店营销有什么区别呢？

销售人员应该认识到，网店营销并不是简单的营销网络化，但它又没有完全抛开传统营销的理论，它是传统营销与新型模式相结合的一种营销形式，它并非是孤立存在的。在这里，我们所讲的网店营销是企业整体营销战略的一个组成部分，是为了实现经营目标所进行的、以互联网为平台进行各种经营活动的营销方式。

网店营销有以下几个特点：

第一，以互联网、计算机通信、数字化方式为技术手段，跨越空间和时间与客户进行信息交换，不仅比实体店有更多的时间与空间进行营销活动，还能帮助客户在世界联网的环境下方便快捷地购物。

第二，网店营销是一种以消费者为导向，强调个性化的经营方式。网店营销可以使高度目标化的小群体营销甚至个体营销成为可能。

网店营销的最大特点在于以消费者为主导，消费者会比过去拥有更大

成交没你想的那么难
——给销售新手的建议和忠告

的自由,他们可以根据自己的需求与特点在全球范围内寻找自己喜爱的物品,不受地域限制,也不受时间限制。通过进入自己感兴趣的企业网站或者是虚拟商店,消费者可以获得更多更有用的信息,让购物变得更轻松、更方便。网店营销改变了以往的营销模式,从工业时代大规模、标准化生产方式所形成的大批量、大规模的营销方式到根据消费者需求提供小批量、个性化的商品与服务,真正实现了消费者的个性回归。

第三,在传统的营销中,人们往往会收到各种各样的信息,报纸、短信、杂志、电视……每个载体上都有无数的信息向人们涌来,大多数人不得不被动地接受广告信息。而网店营销则是一对一的、理性的、由消费者主导的营销方式。销售人员将产品的信息放在网络上,让人们根据自己的喜好和需求来搜索相应的信息,体现消费者的主动性。当然,消费者还可以观察其他消费者评论,综合考虑是否购买。

除了以上几点优势,利用网店进行营销还可以减少很多中间环节,比如网上发布信息与推销产品只需要点击一下鼠标,不但节约时间,还可节省由推销所带来的一系列活动费、广告资料印刷费等。而且,网店营销不需要房租、水电等费用,无形中为企业节约了成本,带来了利润。

在网上开店卖衣服能做出多大规模?在这个人人都可以开网店的年代,一家叫作韩都衣舍的企业却创造了一个网店营销的奇迹,一个堪称最牛的"淘品牌"。

这个企业究竟牛到什么程度?我们先来看一组数字:韩都衣舍平均每天要更新60款服装,每天的访问量为1000万,每天的发货量为1万单,一年的销售额为5亿元,计划到2015年销售额将高达30亿,旗下有1200名员工,平均每周都会招收新员工20~30人。

很多人都以为韩都衣舍是一家韩国企业,其实不然,它是一家正宗的中国企业,总部设在山东,并且计划2015年在美国上市。那么这家企业究竟是如何崛起的呢?下面就让我们走进韩都衣舍,看看一家小小的网店如何成长为即将上市的企业。

1995年,就读于山东大学韩国语专业的赵迎光初次接触互联网,很快

第十二章 做销售如何运用网络平台？

他便对互联网产生了浓厚的兴趣。毕业一年之后，赵迎光进入了一家国企，被派往韩国工作。当时的韩国已经在电子商务方面有所发展，这让他切实地体会到了其中的便利与商机。

起初，在国企有一份不错薪水的他并没有太多的想法，只是想在工作之余做一些兼职，赚点儿外快。2002年，他开始在易趣网兼职出售韩国化妆品。2005年，他又转战至淘宝网，开始出售一种韩国的新产品——鼻梁增高器，而后他又做过化妆品、防辐射孕妇装等多种产品。正是这段在电子商务界闯荡的经历，让赵迎光对电子商务领域有了深刻的了解。

随着中国电子商务的逐渐成熟，赵迎光终于做了一个决定——辞职下海，专职做网店。

在一间只有8平方米的小仓库中，赵迎光支起了一张桌子，招聘了一名员工，正式开始了创业。后来他回忆说，当时他邀请朋友来参观自己的公司时，朋友看到这个8平方米的仓库只说了一句："你创业了，好！"

凭借着自己的经验和努力，赵迎光通过在网上卖奶粉，没过多久月销售额就达到了20余万元，但是仅仅在几个月之后，赵迎光就觉得做奶粉并不是长久之计。因为虽然一个月营业额有几十万，但是毛利润才10%，纯利润还不到3%，加上价格竞争越来越激烈，做到头也只能赚点儿辛苦钱。

正在赵迎光进退两难的时候，一家卖服装的韩国电子商务公司给他带来了出路。

2007年9月，作为翻译参加韩国展会的赵迎光参观了自己大学同学任职的公司——一家网上卖服装的电子商务公司。在走进这家电子商务公司的那一瞬间，赵迎光被震撼了，一天销售4万件货，这是他无法想象的。

赵迎光想不通，为什么一家电子商务公司能有如此大的规模，因此他强烈要求见这家公司老板一面。而正是这次见面，改变了赵迎光的人生。

这家电子商务公司的老板在见了赵迎光之后给了他三点意见：第一，开网店最好打出自己的品牌，这会让将来的发展受益无穷；第二，最好卖女装，因为女装行业最容易赚钱；第三，如果做女装，一定要多推出新款式，更新要尽量快，只要做好了一定可以赚钱。

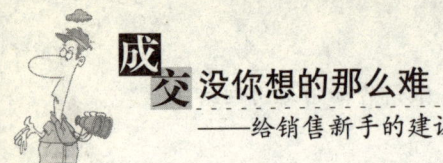

正是这次见面,让赵迎光下定决心做服装,也让济南诞生了"韩都衣舍"。

2008年3月,赵迎光寻找了几位朋友,对朋友们详细描述了韩国那家电子商务公司让人叹为观止的业绩,说服了朋友们和他一起创业。于是,他的这几位朋友几乎同时从各个单位离职,与赵迎光一起创办了韩都衣舍。

2008年创办之初,韩都衣舍只有17名员工,一年的销售额仅130万元人民币。仅仅两年之后,韩都衣舍一跃成为淘宝网服饰类人气排名第一的网店以及长江以北最大的淘宝卖家,其会员高达200万人,稳稳地坐上了山东电子商务龙头企业的位置。韩都衣舍曾创下过连续55天蝉联"月度热卖排行榜"第一的纪录,在淘宝一骑绝尘,让真维斯、李宁、美特斯邦威、杰克琼斯等知名品牌望尘莫及。

一直以来,韩都衣舍都只做韩式服装,赵迎光说:"之所以一直做韩式服装,一方面是因为我看好时尚品的打造能力,更重要的是,近年陆续进入中国市场的ZARA、H&M等快时尚品牌都代表着欧美风,但欧美风再强,和我们也不是一路,没法对我们产生威胁。"赵迎光对此打了个比方:"他们开他们的西餐厅,我开我的韩餐厅。"

"下一步,我们计划把更多的合作工厂转移到山东来,最好是在济南周边。从2011年下半年开始,韩都衣舍就在运作着一件事——把生产基地向济南靠拢。现在一共有150家左右的工厂替我们加工服装,山东省内已有四五十家,"赵迎光说,"我想和更多的山东企业开展合作,因为这样更方便,也更容易沟通。"

2011年11月11日,也是网络上盛传的"光棍节"那天,淘宝推出了"5折疯抢"的活动,韩都衣舍也积极响应,结果仅当天一天的订单就达到了4.5万单,这显然是传统经营无法达到的,而这也彰显了电子商务的能量以及它的生命力。

在业内人士看来,现在大部分网店都是"夫妻店",不成规模,但是随着电子商务的逐渐发展以及传统品牌对互联网市场的渴求,未来中国的网店服务行业会逐渐出现成规模、有实力的企业。

第十二章 做销售如何运用网络平台？

正是因为有着广阔的市场前景，韩都衣舍吸引了嗅觉敏锐的风险投资商的注意。

据赵迎光介绍说，以前，网店发展所需要的资金都是靠股东集资以及少量的银行贷款。但是在2010年7月，著名的风险投资公司IDG主动找到了韩都衣舍，双方达成了上千万美金的融资计划，在此之前，他们还拿到了韩国KIP基金500万美元的投资。现在，赵迎光正在紧张地筹备上市工作。他说："我们也想听听在美国撞钟的声音。"

韩都衣舍的成长让人惊讶，从一家只有一个人的网店发展成即将上市的企业，这无疑证明了网店营销的巨大潜力。现如今，很多品牌厂家都在构建网店，包括森马、耐克、温碧泉、LEE、匡威等大牌企业，它们都十分重视网店营销，希望能够通过网店营销来提升自己的业绩。

网店营销已然成为企业营销的第二渠道。因此所有的企业和销售人员都应该重视网店营销，在网店营销上下工夫，努力拓展自己的营销渠道，再创辉煌。

虽然网店营销有着非常广阔的前景，对企业营销能够带来非常大的帮助。但是，销售人员应该注意，开网店也需要遵循以下几个原则：

第一，开网店最重要的就是信誉，大多数网购的客户都会翻看一家网店之前的信誉评价，如果发现很多人都对你的店铺不满意，而且退货率很高，那么客户又怎么会买你的产品呢？

第二，现在大多数网店的客服在收到客户的信息之后都会非常热情，"亲"、"谢谢您""欢迎下次光临"之类的词语经常出现，在这种环境下，客户已经习惯了商家的热情服务，如果你的服务不够热情，那么客户就会立刻转身离开。

第三，商品介绍要吸引人并且有新意，销售人员一定要学会用有吸引力的文字和图片，再加上有煽动性的广告语，牢牢抓住客户的心。

第四，想要让新客户变成老客户，想要让客户对自己的产品进行口碑相传，商家就要多给客户"便宜占"，让他们时刻感觉到自己是受益者。

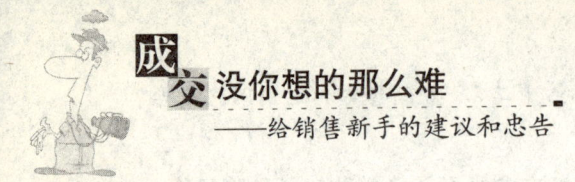

巧用网络营销以小钱赚大钱

网络是一个巨大的人脉关系链,如果将网络和生意相结合,则销售人员必然能够从中获得大量的潜在客户资源,让自己的生意打开另一扇大门。

在如今的社会中,网络营销已经变得较为普及,关于网络营销,以下的几个技巧可以借鉴:

1. 让潜在客户的数据库逐渐变强大

现在互联网上网站如林,但是很多人在观看网站时仅仅停留在浏览的层面上,并不会深度地挖掘,这些人当中其实存在着相当多的潜在客户,如果销售人员能够将这些浏览者变成实际的购买者,那么自己的客户资源便得到了充实。倘若销售人员能够想办法获得客户的认同,他们便会对你产生信任,求得继续合作的机会便有希望成交。

2. 让网络聚集客户的评价,扩大自身产品的影响力

人们都有一种从众心理,当一个产品卖得越火的时候,人们便越会蜂拥而至想要对它有更深的了解,网络上对产品的评价能够让更多的"网上客户"看到,他们出于好奇心也会对产品进行关注。所以其他购买过产品的客户所给产品的评价对销售人员来说是至关重要的,评价的人越多产品销售出去的概率就越大。

3. 让更多的客户进行二次购买或多次购买,销售人员要善用技巧

(1) 使用优惠券。想要让新客户变成老客户,想要让客户对自己的产品进行口碑相传,销售人员就要多让客户得到实惠。常用的方法之一就是"优惠券",在客户订购成功时将一张优惠券赠送出去,告知其在一定的期限内凭着这张优惠券能够在消费中获得更大的优惠,优惠券在一定程度上

第十二章 做销售如何运用网络平台？

可以充当金额，但是切记有期限限制。客户既然想将优惠券在规定的期限内花费出去，则他必定会二次临门。

（2）建立数据库营销。定期将对客户有价值的信息传递给对方，在传递的过程中附加上自己产品促销的广告，客户一方面想要将对自己有利的信息收揽于怀，另一方面对于产品的打折促销也会产生兴趣，二次临门就不是难事了。一些电子商务网站没有站在客户的立场上进行宣传，仅仅是对自己的产品进行硬性广告式的介绍，反而让客户产生逆反心理。所以，销售人员如果想利用网络营销则务必向客户发送其感兴趣的信息，自己产品的广告要自觉地处于次要位置，形成一种无形中的植入，客户在不知不觉中就会对你的产品留心。

利用搜索引擎做好营销

搜索引擎营销是基于各个搜索引擎平台的一种网络营销，利用人们对搜索引擎的依赖与使用习惯，在人们搜索信息的时候达到营销的目的。

现今中国已有近五亿的网民，这些网民每天上网几乎都会使用搜索引擎，也就是说，搜索引擎是众多网民上网去向的第一导向师，这其中的商机是可想而知的。如何利用好搜索引擎做好营销，这已成为每个销售人员避不开的思考题。

搜索引擎营销是根据用户使用搜索引擎的方式，利用用户检索信息的机会尽可能将营销信息传递给目标用户。简单地说，搜索引擎营销是基于各个搜索引擎平台的一种网络营销，利用人们对搜索引擎的依赖与使用习惯，在人们搜索信息的时候达到营销的目的。

搜索引擎营销的基本目的就是让消费者发现信息，并且通过点击进入网站（网页）进一步了解他所需要的信息，而后注册为会员，留下联系方

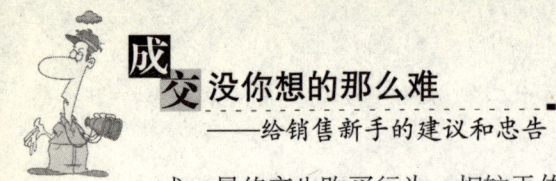

式,最终产生购买行为。相较于传统营销,搜索引擎营销有着自己独特的优势。

传统营销需要选择目标市场,通过创造、传递、传播优质的客户信息来获得、保持和发展客户。而在互联网时代,网站由于内容丰富、查阅方便并且不受时间、空间的限制,广受消费者以及企业的喜爱,成为传递和传播价值的主要手段,并且在获得客户、发展客户方面呈现出了巨大的潜力。因此,围绕网站的营销活动也愈加丰富,而搜索引擎营销,正是其中一种。

搜索引擎收录了企业的网站,当有消费者搜索相关信息的时候就可以展现出来,而感兴趣的用户就会点击搜索结果页面上的链接,进入企业的网站(网页),浏览商品信息,注册账号,留下自己的联系方式,定制自己感兴趣的资料列表,甚至通过电话或者在线购物完成购买。

我们可以把搜索引擎营销定义成这样一种营销方式:用关键词来锁定不同的人群,通过相关的搜索结果页和网站上比较有针对性的信息与消费者进行互动以此来达到营销的目的。也就是说,搜索不同关键词的消费者都有着各自的独特兴趣点和社会属性,而销售人员则可以根据关键词来细分不同的消费者,选择有针对性的搜索结果信息和网页进行营销,达到精准营销的目的。由此可见,搜索引擎营销拥有十分光明的前景。

宝马汽车公司是一家十分注重搜索引擎营销的企业。它根据IP地址显示搜索结果,顺利达成了品牌的本地化细分覆盖。

宝马集团在美国本土的搜索营销策略是激进的投放策略,即让旗下所有产品的名称都置于各大搜索引擎搜索结果的第一位,并且以此为基础,详细研究用户在查询时可能出现的关键词组合,将有关产品名称的各种组合一并购买,并且使自己的搜索结果排名也处于首位。

除此之外,宝马公司还与搜索引擎公司达成协议,利用搜索引擎分IP显示关键广告词的功能联合宝马分散在美国各地的经销商,进行当地市场的品牌精准传播。当用户输入宝马产品的名称之后,在结构列表首位的是宝马美国的官方网站,而第二条则是当地经销商的网站,比如消费者的IP

第十二章 做销售如何运用网络平台？

来自纽约，那么第二位显示的结果就是纽约宝马经销商的网站。

宝马公司的这一创举首先就达成了品牌大面积的覆盖，关于宝马的一切产品都排在了搜索结果的第一位，在消费者心中树立起了一个良好的品牌形象。其次还达成了品牌细分覆盖，可以根据消费者所属的区域提供有针对性的结果，为经销商的销售带来了宣传渠道。最后宝马还与各地的经销商进行联合搜索营销，使得宝马公司整体品牌得到了高度统一，同时还节省了各地经销商高额的广告预算。

搜索引擎营销的能量的确不容小觑，不仅仅是宝马，很多国内外企业也在利用搜索引擎营销来提升自己的影响力和业绩，甚至连欧洲杯这样的大型赛事也参与其中，由此可见，搜索引擎营销的魅力有多大。

销售人员应该善于利用搜索引擎营销提升自己的业绩，那么，在进行搜索引擎营销时是否有一些技巧与方法呢？答案是肯定的。

在进行搜索引擎营销的时候有以下几个工具可以利用：

（1）竞价排名（如百度竞价），即通过向搜索引擎公司支付费用来使企业产品在消费者搜索时排名靠前。

（2）搜索引擎优化，即通过增加点击率、更改关键词等使企业产品的自然排名靠前。

（3）付费搜索引擎广告，即向搜索引擎公司支付一定的费用在搜索显示页投放一些广告。

（4）优化关键词，即销售人员可以根据客户的心理优化企业产品的关键词，比如可以把手机型号优化为——性价比最高的手机××，这样一来客户在搜索"性价比最高的手机"时搜索页面就会出现你的产品。

（5）充分利用内部资源，即对企业网站现有的内容进行合理的包装与优化。

（6）合理利用外部资源，即销售人员可以利用一切可以利用的资源来进行搜索引擎营销，包括利用合作伙伴的资源、利用企业相关的信息资源，比如在合作伙伴企业的网站上投放广告，进行信息传播等。

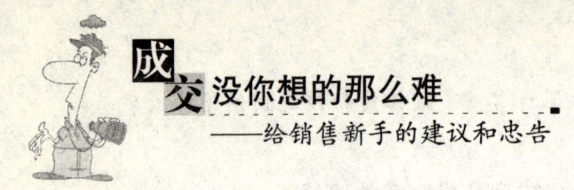

微博营销的力量格外强大

　　微博营销成本较低,因为每个人都可以在一些知名网站中注册微博,加之微博用户群的日益扩大,微博营销的影响力也越来越显著。

　　在当今社会中微博成为传递信息的有力工具,它具有很强的时效性,使用起来也非常便捷,受众面积广泛,对于销售人员而言,微博的出现也是一条不错的营销之路。微博营销属于网络营销的分支,在网络营销的众多方式中,微博的力量是格外强大的。微博营销成本较低,因为每个人都可以在一些知名网站中注册微博,加之微博用户群的日益扩大,微博营销的影响力也越来越显著。

　　"微博是地球的脉搏",这是美国《时代》周刊对微博所作出的评价。不错,每一个微博用户都有可能变成为活生生的消费者。那么,销售人员进行微博营销时,需要注意哪些问题呢?

　　1. 与其多微博,不如精微博

　　当销售人员注册自己的微博后最好能够专注经营,有的人发现了微博力量的强大就迫不及待地扩大自己的微博数量,实际上多微博不如精微博。从客观上来说,每个人的精力和时间都是有限的,微博越多越是分散销售人员的注意力,内容也容易变得杂乱无章,大量的时间会耗费其中,反而收效甚微,正所谓"多而不专"正是此理。因此,销售人员只要集中精力将一个微博做好,其作用便能够得到很好的发挥了。

　　2. 为微博起一个响亮的名称

　　好名字能够让大家便于记忆,口耳相传,同时也能够取得较好的搜索量。以最简单的例子来说,百度、淘宝、58同城、开心网等这些名称都是通俗易记的,用户在搜索关键词的时候这些名称也能够很快地映入

眼帘。

3. 设计特色微博模板

一般情况下微博平台为了客户的方便会将一些参考模板提供出来，销售人员可以根据自己店铺和产品的风格来选定模板。倘若销售人员自己具有模板设计的能力，也可以亲手尝试，这样的模板更容易夺人眼球，具有创新性和独特性。

4. 提升搜索检索排行榜名次，查看与自己店铺相关的内容

微博平台会为客户提供自我搜索的功能，销售人员利用自我搜索能够对自己已经发布了的信息进行查看。销售人员应当对自己在同类店铺中的排名进行关注，抽出时间用自己的店铺和其他店铺进行对比。微博排行榜名次的提升与微博的评论数量、转发次数、关键词的提到次数等因素相关，销售人员想要提升自己微博的排名则可以在这些因素上下工夫。

5. 微博信息需要及时更新，时刻保证微博的新鲜性

微博平台对信息发布的频率没有太大限制，对于销售人员来说，这是一个值得利用的机会，毕竟微博的热度和关注度与微博内容的新鲜性和持续性相联系。倘若客户关注的微博过多，前面发布的信息很快便会被后面的内容覆盖住，销售人员为了吸引客户的注意，必须定时、及时更新微博，如此才能够促进微博的血液循环，使其不断地发展下去。

6. 积极回复网友们的评论，为微博增加人气

微博的性质属于互动平台，并不是单方面的宣传，销售人员如果能够与网友们（潜在客户）进行积极互动，如此便能够及时掌握客户的看法和需求，以此作为改变销售策略的依据之一。

7. 销售人员在使用微博的时候务必保证信息的真实性和透明性

一些人为了吸引客户的眼光不惜在微博中发布虚假产品信息，这样虽然能够获得一时的关注，但是客户得知真相后便很难再托付其信任，经营必然要走下坡路。销售人员想要获得成功，则必须赢得客户的信任；销售人员想要赢得客户的信任，则必须保证发布信息的真实性和透明性，不可对客户有丝毫欺瞒。如果可以，销售人员应该在微博上对产品进行持续式的跟踪介绍。当客户对销售人员的微博产生信任时，他们会自愿进行评论

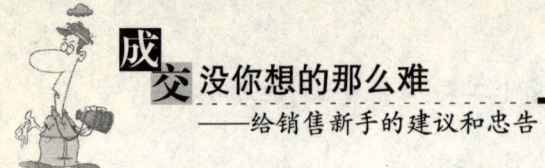

或转发，如此一来，该微博便能够产生强大的传播效果，继而带动营销成绩的提升。

8. 微博上发广告要讲究技巧

人们对于网络上的广告通常会有一种视而不见、见而不悦的感觉，赤裸裸的利益驱动往往难以被人们接受，所以，销售人员在发布营销信息时要保持措辞的婉转，尽可能用一种嵌入式的方式将广告信息与有价值的内容相结合。因为这些有价值的东西易获客户青睐，在无意识中他们也将其中的隐形广告接受下来，转发率高，营销成绩自然也能够得到提升。

9. 深挖微博的其他功能，并加以利用

比如说，在微博中进行抽奖活动或促销互动。再比如说，根据用户特性、地区特性、性别特性来制作"饵"，让这些目标用户成为自己网站的粉丝。或者是，销售人员可以直接寻找同类的微博，对其粉丝加以关注，对方的粉丝看到相类似的微博也愿意与你进行交流，久而久之，你便能够与同类销售人员分享客户资源了。